Mathématiques

CM2

A portée de maths

Argiro Caloudis
Janine Leclec'h-Lucas
Jean-Claude Lucas
Laurence Meunier
Professeurs des écoles

Robert Meunier
Conseiller pédagogique

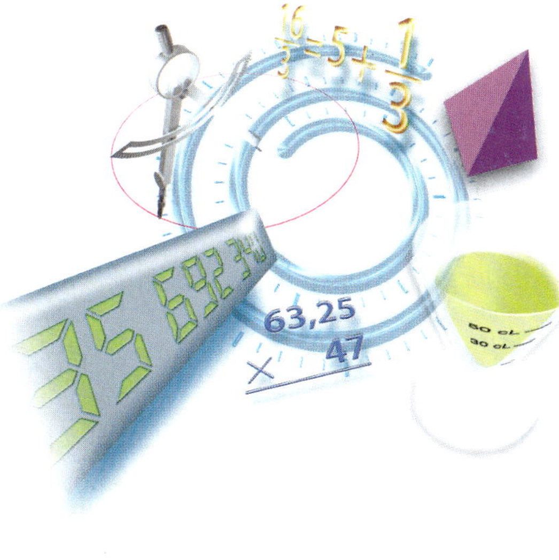

HACHETTE
Éducation

Responsable de projet : Valérie Dumur
Couverture : SG Création
Maquette intérieure : Atelier Gérard Finel
Réalisation PAO et dessins techniques : SG Production
Illustrations : Géraldine Besnard et Jean-Louis Goussé

ISBN : 978-2-01-117356-0

PRÉFACE

Cette collection propose une vision du livre de mathématiques clairement articulée autour de l'autonomie pédagogique.

Notre choix a été dicté par une évidence :

L'enseignant est un professionnel qui choisit et assume sa pédagogie. Le rôle d'un manuel n'est donc pas de lui imposer une démarche formalisée, mais de le soutenir dans ses actions de formation.

L'enseignant trouvera donc ici les outils dont il a besoin, en l'occurrence un vaste choix d'exercices, tout en bénéficiant d'une grande latitude d'utilisation, en relation directe avec la vie de sa classe. Toutes les séquences sont classées par domaines et permettent un usage très souple en fonction des exigences de chacun.

Cet ouvrage, conformément à l'esprit des nouveaux programmes, fait une large place à la résolution de problèmes et à la pratique régulière du calcul rapide, qu'il soit mémorisé, réfléchi ou instrumenté.

Les séquences sont généralement construites sur le même schéma :

– un CHERCHONS ENSEMBLE, questionnement collectif et oral ;

– un bandeau servant de **référentiel** à l'élève, qui récapitule les notions essentielles étudiées dans la double page ;

– de nombreux exercices d'appropriation de la notion abordée ainsi que de multiples situations problèmes ;

– un ou deux exercices JE TRAVAILLE SEUL(E), corrigés en fin de partie afin de permettre un travail en autonomie.

Dans de nombreuses séquences, un exercice À TOI DE JOUER... offre une approche plus ludique.

Une double page documentaire permet d'aborder le domaine en liant lecture et mathématiques.

Enfin, une double page de synthèse permet de clore chaque domaine en proposant de travailler les mathématiques dans d'autres disciplines (histoire, géographie, sciences...).

Le **livre du maître** associé à cet ouvrage :

– propose une piste de recherche, travail préalable au CHERCHONS ENSEMBLE du livre de l'élève ;

– donne la correction de tous les exercices ;

– fournit un ou deux exercices d'évaluation pour chaque notion.

Nous ne doutons pas qu'avec ces ouvrages, l'enseignant trouvera les outils nécessaires pour asseoir une pédagogie de la réussite propre à la formation des futurs citoyens.

SOMMAIRE

CALCUL RAPIDE

CONNAISSANCE DES NOMBRES

COMPRENDRE ET RÉSOUDRE

CALCUL

GRANDEURS ET MESURE

ESPACE ET GÉOMÉTRIE

PROGRESSION CALCUL RAPIDE

Calcul rapide

1 Identifier

Donner le nombre de dizaines, de centaines, de milliers

1 **Dans chacun des nombres ci-dessous, indique le nombre de dizaines.**

Observe l'exemple :

419 → 41 dizaines

a) 518 – 267 – 1 269 – 8 700 – 3 410

b) 2 222 – 3 600 – 5 840 – 3 000 – 644

2 **Dans chacun des nombres ci-dessous, indique le nombre de centaines.**

a) 268 – 2 369 – 5 980 – 41 000

b) 12 494 – 23 000 – 7 412 – 63 200

3 **Dans chacun des nombres ci-dessous, indique le nombre de milliers.**

a) 5 897 – 12 456 – 45 000 – 401 521

b) 81 230 – 906 420 – 6 494 – 1 250 000

4 **Dans chacun des nombres ci-dessous, indique le nombre de centaines.**

8 562 – 55 964 – 152 634 – 961 000

5 La ville de Soubeyrac compte 14 025 habitants. Il y a donc un peu plus de ✷ centaines d'habitants à Soubeyrac.

6 Un cargo transporte 18 120 tonnes de blé, c'est-à-dire plus de ✷ milliers de tonnes de blé.

Écrire un nombre entier à partir de sa décomposition

Indique, dans les exercices 7 à 11, le nombre correspondant à chaque décomposition.

7 Observe l'exemple :

7 centaines et 9 unités → 709

a) 9 dizaines et 9 unités

b) 5 centaines et 1 dizaine

c) 4 milliers et 8 centaines

d) 1 millier et 2 unités

e) 9 centaines et 6 dizaines

8

a) 7 milliers et 4 dizaines

b) 2 milliers 9 dizaines et 1 unité

c) 14 milliers et 3 centaines

d) 3 milliers et 8 dizaines

e) 8 milliers et 40 unités

9

a) 9 milliers et 8 unités

b) 7 milliers 5 centaines et 2 unités

c) 9 milliers et 9 dizaines

d) 11 milliers et 4 dizaines

e) 35 milliers et 50 unités

10

a) 2 milliers et 1 dizaine

b) 37 milliers 9 centaines et 9 unités

c) 17 milliers et 4 centaines

d) 3 milliers 1 centaine et 5 unités

e) 70 milliers et 12 dizaines

11

a) 49 centaines et 7 unités

b) 38 milliers et 8 dizaines

c) 2 milliers et 12 dizaines

d) 29 milliers 2 centaines et 1 unité

e) 46 milliers 8 centaines et 5 unités

Écrire le nombre entier précédent, le nombre entier suivant

12 **Écris le nombre qui suit chacun des nombres donnés.**

a) 1 209 – 1 299 – 1 999 – 1 909 – 1 099
b) 3 699 – 5 999 – 9 009 – 3 099 – 8 999
c) 12 909 – 17 999 – 799 – 18 899
d) 50 999 – 8 479 – 9 989 – 10 099

13 **Écris le nombre qui précède chacun des nombres donnés.**

a) 1 000 – 8 900 – 4 710 – 7 600 – 5 990
b) 36 000 – 7 700 – 63 100 – 14 990
c) 11 010 – 11 910 – 110 000 – 99 900
d) 23 000 – 76 900 – 59 990 – 40 100

14 **Écris le nombre qui suit chacun des nombres donnés.**

a) 57 899 – 6 999 – 3 099 – 9 909
b) 29 919 – 29 999 – 29 199 – 209 999

15 **Écris le nombre qui précède chacun des nombres donnés.**

a) 37 000 – 6 900 – 54 100 – 400 000
b) 212 000 – 21 900 – 610 000 – 53 100

16 Si ce bateau était vendu 1 € de plus, il coûterait ✷ €.

17 Encore un kilomètre et cette voiture aura parcouru 960 000 km ! Elle a donc actuellement parcouru ✷ km.

Identifier le chiffre des dixièmes, des centièmes, des millièmes

18 **Identifie le chiffre des dixièmes dans chacun des nombres suivants.**

a) 4,72 – 5,36 – 47,694 – 3,12 – 0,19
b) 46,18 – 2,045 – 156,4 – 19,412 – 9,64

19 **Identifie le chiffre des centièmes dans chacun des nombres suivants.**

a) 65,12 – 6,39 – 9,056 – 152,45 – 0,128
b) 17,48 – 125,960 – 789,25 – 14,105

20 **Indique si le chiffre 5 représente les unités, les dixièmes, les centièmes ou les millièmes dans chacun des nombres suivants.**

a) 13,54 – 5,123 – 23,675 – 12,650 – 3,35
b) 147,50 – 0,225 – 185,24 – 78,935

21 **Indique si le chiffre 9 représente les unités, les dixièmes, les centièmes ou les millièmes dans chacun des nombres suivants.**

a) 49,12 – 329,58 – 12,90 – 367,095
b) 55,419 – 0,93 – 169,54 – 0,195
c) 4 888,90 – 157,639 – 2429,10

22 Avec un temps de 57,94 secondes, Bryan a terminé deuxième de sa compétition avec un dixième de retard sur le premier. Quel était le temps du premier ?

CALCUL RAPIDE
CONNAISSANCE DES NOMBRES
COMPRENDRE ET RÉSOUDRE
CALCUL
GRANDEURS ET MESURE
ESPACE ET GÉOMÉTRIE

Écrire un nombre décimal à partir de sa décomposition

Indique le nombre correspondant à chaque décomposition.

Observe l'exemple :

3 unités et 9 dixièmes ➜ 3,9

23
a) 2 unités 1 dixième et 4 centièmes
b) 9 unités et 5 centièmes
c) 3 unités 1 dixième et 6 millièmes
d) 32 unités et 8 dixièmes
e) 7 unités et 5 millièmes

24
a) 65 unités et 7 centièmes
b) 4 unités 2 dixièmes et 3 millièmes
c) 12 unités et 4 centièmes
d) 8 dixièmes
e) 2 dixièmes et 6 centièmes

25
a) 7 unités et 5 millièmes
b) 9 unités 2 dixièmes et 9 millièmes
c) 56 centièmes
d) 5 dixièmes et 45 millièmes
e) 100 unités et 1 centième

26
a) 63 unités et 25 centièmes
b) 1 unité et 43 millièmes
c) 2 centièmes et 4 millièmes
d) 9 unités 1 dixième et 7 millièmes
e) 96 millièmes

27
a) 44 unités et 80 centièmes
b) 7 unités et 6 centièmes
c) 12 unités et 9 millièmes
d) 845 millièmes
e) 5 dixièmes et 3 centièmes

Comparer deux nombres décimaux

28 **Recopie chaque fois le plus grand des deux nombres proposés.**

a)	18,3 et 19	45,72 et 45,8
b)	17,45 et 150	128,4 et 129,33
c)	36,614 et 36,7	8,409 et 8,49
d)	45,12 et 45,1	68 et 67,01
e)	568,4 et 567,33	965,27 et 965,194

29 **Recopie chaque fois le plus petit des deux nombres proposés.**

a)	12,7 et 11,81	45,26 et 45,6
b)	103,701 et 1 003,1	72,3 et 72,03
c)	114,32 et 114,302	15,4 et 15,33
d)	489,3 et 498,25	147,13 et 147,4
e)	56,89 et 56,9	1 568,21 et 1 568,021

30 **Range ces objets du moins lourd au plus lourd.**

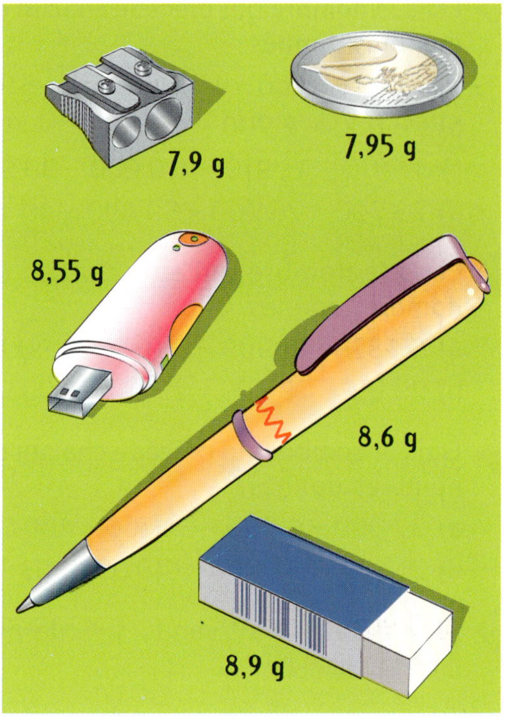

Trouver le nombre entier le plus proche d'un nombre décimal

31 **Indique, pour chacun de ces nombres décimaux, le nombre entier le plus proche.**

Observe les exemples :

14,3 ➜ 14 14,7 ➜ 15

a) 8,23 – 14,6 – 189,4 – 698,12 – 56,37
b) 68,65 – 9 854,2 – 6 875,96 – 631,09
c) 68,17 – 325,58 – 1 478,33 – 633,75
d) 407,19 – 407,92 – 407,129 – 407,6
e) 41,195 – 2 258,365 – 407,099
f) 98,16 – 453,26 – 203,98 – 1 415,62
g) 58,96 – 3 666,45 – 808,7 – 150,37

Arrondir un nombre

32 Arrondis à la dizaine supérieure chacun des nombres donnés.
a) 89 – 812 – 695 – 417 – 76,5
b) 853 – 694 – 1 028 – 3 568,25
c) 456 – 56 247 – 2 398,4 – 45 709
d) 7 541 – 52 898 – 15 069 – 421 078
e) 9 657 – 11 518 – 84 687 – 17 012

33 Arrondis à la centaine supérieure chacun des nombres donnés.
a) 994,25 – 1 069 – 12 568 – 43 690
b) 5 888 – 4 123 – 69 864 – 2 104
c) 85 471 – 698,7 – 6 931 – 36 057
d) 2 199 – 35 679 – 41 952 – 39 912
e) 3 567 – 13 974 – 5 443 – 12 080

34 Arrondis à la dizaine la plus proche chacun des nombres donnés.
a) 168,3 – 1 456 – 3 337 – 2 114,25
b) 45 126 – 78 021 – 6 394 – 6 667,4
c) 3 902 – 30 128 – 2 797 – 10 424
d) 5 683 – 10 979 – 39 838 – 97 923

35 Arrondis à la centaine la plus proche chacun des nombres donnés.
a) 6 339 – 41 256 – 4 781,4 – 63 044
b) 9 231 – 4 443 – 68 421 – 3 698,75
c) 9 897 – 12 003 – 2 517 – 63 409
d) 7 693 – 25 327 – 19 188 – 68 709

36 Arrondis au millier le plus proche chacun des nombres donnés.
a) 5 874 – 3 239,5 – 15 684 – 32 112
b) 13 414 – 325 783 – 11 169
c) 89 664 – 451 300 – 147 750
d) 310 963 – 214 124 – 715 555

37 Arrondis le prix de chaque scooter à la centaine d'euros la plus proche.

Convertir des durées

38 Effectue les conversions suivantes.
a) 5 heures = ✱ min
b) 2 heures et 10 min = ✱ min
c) 3 heures et demie = ✱ min
d) une heure et quart = ✱ min

39 Effectue les conversions suivantes.
a) 1 min et 30 s = ✱ s
b) 3 min et 15 s = ✱ s
c) 2 min et 40 s = ✱ s
d) 5 min et 20 s = ✱ s

40 Effectue les conversions suivantes.
a) 48 heures = ✱ jours
b) 16 jours = ✱ semaines et ✱ jours
c) 3 semaines et 3 jours = ✱ jours
d) 5 heures = ✱ min

41 Pour chaque couple, indique la durée la plus longue.
a) 4 semaines – 30 jours
b) 4 jours – 72 heures
c) une heure et quart – 70 minutes
d) 130 secondes – 2 minutes
e) 800 jours – 2 ans

42 Indique les couples qui représentent des durées équivalentes.
a) 180 secondes – 3 minutes
b) 4 semaines – 28 jours
c) 140 min – 2 heures
d) 2 jours – 48 heures
e) 3 semaines et 4 jours – 30 jours

2 Additionner

Produire une suite orale en ajoutant 10, 100, 1 000

1 **Continue chaque suite (tu ajouteras 7 nombres).**

a) 3 943 – 3 953 – 3 963 – …

b) 5 036 – 5 046 – 5 056 – …

c) 9 957 – 9 967 – 9 977 – …

2 **Continue chaque suite (tu ajouteras 7 nombres).**

a) 8 642 – 8 742 – 8 842 – …

b) 16 023 – 17 023 – 18 023 – …

c) 193 000 – 194 000 – 195 000 – …

3 **À partir de chacun de ces nombres, produis une suite de 10 nombres en ajoutant 100 à chaque fois.**

a) 2 716 b) 19 397 c) 9 405

Ajouter deux multiples de 10

Pour chaque exercice, calcule sans poser l'opération.

4 Un transporteur a roulé pendant 470 km ; il lui reste encore 50 km à parcourir. La distance totale sera de ✷ km.

5 Lola possède 190 CD de musique de variété et 60 CD de musique classique. Elle possède ✷ CD en tout.

6 À l'arrivée d'une course pédestre, on a distribué 260 bouteilles d'eau plate et 180 bouteilles d'eau gazeuse. Quel est le nombre total de bouteilles distribuées ?

Ajouter un nombre à un chiffre à un nombre à deux ou trois chiffres

Pour chaque exercice, calcule sans poser l'opération.

7 La mamie de Tom a 59 ans ; celle de Fanny a 8 ans de plus. L'âge de la mamie de Fanny est de ✷ ans.

8 Dans un parking souterrain, 278 voitures sont garées. Il reste 7 places libres. Ce parking possède ✷ places.

9 Rémy dit à Quentin : « Tu as 145 petites voitures ; j'en ai 8 de plus que toi. » Rémy a ✷ voitures miniatures.

Ajouter un multiple de 10

Pour chaque exercice, calcule sans poser l'opération.

10 Après la tempête, les forestiers ont replanté 63 hêtres et 50 épicéas. Le nombre d'arbres replantés est ✷.

11 Léo avait enregistré 84 chansons sur son lecteur MP3. Il vient d'en enregistrer 30 supplémentaires. Il peut donc maintenant écouter ✷ chansons.

12 284 personnes ont assisté à la séance de 18 h au cinéma ; à celle de 20 h 30, il y avait 50 personnes de plus. Le nombre de spectateurs, à 20 h 30, était de ✷.

Ajouter 9, ajouter 11

Pour chaque exercice, calcule sans poser l'opération.

13 Un immeuble possède 98 fenêtres ; l'immeuble voisin compte 9 fenêtres de plus. Le deuxième bâtiment possède donc ✷ fenêtres.

14 Pour tricoter un pull à Yanis, Margot a monté 157 mailles sur son aiguille ; pour le gilet, il lui faut 11 mailles de plus : il faut donc monter ✷ mailles.

15 Les jardiniers de la ville ont mis en terre 283 pensées ; il leur en reste 9 à planter. Quel est le nombre total de pensées ?

Ajouter deux nombres à deux chiffres

Pour chaque exercice, calcule sans poser l'opération.

16 L'école compte 84 filles et 76 garçons. Quel est le nombre total d'élèves ?

17 Le troupeau du père Mathieu compte 96 brebis et 75 agneaux. Le troupeau possède un total de ✷ bêtes.

18 Dans son camping-car, Grégoire a voyagé 84 jours en Europe et 76 jours en Asie. Son voyage a duré ✷ jours.

Ajouter 18, 19, 28, 29…

Pour chaque exercice, calcule sans poser l'opération.

19 Bérénice a lu 206 pages de son roman ; il lui en reste 18 pour le terminer. Son roman possède ✷ pages.

20 Dans le parc zoologique de Mansart, on compte 83 loups européens et 29 loups d'Amérique du Nord. Il y a ✷ loups dans ce parc.

21 Pour son anniversaire, Tante Lise a dépensé 132 € à l'hypermarché et 38 € chez le boucher. La dépense totale est de ✷ €.

Ajouter un nombre entier et un nombre décimal

Pour chaque exercice, calcule sans poser l'opération.

22 J'achète un journal à 90 centimes et un magazine à 3 €. Combien dois-je payer ?

23 Le parcours de la course cycliste est composé de 58,700 km de plat et 17 km de montée. Le parcours de la course est de ✷ km.

24 Le repas de monsieur Kawa au restaurant coûte 23,35 € ; ses boissons lui reviennent à 8 €. Il devra payer ✷ €.

Compléter un décimal à l'entier supérieur

Pour chaque exercice, calcule sans poser l'opération.

25 L'azalée de mon jardin mesure 1,50 m. Elle peut atteindre, au maximum, 2 m. De combien peut-elle encore pousser ?

26 Élisa a bu 0,35 L d'eau dans la matinée. À la fin de la journée, elle a bu 1 L. Combien a-t-elle consommé d'eau l'après-midi ?

27 Un livre qui valait 13,20 € a augmenté : son nouveau prix est de 14 €. De combien a-t-il augmenté ?

Ajouter deux grands nombres multiples de 10

Pour chaque exercice, calcule sans poser l'opération.

28 Le château de Chenonceau a accueilli 15 500 visiteurs durant la période estivale et 8 500 durant la période hivernale. Combien de personnes ont visité ce château au cours de l'année ?

29 Un artisan achète une voiture et une camionnette valant respectivement 11 200 € et 23 500 €. Il a donc dépensé au total * €.

30 Le romancier Paul Scribe a vendu 13 000 exemplaires de *J'écrase les fourmis*, 6 300 du *Cheval à deux pattes* et 14 600 de *La vérité m'ennuie*. Il a donc vendu au total * exemplaires de ces trois derniers romans.

31 À un péage d'autoroute, 21 500 voitures sont passées entre 7 h et 20 h et 8 700 entre 20 h et 7 h. Au total, * voitures sont passées en 24 heures.

32 Pour la construction de leur maison, monsieur et madame Masson ont payé 165 000 €. Le terrain valant 35 000 €, quel est le prix total de leur projet ?

33 En 2003, le vainqueur du simple messieurs à Rolland-Garros a gagné 840 000 €, et la gagnante du simple dame a reçu 819 000 €. Quelle est la somme totale versée aux deux vainqueurs ?

Décomposer une somme

34 **Décompose les sommes suivantes et calcule.**

Observe l'exemple :

76 + 34 = (76 + 30) + 4 = 106 + 4 = 110

a) 53 + 37	61 + 58	74 + 55
b) 86 + 25	38 + 37	92 + 46
c) 77 + 25	49 + 45	76 + 54
d) 94 + 34	99 + 26	95 + 88

35 **Décompose les sommes suivantes et calcule.**

Observe l'exemple :

408 + 116 = 408 + (100 + 10 + 6)
= 508 + 10 + 6
= 518 + 6
= 524

a) 319 + 118	544 + 157	483 + 216
b) 675 + 154	736 + 209	537 + 262

36 Dans son verger, Lucien a récolté 68 kg de pommes rouges et 55 kg de pommes jaunes. Il a récolté en tout * de pommes.

37 Josiane est partie au Tyrol. La première semaine lui a coûté 438 € et la seconde 375 €. Au total, elle a dépensé * €.

38 Madame et monsieur Perrac gagne respectivement, par mois, 1 850 € et 2 143 €. Quel est le salaire mensuel de ce couple ?

39 40 346 enfants ont assisté à la première représentation des *Elfes sur glace* et 291 à la seconde représentation. Combien d'enfants ont vu ce spectacle ?

Déterminer l'ordre de grandeur d'une somme

40 **Pour chaque somme, indique l'ordre de grandeur du résultat par un multiple de 10.**

Observe l'exemple :

73 + 58 = 130 (car 70 + 60 = 130)

a)	57 + 35	84 + 66	92 + 54
b)	71 + 39	99 + 87	88 + 63
c)	327 + 45	282 + 59	406 + 75
d)	513 + 44	748 + 62	669 + 53

41 **Pour chaque somme, indique l'ordre de grandeur du résultat par un multiple de 100.**

a)	523 + 375	419 + 236
b)	984 + 315	789 + 331
c)	3 452 + 756	4 025 + 624
d)	5 841 + 637 + 254	
e)	3 285 + 476 + 288	
f)	3 657 + 208 + 124	
g)	7 228 + 621 + 204	

42 **Pour chaque somme, indique l'ordre de grandeur du résultat par un multiple de 1 000.**

a)	3 510 + 2 658	8 159 + 1 325
b)	5 327 + 4 318	6 504 + 4 391
c)	8 369 + 5 782	10 636 + 4 528
d)	11 563 + 7 824	13 719 + 6 900

43 **Indique l'ordre de grandeur du résultat par un multiple de 100.**

Un agriculteur produit 515 kg de pommes de terre dans un champ, 421 kg dans un autre et 382 kg dans un troisième. Sa production de pommes de terre est d'environ * kg.

44 **Indique l'ordre de grandeur du résultat par un multiple de 1 000.**

Monsieur Leduc a acheté une voiture d'une valeur de 38 190 € et une caravane coûtant 9 700 €. Monsieur Leduc paiera environ * €.

45 **Indique l'ordre de grandeur du résultat par un multiple de 10 000.**

À Juloland, on compte 238 952 licenciés hommes joueurs de billes et 191 700 femmes. Il y a environ * licenciés de joueurs de billes.

3 Soustraire

Produire une suite orale en retranchant 10, 100, 1 000

1 **Compte de 10 en 10 :**
a) de 732 à 582.
b) de 1 108 à 978.

2 **Compte de 100 en 100 :**
a) de 1 614 à 1 574.
b) de 6 137 à 4 937.

3 **Retranche 1 000, dix fois de suite, à partir de :**
a) 405 000
b) 1 007 000

Soustraire deux multiples de 10, de 100

Pour chaque exercice, calcule sans poser l'opération.

4

a)	90 − 30	130 − 40
	220 − 30	670 − 50
	340 − 60	490 − 20
b)	120 − 90	740 − 50
	310 − 80	680 − 40
	290 − 70	470 − 90
c)	350 − 80	410 − 60
	880 − 90	650 − 80
	270 − 130	740 − 120
d)	5 600 − 700	2 200 − 400
	1 800 − 900	6 300 − 700
	9 400 − 500	3 700 − 800
e)	2 100 − 90	5 700 − 900
	4 800 − 1 200	3 500 − 700
	5 500 − 800	9 200 − 1 400

5 Mamie offre 180 € à Claudia, Benjamin et Murphy. Claudia et Benjamin reçoivent 120 € à eux deux. Murphy va donc recevoir ✷ €.

6 Sur les 2 600 m^2 de son terrain, M. Louriet prévoit de garder 700 m^2 pour le jardin potager, le reste étant ensemencé en pelouse. La pelouse aura donc une superficie de ✷ m^2.

7 Nous avons 230 km à parcourir pour nous rendre au bord de la mer. Nous en avons effectué 80. Il nous reste encore ✷ km à parcourir.

8 La salle où nous jouons notre spectacle peut contenir 320 spectateurs. Une demi-heure avant le spectacle, il ne reste que 70 places vides. Il y avait donc déjà ✷ spectateurs installés.

Retrancher un multiple de 10 d'un nombre à deux ou trois chiffres

Pour chaque exercice, calcule sans poser l'opération.

9 Il y a 174 élèves inscrits à l'école *Jean-Monnet*. Aujourd'hui, les 30 élèves de CM2 font une sortie. Il y a donc ✷ élèves présents dans l'école.

10 Une fleuriste avait préparé 85 roses rouges. Elle en a déjà vendu 40. Il lui en reste ✷.

11 Un libraire avait commandé 98 exemplaires d'un roman. Il en a déjà vendu 70. Il ne lui reste plus que ✷ exemplaires.

12 Sur les 372 participants du *Cross des écoles*, 50 n'ont pas terminé l'épreuve. Il y a donc eu ✷ élèves classés.

Retrancher 9, retrancher 11

Pour chaque exercice, calcule sans poser l'opération.

13 D'une boîte de 38 forets, Michel en a jeté 11, inutilisables. Il lui en reste ✷.

14 Sur les 37 daims du *Parc de la forêt bleue*, 11 ont été offerts à un autre parc animalier. Il en reste désormais ✷ dans ce parc.

15 Le vendeur me fait une réduction de 9 € sur cet appareil. Quelle somme vais-je régler ?

16 Joe le grizzli a commencé son régime hivernal ! Sur ses 412 kg, il a déjà perdu 9 kg en quelques jours. Il ne pèse plus désormais que ✷ kg !

Retrancher 18, 19, 28, 29...

Pour chaque exercice, calcule sans poser l'opération.

17 Dans un bus d'une capacité de 60 places, il reste 18 places vides. Il y a donc ✷ passagers dans le bus.

18 Sur les 31 jours du mois d'août, 19 sont déjà passés. Il ne reste plus que ✷ jours en août.

19 Sur les 83 toiles exposées à la *Galerie des Marais*, vingt-huit n'ont pas été vendues. Combien de toiles ont été vendues ?

20 Sur les 214 sapins de Noël que Serge avait commandés, il lui en reste 29, invendus. Il a donc vendu ✷ sapins.

Soustraire deux nombres à deux chiffres

Pour chaque exercice, calcule sans poser l'opération.

21

Ce téléphone vaut donc aujourd'hui ✷ €.

22 Monsieur Garenne doit livrer 14 lapins sur les 87 que compte son élevage. Il lui en restera alors ✷.

23 Mélanie vend à la brocante 23 CD qu'elle n'écoute plus du tout. Elle en avait 98 dans sa collection. Il lui en reste maintenant ✷.

24 Mamie Éléonore a 72 ans. Sa petite fille Léa a 43 ans de moins. Léa est âgée de ✷ ans.

Retrancher un nombre entier d'un nombre décimal

Pour chaque exercice, calcule sans poser l'opération.

25

45,6 – 8	63,75 – 12	52,8 – 21
39,24 – 13	76,4 – 14	125,3 – 18
39,2 – 15	62,6 – 16	165,25 – 40
313,12 – 6	618,9 – 9	827,65 – 17

26 Pour un achat d'un montant de 199,50 €, madame Bonafaire présente un bon de réduction de 15 €. Quelle somme va-t-elle devoir régler ?

27 Lors d'une randonnée cycliste de 98,5 km, monsieur Fringale a abandonné à 12 km de l'arrivée. Il a quand même parcouru la distance de ✳ km.

28 Pour notre départ en classe de découverte, la malle remplie avec notre matériel pesait 64,35 kg ! La maîtresse a retiré 12 kg de livres, mais la malle pèse encore ✳ kg.

Retrancher un nombre décimal d'un nombre entier

Pour chaque exercice, calcule sans poser l'opération.

29

8 – 2,5	9 – 8,2	20 – 5,1
7 – 3,5	38 – 14,1	6 – 1,5
10 – 1,4	16 – 5,3	42 – 2,9
195 – 50,3	357 – 30,6	542 – 27,8

30 Une caisse pleine de pommes pesait 12 kg. Au bout de quelques semaines, en séchant, les pommes ont perdu 2,5 kg. Quelle est alors la masse de la caisse pleine ?

31 Anna paye ses achats à la boulangerie avec un billet de 5 €. La boulangère lui rend 1,25 €. Quelle somme Anna a-t-elle dépensée ?

32 Pour remplir les 48 litres du réservoir de sa voiture, Jean-Pierre a dû ajouter 37,2 litres. Quelle quantité de carburant restait-il dans le réservoir ?

Soustraire deux grands nombres multiples de 10

Pour chaque exercice, calcule sans poser l'opération.

33
33 500 000 – 350 000
220 000 – 10 000
3 000 000 – 500 000
4 200 000 – 150 000
720 000 – 30 000
218 000 – 15 000
640 000 – 90 000
380 000 – 75 000
7 800 000 – 4 500 000
63 000 000 – 3 200 000

34 Un laboratoire pharmaceutique a expédié 35 000 doses de vaccin sur les 50 000 produites. Il y a donc encore en stock ✳ doses.

35 L'an dernier, 84 000 spectateurs avaient participé à un festival de musique celtique. Ils sont cette année 7 000 de moins. Il y a donc cette année ✳ spectateurs.

36 Quelle est la différence de population entre :
– La Rochelle et Chambéry ?
– Saint-Malo et Bourges ?

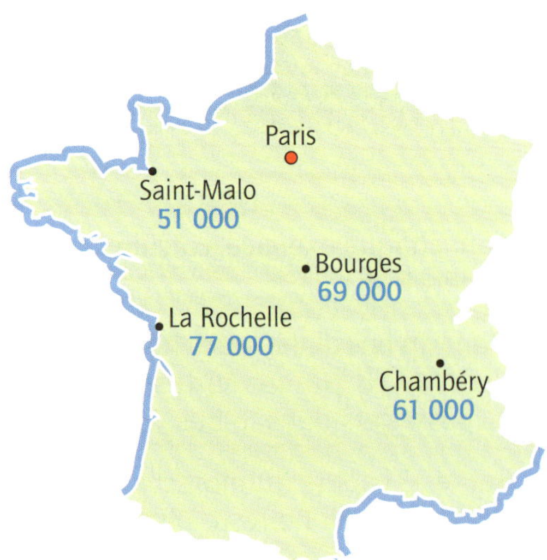

Déterminer l'ordre de grandeur d'une différence

37 Pour chaque soustraction, indique l'ordre de grandeur du résultat par un multiple de 10.

a) 63 – 27 48 – 33 72 – 21
b) 83 – 67 59 – 32 98 – 61
c) 147 – 62 283 – 41 109 – 31
d) 103 – 66 443 – 52 748 – 34

38 Pour chaque soustraction, indique l'ordre de grandeur du résultat par un multiple de 100.

a) 866 – 189 698 – 112 905 – 379
b) 764 – 271 834 – 591 702 – 175

39 La collection d'affiches de films de monsieur Maneci est passée cette année de 128 à 169. M. Maneci a donc acquis cette année environ ✳ affiches de films.

40 Donne un ordre de grandeur pour la différence de prix entre ces deux téléviseurs à écran plat.

41 Notre village comptait 689 habitants il y a cinq ans contre 815 aujourd'hui. En 5 ans, la population a donc augmenté d'environ ✳ habitants.

42 Un an après le passage de l'ouragan Katrina, la population de la Nouvelle-Orléans est passée de 454 000 habitants à 187 000.
La ville a donc perdu environ 160 000 habitants ? 260 000 habitants ? 360 000 habitants ?

4 Multiplier et diviser

Calculer le double, le triple

1 **Donne le double de chacun des nombres suivants.**

a) 54 – 63 – 125 – 214 – 143 – 612
b) 165 – 217 – 452 – 713 – 880 – 2 320
c) 1,5 – 7,25 – 18,4 – 6,14 – 9,27
d) 1 034 – 539 – 180,5 – 1,55 – 9,05

2 **Donne le triple de chacun des nombres suivants.**

a) 13 – 21 – 62 – 57 – 44 – 85 – 232
b) 35 – 412 – 2 500 – 8 200 – 92
c) 6,25 – 7,02 – 20,1 – 9,2 – 40,3

3 Rémi possède une collection de 29 albums de bandes dessinées. Sa grande sœur Lisa en possède le triple, soit ✷ albums.

4 En France, la production de déchets par Français et par an représente le double de la consommation de papier, qui est de 180 kg par Français et par an. Chaque Français produit donc en moyenne ✷ kg de déchets.

Multiplier par 10, 100, 1000

Pour chaque exercice, calcule sans poser l'opération.

5

a) 38 × 10	59 × 100	62 × 1 000
b) 65 × 100	104 × 10	30 × 1 000
c) 96 × 1 000	27 × 100	174 × 10

6

a) 545 × 10	202 × 100	602 × 1 000
b) 507 × 1 000	841 × 100	594 × 10
c) 89 × 10	510 × 100	60 × 100

7

a) 2,5 × 10	7,83 × 100	7,41 × 10
b) 5,9 × 100	0,35 × 1 000	6,215 × 10
c) 0,308 × 100	5,78 × 10	0,64 × 1 000

8

a) 4,1 × 100	89,3 × 1 000	9,5 × 10
b) 0,37 × 100	1,12 × 1 000	0,6 × 100
c) 875,4 × 10	6,3 × 100	901,2 × 100

9 Le réservoir de carburant de la voiture de madame Lorson contient 45 litres. Un seul des deux propulseurs qui permettent le lancement de la navette spatiale américaine en contient environ 10 000 fois plus, c'est-à-dire environ ✷ litres.

10 Aujourd'hui, monsieur Davy a acheté une baguette de pain au prix de 0,85 € et un rasoir électrique valant 100 fois plus cher que la baguette. Ce rasoir valait donc ✷ €.

Multiplier par 9, multiplier par 11

Pour chaque exercice, calcule sans poser l'opération.

11 Observe les exemples :

$36 \times 11 = (36 \times 10) + 36$
$= 360 + 36 = 396$

$36 \times 9 = (36 \times 10) - 36$
$= 360 - 36 = 324$

a) 53 × 11	62 × 11	320 × 11
b) 45 × 9	89 × 9	260 × 9

12

a) 73 × 11	153 × 11	34 × 11
b) 73 × 9	153 × 9	34 × 9

13 Une équipe de 11 cyclistes participe à un défi sportif pour une association humanitaire. Chaque coureur a parcouru 92 km. À eux tous, ils totalisent donc ✷ km.

14 Cela fait 23 ans que M. Blanchard passe chaque année 9 jours de vacances sur l'île de Bréhat. « Cela représente un peu plus de 30 semaines » dit-il. A-t-il raison ?

Multiplier par des multiples de 10

Pour chaque exercice, calcule sans poser l'opération.

15
a) 7 × 20 — 8 × 40 — 60 × 8
b) 9 × 80 — 90 × 40 — 77 × 2 000
c) 13 × 40 — 36 × 20 — 80 × 80

16
a) 63 × 200 — 12 × 50 — 30 × 21
b) 4 × 8 000 — 500 × 6 — 24 × 20
c) 41 × 400 — 3 000 × 50 — 600 × 70

17 **Multiplie chacun de ces nombres par 20.**
52 – 3,4 – 120 – 12,1 – 72 – 8,4 – 340

18 **Multiplie chacun de ces nombres par 40.**
1,2 – 22 – 400 – 2,25 – 71 – 130 – 0,6

19 L'antenne du relais de télévision est située à 40 km de ma maison, mais le satellite vers lequel est tournée ma parabole est 900 fois plus éloigné. Ce satellite est en orbite à ✷ km de la Terre.

Multiplier un nombre décimal par un nombre entier

Pour chaque exercice, calcule sans poser l'opération.

20
a) 2,4 × 2 — 0,6 × 6 — 3,1 × 4
b) 1,5 × 6 — 20,2 × 2 — 0,4 × 3

21
a) 1,8 × 2 — 0,15 × 3 — 1,4 × 5
b) 6,60 × 2 — 0,81 × 2 — 0,7 × 4

22 Amanda achète 4 pains au chocolat à 1,15 € pièce. Elle va payer au total ✷ €.

23 M. Gustav remplit un bidon de 5 litres avec du gasoil vendu 1,06 € le litre. Il va donc payer ✷ €.

Quotient entier

Pour chaque exercice, calcule sans poser l'opération.

24
a) 81 : 9 — 55 : 5 — 36 : 4
b) 72 : 6 — 63 : 7 — 56 : 8

25
a) 420 : 70 — 3 600 : 60 — 48 : 8
b) 88 : 11 — 42 : 6 — 270 : 30

26 En 9 mois, mon grand frère a gagné 630 € en lavant des voitures. En moyenne, il a donc gagné ✷ € par mois.

27 Un tournoi de football à 7 réunit 280 participants. Combien d'équipes se sont donc inscrites ?

Diviser par 10, par 100, par 1 000

Pour chaque exercice, calcule sans poser l'opération.

28
a) 60 : 10 — 800 : 100 — 80 : 10
b) 90 000 : 1 000 — 700 : 10 — 90 : 10

29
a) 127 : 10 — 263 : 100 — 412 : 10
b) 48 : 100 — 514 : 10 — 233 : 100

30
a) 36,2 : 10 — 57,4 : 10 — 3 568 : 100
b) 2,8 : 10 — 124 : 1 000 — 92,1 : 100

31 Un agriculteur a récolté 8 700 kg de pommes de terre qu'il vend en sacs de 10 kg. Combien de sacs peut-il vendre ?

32 Dans une usine, on vient de produire 12 560 stylos qu'on emballe par boîtes de 100. Combien de boîtes pleines obtiendra-t-on ?

Calculer la moitié, le quart, le tiers

Pour chaque exercice, calcule sans poser l'opération.

33

a) 84 : 2	168 : 2	482 : 2
b) 46 : 2	3 084 : 2	664 : 2
c) 168 : 2	1 362 : 2	7 400 : 2

34

a) 80 : 4	164 : 4	812 : 4
b) 640 : 4	1 800 : 4	216 : 4

35 **Indique la moitié de chacun des nombres suivants.**

a) 81 – 150 – 4 500 – 47 – 688 – 1 243

b) 416 – 918 – 0,50 – 30,6 – 9 312

36 **Indique le quart de chacun des nombres suivants.**

608 – 42 – 360 – 1 000 – 2 200

37 **Indique le tiers de chacun des nombres suivants.**

33 – 900 – 60 – 45 – 270 – 2 100 – 6,9

38 Mes oncles Matéo et Arnold sont jumeaux. Ils ont 74 ans à eux deux. Quel est l'âge de chacun ?

39 Nous avons mis 4 heures pour nous rendre à Honfleur, port de Normandie situé à 328 km de chez nous. Nous avons donc roulé à une vitesse moyenne de ✷ km/h.

Déterminer l'ordre de grandeur d'un produit

40 **Indique l'ordre de grandeur de chaque produit par un multiple de 10.**

Observe les exemples :

81 × 6 → 480 (car 80 × 6 = 480)

88 × 6 → 540 (car 90 × 6 = 540)

a) 57 × 3	74 × 8	91 × 9
b) 66 × 5	49 × 7	33 × 8
c) 87 × 9	83 × 8	71 × 6

41 **Indique l'ordre de grandeur de chaque produit par un multiple de 100.**

Observe l'exemple :

42 × 38 → 1 600 (car 40 × 40 = 1 600)

a) 32 × 27	57 × 23	68 × 38
b) 43 × 34	48 × 33	35 × 92
c) 77 × 84	61 × 56	93 × 71

42 **Indique l'ordre de grandeur de chaque produit par un multiple de 1 000.**

Observe l'exemple :

163 × 41 → 8 000 (car 200 × 40 = 8 000)

a) 194 × 68	403 × 39	687 × 52
b) 324 × 71	511 × 92	488 × 89
c) 415 × 62	373 × 88	207 × 43

43 **Indique l'ordre de grandeur de chaque produit.**

a) 78 × 8	76 × 82	63 × 67
b) 666 × 41	402 × 18	74 × 47
c) 708 × 13	361 × 19	514 × 29

44 Un directeur d'un centre de vacances a accueilli durant 36 mois une moyenne de 104 personnes chaque mois. Ce centre a donc hébergé environ ✷ personnes durant ces 36 mois.

45 Le directeur d'une école primaire dispose d'un budget de 53 € par élève pour acheter livres, cahiers, stylos... Le nombre d'élèves scolarisés dans son école étant de 108, le budget total de l'école est d'environ ✷ €.

Déterminer l'ordre de grandeur d'un quotient

Pour chaque exercice, indique, pour chaque division, le nombre de chiffres du quotient entier.

46

842 divisé par 3	872 divisé par 6
516 divisé par 9	3 415 divisé par 2
4 018 divisé par 7	2 156 divisé par 5
615 divisé par 8	9 655 divisé par 8

47

321 divisé par 24	9 415 divisé par 61
784 divisé par 12	2 018 divisé par 3
2 218 divisé par 86	950 divisé par 71
711 divisé par 63	10 416 divisé par 62

48 96,2 divisé par 4
311,8 divisé par 7
8 475,5 divisé par 6
317 divisé par 8
7,6 divisé par 3
14 518 divisé par 13

49 Une menuiserie industrielle livre un lot de 48 portes pour un montant total de 6 048 €. Le prix d'une porte est donc :
- de moins 10 € ?
- situé entre 10 et 99 € ?
- situé entre 100 et 999 € ?
- au moins 1 000 € ?

50 Les 36 400 exemplaires d'un roman sont expédiés par carton de 120. Le nombre de cartons expédiés sera donc :
- moins de 10 ?
- situé entre 10 et 99 ?
- situé entre 100 et 999 ?

SYNTHÈSE

1 **Dans chacun des nombres ci-dessous, indique le nombre de centaines.**

8 389 – 11 700 – 36 000 – 8 840 – 71 616

2 **Indique le nombre correspondant à chaque décomposition.**

a) 7 milliers et 5 unités
b) 11 milliers 3 centaines et 9 unités
c) 5 milliers et 13 dizaines
d) 4 milliers et 14 unités
e) 18 milliers et 40 dizaines

3 **Indique le nombre qui précède chacun des nombres donnés.**

85 000 – 488 000 – 74 700 – 95 000 – 500 500 – 189 100 – 27 010 – 69 900

4 **Indique le nombre correspondant à chaque décomposition.**

a) 12 unités et 3 centièmes
b) 6 unités 9 dixièmes et 5 millièmes
c) 3 centièmes
d) 7 dixièmes et 25 millièmes
e) 14 unités et 5 dixièmes

5 **Indique chaque fois le plus petit des deux nombres proposés.**

a) 7,14 et 7,2 b) 48,63 et 47,99
c) 205,12 et 205,3 d) 157,8 et 157,79

6 **Arrondis, au millier le plus proche, chacun des nombres ci-dessous.**

38 594 – 12 058 – 369 914 – 14 496 – 3 995

7 On a livré ce matin, à la papeterie, 96 ramettes de papier blanc et 39 ramettes de papier couleur.
On a livré en tout * ramettes de papier.

8 **Indique l'ordre de grandeur du résultat.**

Madame Sigfried a acheté un ordinateur valant 589 €, une imprimante-photo valant 99 € et un appareil photo numérique valant 209 €. Madame Sigfried a donc payé environ * €.

9 **Indique le résultat de chacune de ces soustractions.**

a) 700 000 – 250 000
b) 305 000 – 20 000
c) 900 000 – 45 000

10

Combien Lisa possède-t-elle de DVD ?

11 **Calcule sans poser l'opération.**

a) $7{,}6 \times 10$	$6{,}9 \times 100$	$1{,}77 \times 10$
b) $3{,}41 \times 10$	$0{,}38 \times 1\,000$	$4{,}263 \times 100$
c) $0{,}9 \times 10$	$6{,}42 \times 100$	$0{,}37 \times 1\,000$

12 **Calcule sans poser l'opération.**

24×11 72×11 46×9 89×9

13 **Multiplie chacun de ces nombres par 30.**

33 – 2,5 – 210 – 16 – 7,1

14 Perrine achète 3 CD à 9,25 € pièce. Elle va payer au total * €.

15 Les 240 participants au tournoi de rugby représentaient 12 équipes. Il y avait donc * joueurs inscrits dans chaque équipe.

Connaissance des nombres

Histoire du zéro

L'histoire du zéro remonte à très, très, très longtemps... Son apparition fut longue et délicate, car suivant les civilisations, son introduction a suscité beaucoup de crainte et de mystère.
Mais qui ont été les premiers à évoquer le concept du « zéro » : les Grecs, les Babyloniens, les Mayas ou les Indiens ?

1 Les Grecs

Pour les Grecs, le **1 est ce qui existe**. On commence à compter par le nombre 1. Le zéro avec sa connotation de néant, de non-existence offensait l'esprit rationnel des Grecs.

2 Les Babyloniens

Leur système de numération tenant sur la combinaison du principe de position et du principe additif est parfois ambigu. Comment écrire par exemple le nombre « 305 » si on ne dispose pas du symbole « 0 » ? On peut écrire « 3 5 », mais ne risque-t-on pas de confondre avec « 35 » ? C'est au IIIe siècle avant J.-C. que les scribes babyloniens ont l'idée d'un signe de séparation se présentant sous la forme d'un **double chevron incliné** exprimant qu'il n'y a rien. C'est le plus vieux zéro connu mais ce n'est pas encore un nombre ni même une quantité : c'est un « pense-bête » ou un « marque-place » qui fixe la bonne place des chiffres dans le système de numération de position.

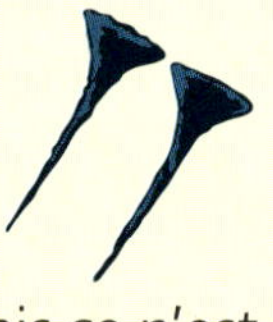

Tablette d'argile (2 400 avant J.-C.) en écriture cunéiforme où figurent clous et chevrons qui sont les chiffres de cette numération.

3 Les Mayas

Pendant le premier millénaire de notre ère, les Mayas ont développé un système de numération très poussé, basé sur l'art du calendrier et de l'astronomie. Les nombres sont représentés par des points et des traits. Un **signe particulier**, , joue le rôle de séparateur.

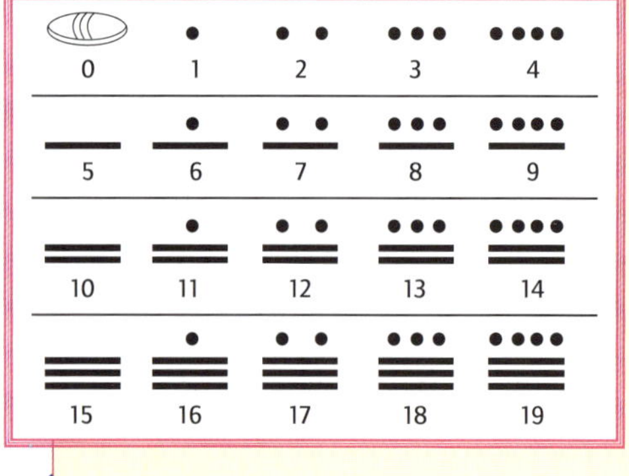

Extrait du codex de Mendoza (XVIe siècle). Ce document chiffre le tribut en nature payé par sept villes aztèques aux seigneurs espagnols de Mexico.

4 Les Indiens

En Inde, les chiffres de un à neuf ont été inventés avant notre ère, mais le principe de position n'y est pas appliqué. C'est au Ve siècle que le mot **sunya**, le vide, qui représente le zéro apparaît dans un livre de cosmologie écrit en sanscrit (la langue indienne).

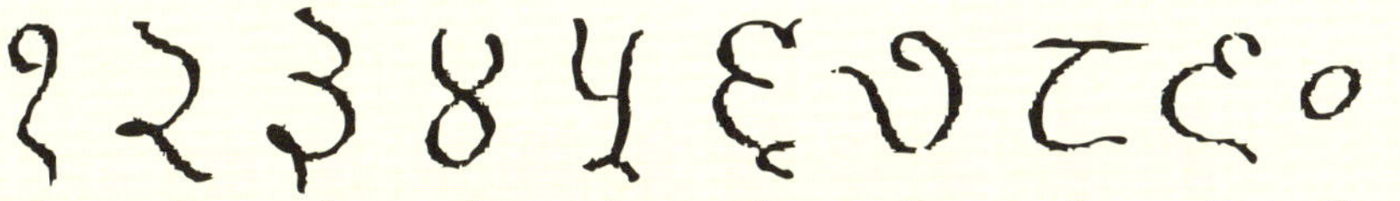

1 2 3 4 5 6 7 8 9 0

La religion hindoue considère le non-être comme un élément positif et une étape vers le **nirvâna** (paradis). Elle intègre totalement le vide et l'infini. C'est pourquoi, les Indiens sont les seuls à traiter le zéro comme un nombre à part entière.

En 628, le savant Brahmagupta, dans son traité d'astronomie le *Brahma Sphuta Siddhanta*, définit le zéro comme la soustraction d'un nombre par lui-même : $a - a = 0$ et il en décrit les propriétés :

$a + 0 = a$ $\quad 5 + 0 = 5$

$a - 0 = a$ $\quad 5 - 0 = 5$

$a \times 0 = 0$ $\quad 5 \times 0 = 0$

Au XIIe siècle, le zéro est représenté par un point, le **bindu**.

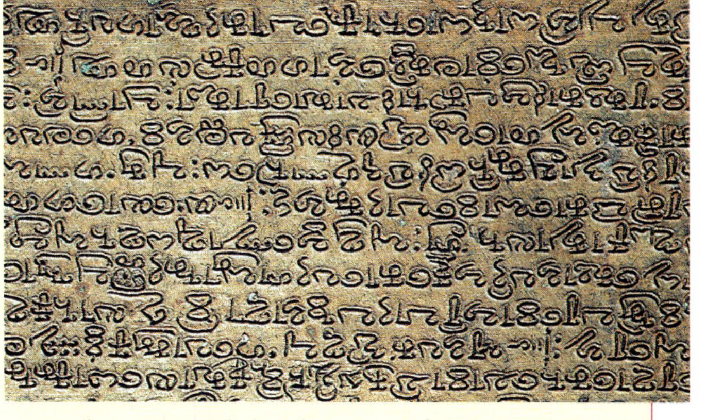

Extrait d'un manuscrit indien datant du XIIe siècle sur lequel figure le *bindu*.

5 Les Arabes

En 773, chez le calife de Bagdad, une ambassade indienne apporte un présent pour le calife Mansour : des écrits d'astronomie dus à Brahmagupta.

C'est Al-Khwârizmi qui les exploite et publie un livre en 820 qui présente la numération indienne. Ce livre sera traduit par Robert de Chester en Espagne au début du XIIe siècle.

Par ailleurs, les Arabes traduisirent le mot indien **sunya** en **as-sifr**.

Ce mot passe en Allemagne au XIIIe siècle et devient **cifra** puis **zyphra**, traduit en latin par **zephirum**.

Introduit en Italie par Léonard de Pise, dit Fibonacci, au XIIIe siècle, il se transforme en **zephiro**, **zeuero**, **cero** et, enfin, **zéro** en français.

Le mot arabe **sifr** donnera également le mot chiffre.

Cifra donnera **cipher** en anglais : code secret.

Jusque-là, le monde occidental utilisait encore le système des chiffres romains.

Ce sont les marchands qui l'imposèrent avec le système décimal, car il facilitait grandement les calculs.

À noter que, pour éviter les erreurs, les marchands écrivaient les sommes en toutes lettres.

1 Les nombres jusqu'à 999 999

CHERCHONS ENSEMBLE

Observe le tableau des naissances en France de 1998 à 2004.

1998	738 080
1999	744 791
2000	774 782
2001	770 945
2002	761 630
2003	761 464
2004	767 816

a) Lis ces nombres à haute voix. Que remarques-tu ?
b) En quelle année y a-t-il eu le plus de naissances ?
c) En quelle année y a-t-il eu le moins de naissances ?
d) Range ces nombres dans l'ordre croissant.
e) Pour l'année 2004 :
– indique le chiffre des dizaines de mille ainsi que celui des unités ;
– indique le nombre de dizaines de mille ainsi que le nombre d'unités.

Les nombres entiers s'écrivent par **classes** composées d'unités, de dizaines et de centaines.

Classe des mille			Classe des unités simples		
c	d	u	c	d	u
7	5	2	6	5	3

Pour **faciliter la lecture des nombres**, on laisse un **espace** entre chaque classe.
Exemple : 752 653.
Ce nombre peut s'écrire de **différentes façons** :
– sept cent cinquante-deux mille six cent cinquante-trois
– (7 × 100 000) + (5 × 10 000) + (2 × 1 000) + (6 × 100) + (5 × 10) + 3
– 700 000 + 50 000 + 2 000 + 600 + 50 + 3
Attention ! Ne pas confondre chiffre et nombre.
Le **chiffre des dizaines de mille** est **5**, mais le **nombre de dizaines de mille** est **75**.

Pour **comparer deux nombres entiers** :
– si les deux nombres n'ont pas le même nombre de chiffres, le plus grand est celui qui a le plus de chiffres.
Exemple : 234 506 > 45 987
– si les deux nombres ont le même nombre de chiffres, on compare ces nombres en partant de la gauche, chiffre par chiffre.
Exemple : 34**6** 782 < 34**7** 923 parce que **6 < 7**.

1 Écris ces nombres en chiffres.
a) six cent mille quinze
b) quatre cent quarante-quatre mille cinq cent quinze
c) douze mille huit cents
d) cent cinquante-huit mille quatre

2 Écris ces nombres en lettres.
243 243 – 790 810 – 935 717 – 99 400 – 357 671

3 **Range ces nombres en ordre croissant.**

710 270 – 12 800 – 453 259 – 453 270 – 700 000 – 453 600 – 450 000 – 699 090

4 **Reproduis et complète ce tableau.**

Nombre de milliers qui vient juste avant	Nombre donné	Nombre de milliers qui vient juste après
	439 290	
	789 653	
	219 219	
	67 128	

5 **Recopie et mets le signe qui convient (< ou >).**

13 981 … 14 000 | 253 620 … 25 620 | 562 543 … 562 643

739 320 … 839 320 | 423 600 … 452 600 | 10 008 … 100 008

6 **Décompose ces nombres.**

Observe l'exemple :

358 099 = (3 × 100 000) + (5 × 10 000) + (8 × 1 000) + (9 × 10) + 9

210 149 – 789 910 – 453 253 – 506 708 – 286 931 – 50 092 – 78 002

7 **Retrouve chaque nombre décomposé.**

a) (4 × 100 000) + (3 × 10 000) + (7 × 100) + 6

b) (8 × 1 000) + (9 × 10 000) + (9 × 100) + (4 × 10)

c) (7 × 100 000) + (8 × 100) + 9 + (6 × 1 000) + (1 × 10)

d) (1 × 100 000) + (2 × 10 000) + 3

e) (5 × 100 000) + (5 × 1 000) + (2 × 10 000) + (7 × 10)

8 **Reproduis et complète le tableau.**

Nombre	Chiffre des dizaines	Nombre de dizaines	Chiffre des unités de mille	Nombre d'unités de mille	Chiffre des centaines	Nombre de centaines
357 619						
739 853						
53 210						
8 900						
200 000						

JE TRAVAILLE SEUL(E)

a) **Range ces nombres en ordre décroissant.**

34 089 – 35 908 – 340 897 – 359 086 – 35 090 – 340 900 – 360 007 – 342 987

b) **Décompose ces nombres.**

76 009 – 207 200 – 90 698 – 78 036

À TOI DE JOUER…

Utilise à chaque fois les quatre étiquettes suivantes pour trouver dix nombres différents.

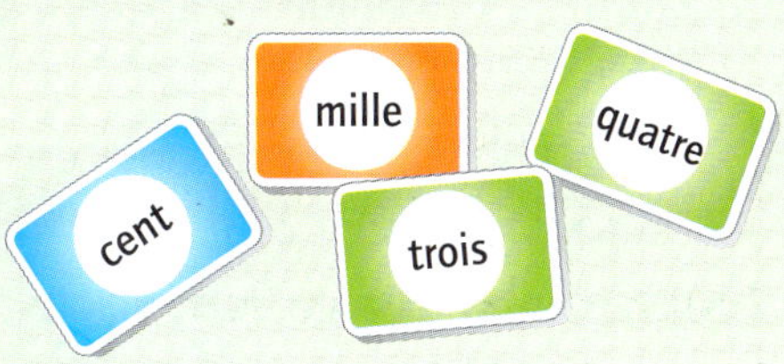

2 Les grands nombres (1)

CHERCHONS ENSEMBLE

Voici la population de quelques États de l'Inde.

États	Nombre d'habitants
Bihar	quatre-vingt-deux millions huit cent quatre-vingt mille
Maharashtra	(96 × 1 000 000) + (752 × 1 000) + 247
Rajasthan	cinquante-six millions quatre cent soixante-dix mille
Bengale occidental	quatre-vingt millions deux cent vingt et un mille cent soixante et onze
Uttar Pradesh	(1 × 100 000 000) + (6 × 10 000 000) + (6 × 1 000 000) + (5 × 10 000)

Saurais-tu écrire tous ces nombres en chiffres ?

Classe des milliards			Classe des millions			Classe des mille			Classe des unités simples		
c	d	u	c	d	u	c	d	u	c	d	u
			2	3	7	4	2	0	0	6	7
	1	3	5	4	0	0	7	0	3	3	6
					7	3	4	6	6	2	4

Pour **lire des grands nombres** **(des millions)**, il faut d'abord annoncer le **nombre de millions**, puis le **nombre de mille** et enfin le **nombre d'unités**.
Exemple : deux cent trente-sept **millions** quatre cent vingt **mille** soixante-sept.

Attention ! On peut quelquefois rencontrer des nombres qui dépassent la classe des millions.
Exemple : treize **milliards** cinq cent quarante **millions** soixante-dix **mille** trois cent trente-six.

On peut aussi **décomposer un grand nombre** avec des multiples de 10.
Exemple : 7 346 624 = (7 × 1 000 000) + (3 × 100 000) + (4 × 10 000) + (6 × 1 000) + (6 × 100) + (2 × 10) + 4

1 **Recopie les nombres en supprimant les zéros inutiles et en respectant les espaces entre les classes.**

000627346400 – 001700650400 – 013420736410 – 00700256003 – 000002341744

2 **Écris ces nombres en chiffres.**

a) quatre cent millions deux cent cinquante-six mille soixante.
b) trente-six millions
c) deux cent six millions trois cent vingt mille
d) cent millions sept cent mille
e) deux cent cinquante-trois millions quatre cent vingt-quatre mille quatre cent quarante-quatre.
f) trois milliards trois cent trente millions trois cent trente-trois mille trois cent treize

3 **Écris ces nombres en lettres.**
256 610 700 – 786 377 014 – 600 800 001 – 94 990 775 – 4 538 200 000

4 **Que représente le chiffre 9 dans les nombres suivants.**
a) 9 466 300 b) 541 286 009 c) 25 108 913 d) 43 952 253

5 **Décompose chacun de ces nombres.**
Observe l'exemple :
4 518 342 = (4 × 1 000 000) + (5 × 100 000) + (1 × 10 000) + (8 × 1 000) + (3 × 100) + (4 × 10) + 2
14 180 242 – 6 720 936 – 22 342 789 – 44 467 700 – 313 456 702 – 9 357 002

6 **Recopie et complète ces opérations sans les poser.**
a) 3 913 000 + 900 = b) 56 600 000 + 60 000 = c) 1 304 000 + 5 000 =

7 **Retrouve les couples représentant les mêmes nombres.**
a) 41 220 314 A) 314 + (41 × 1 000 000) + (22 × 10 000)
b) 236 360 027 B) (13 × 1 000 000) + (484 × 1 000)
c) 13 484 000 C) (1 × 1 000 000 000) + 700 + (340 × 1 000 000) + (275 × 1 000)
d) 1 340 275 700 D) deux cent trente-six millions trois cent soixante mille vingt-sept

8 **Retrouve chaque nombre.**
a) 775 000 + 36 000 000 + 400 b) 214 + 27 000 000 + 347 000
c) 896 000 000 + 259 + 341 000 d) 999 + 999 000 000 + 999 000

9 **On sait que le sang contient 7 000 globules blancs par mm^3 et 300 000 plaquettes par mm^3.**
a) Combien y a-t-il de globules blancs pour 1 000 mm^3 ?
b) Combien y a-t-il de plaquettes pour 150 mm^3 ?
Écris tes résultats en chiffres et en lettres.

JE TRAVAILLE SEUL(E)

Recopie ce texte en écrivant tous les nombres en lettres.

Un fabricant de poupées déclare avoir vendu 650 000 000 de poupées dans le monde depuis 1959.

En 1963, il en avait vendu 5 000 000 aux États-Unis ; en 1988, 20 000 000 ; en 1989, 30 000 000 aux États-Unis et 50 000 000 dans le monde.

En France, on aurait vendu en 1992, 3 000 000 de tenues, 4 000 000 de paires de chaussures et 150 000 sacs à main pour habiller les poupées.

À TOI DE JOUER...

Écris le plus possible de nombres en utilisant les étiquettes suivantes.
Tu peux utiliser plusieurs fois le même mot.

3 Les grands nombres (2)

CHERCHONS ENSEMBLE

Classe ces apparitions de la plus ancienne à la moins ancienne.

Il y a...	est apparu...
406 millions d'années	la 1re plante terrestre et le 1er poisson
240 millions d'années	les dinosaures
2,7 millions d'années	les 1ers hommes
55 millions d'années	les mammifères évolués
700 millions d'années	les algues
1 milliard (1 000 millions) d'années	les méduses, les vers

Pour **comparer deux grands nombres** (des millions par exemple), il faut d'abord regarder la **classe des millions**, puis celle des **mille** et enfin celle des **unités simples**.

Exemples : 734 618 300 > **646** 524 200 car **734 > 646**

627 **200** 017 < 627 **300** 014 car **200 < 300**

1 Recopie et mets le signe qui convient (<, > ou =).

16 256 013 ... 16 343 013
2 256 700 000 ... 1 256 700 000
58 222 005 ... 58 223 005
3 426 895 013 ... 3 426 895 026
256 360 708 ... 457 200 000
9 999 998 ... 9 999 997
566 220 000 ... 326 220 000
199 069 025 ... 199 070 025
27 069 152 ... 27 690 152

2 Range ces nombres en ordre croissant.

2 255 775 – 34 259 999 – 13 700 236 – 2 236 775 – 99 261 000 – 27 800 400

3 Range ces nombres en ordre décroissant.

5 760 845 – 55 910 650 – 50 920 000 – 555 213 740 – 500 455 456 – 5 740 740

5 Recopie et complète avec un nombre qui convient.

Observe l'exemple :

256 700 600 < 256 700 603

95 041 005 < ...	700 436 567 > ...
76 800 469 < ...	225 000 214 < ...
344 659 000 > ...	36 899 998 < ...
432 656 299 < ...	656 700 000 > ...

6 Recopie et écris le nombre qui convient.

Observe l'exemple :

26 708 916 < 26 708 917 **< 26 708 918**

34 134 026 < ... < 34 134 028
80 580 800 < ... < 80 580 802
356 055 000 > ... > 2 356 054 998
94 226 699 < ... < 94 226 701
220 048 100 > ... > 6 220 048 098
444 444 444 > ... > 444 444 442

4 À chaque fois, recopie en plaçant le nombre en rouge au bon endroit.

345 250 34 500 – 340 500 – 345 200 – 345 500 – 3 450 000

9 006 500 906 000 – 9 001 999 – 9 005 999 – 9 006 000 – 9 006 999

7 Reproduis et complète ce tableau.

Nombre de centaines de mille qui vient juste avant	Nombre donné	Nombre de centaines de mille qui vient juste après
	33 033 033	
	55 600 000	
	126 008 700	
	12 059 040	
	1 950 051 000	

8 Recopie et complète par < ou >.

300 000 000 + 700 000 + 32 ... 300 000 000 + 600 000 + 32
43 000 000 + 799 997 ... 43 000 000 + 799 994
56 + 13 000 000 + 800 000 ... 13 000 000 + 800 000 + 57
26 000 000 + 257 + 820 000 ... 26 000 000 + 257 + 820 000 + 30 000
256 000 000 + 32 + 127 000 ... 256 000 000 + 32 + 126 000

9 Encadre chacun de ces nombres par les millions les plus proches.
Observe l'exemple : 5 000 000 < **5 217 314** < 6 000 000
9 773 882 – 17 000 520 – 144 300 694 – 213 566 889 – 702 402 502 – 69 566 403

10 Observe la production (en 2004) de voitures particulières de quelques pays du monde.

Pays	Production
CHINE	2 316 000
INDE	1 178 000
CORÉE DU SUD	3 123 000
AFRIQUE DU SUD	301 000
MEXIQUE	784 000
FRANCE	3 227 000
CANADA	1 335 000
RUSSIE	1 110 000
ITALIE	834 000
ALLEMAGNE	5 192 000
ROYAUME-UNI	1 647 000
AUSTRALIE	341 000
POLOGNE	522 000

a) Range ces nombres en ordre croissant.
b) Encadre-les entre les deux centaines de mille les plus proches.
c) Lis à haute voix le plus grand nombre et le plus petit. Écris-les en lettres.

JE TRAVAILLE SEUL(E)

a) **Range ces nombres en ordre décroissant.**
6 060 000 – 66 066 066 – 6 600 600 – 60 666 000 – 600 006 000 – 6 006 666

b) **Compte par dizaines de millions.**
– de 164 500 000 à 254 500 000
– de 89 000 000 à 209 000 000

À TOI DE JOUER...

À chaque fois, ne garde que le nombre le plus grand, puis additionne-les pour trouver la distance moyenne qui sépare la Terre du Soleil (en km).
a) 27 256 000 – 27 256 133
b) 53 000 737 – 5 300 730
c) 66 257 309 – 66 258 309
d) 3 484 821 – 3 484 801

4 Ordre de grandeur d'un nombre

CHERCHONS ENSEMBLE

Voici un tableau présentant les distances, en kilomètres, entre Paris et certaines grandes villes du monde.

	Beijing (Chine)	La Paz (Mexique)	Los Angeles (États-Unis)	Montréal (Canada)	Moscou (Russie)	New York (États-Unis)	Santiago (Chili)	Sydney (Australie)
Paris	8 233	9 974	9 148	5 519	2 498	5 826	11 575	16 942

a) Quelle est la distance la plus proche de 10 000 km ?
b) Quelle est la distance la plus proche de 5 000 km ?
c) Arrondis ces distances à la centaine la plus proche.
Que remarques-tu pour Paris – La Paz ?

Pour **certaines données**, comme des populations, des distances, des superficies, des productions agricoles ou industrielles..., on utilise un **ordre de grandeur** plutôt que le nombre exact.
Pour trouver l'ordre de grandeur d'un nombre, on recherche le nombre de dizaines, de centaines, de milliers, de millions... le plus proche.

Exemple 1 : arrondir **144** et **146** à la dizaine la plus proche.

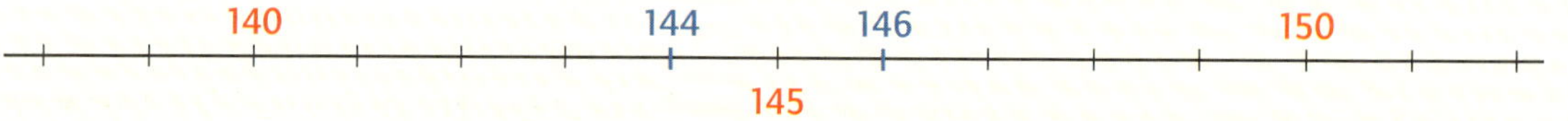

144 est plus proche de 140 et 146 est plus proche de 150.

Exemple 2 : arrondir **176 606** et **174 980** à la dizaine de mille la plus proche.

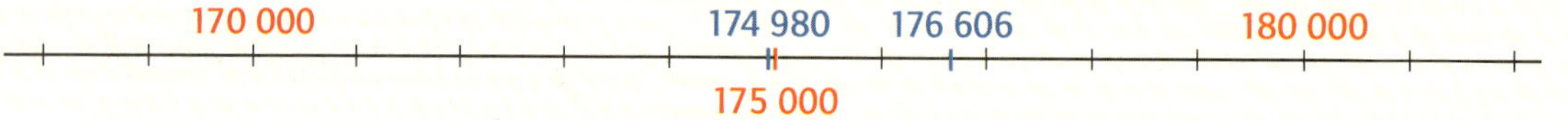

176 606 est plus proche de 180 000 et 174 980 est plus proche de 170 000.

Dans les exercices suivants, si tu rencontres quelques difficultés, utilise une droite graduée.

1 **Arrondis ces nombres à la centaine la plus proche.**

3 927	359 622 733	82 612 215
709	889 782	62 514
999 555	152 321	278 872 287

2 **Arrondis ces nombres à la dizaine de milliers la plus proche.**

54 322	457 457 272	339 933
2 772 461	1 739 621	675 876
83 407	997 852 636	19 501

3 **Arrondis ces nombres au million le plus proche.**

239 400 622	45 000 709
428 327 777	9 546 000
632 533 188	99 098 670

4 **Reproduis et complète ce tableau.**

Nombre donné	Nombre arrondi à la centaine la plus proche	Nombre arrondi au millier le plus proche
559 649		
723 543		
72 025		
54 796		

5 **Arrondis le nombre 533 278 917.**

a) À la dizaine la plus proche.
b) Au millier le plus proche.
c) À la centaine la plus proche.
d) Au million le plus proche.

6 **Arrondis le nombre 392 631 723.**

a) À la dizaine de mille la plus proche.
b) À la centaine la plus proche.
c) À la dizaine de millions la plus proche.
d) À la centaine de mille la plus proche.

7 Marion veut s'acheter un téléviseur, un lecteur DVD et un film récent. Elle compare les prix de deux magasins.

Recherche l'ordre de grandeur pour savoir où doit se rendre Marion pour payer le moins cher.

8 En France, une célèbre marque de poupées vend, en moyenne, 12 328 exemplaires par jour. Quel est, au millier près, le nombre de poupées vendues en un mois de 30 jours ?

9 M. et Mme Lucas disposent de 2 000 € pour acheter des meubles pour la chambre à coucher de Julie. Ils trouvent un lit à 980 €, un chevet à 99 €, une armoire à 1 523 € et une commode à 499 €.
Recherche l'ordre de grandeur pour savoir si les parents de Julie peuvent acheter tous les meubles. Sinon quels meubles peuvent-ils lui offrir ?

10 **Arrondis les superficies de ces États des États-Unis d'Amérique au millier de km^2 le plus proche.**

État	Superficie (en km^2)
Alabama	135 775
Arizona	295 276
Arkansas	137 742
Caroline du Nord	139 397
Floride	170 314
Géorgie	153 952
New York	140 080
Virginie	110 792

11 En France, en 2005, 27 273 grandes surfaces employaient 738 872 personnes. Arrondis ces nombres à la centaine la plus proche, puis au millier le plus proche.

JE TRAVAILLE SEUL(E)

a) **Arrondis ces nombres à la centaine la plus proche.**

6 234	12 806	9 045
43 678	345 679	2 340 087
583	87 999	234 991

b) **Range ces nombres en ordre croissant.**

À TOI DE JOUER...

Trouve le nombre de centaines de chaque nombre, puis arrondis à la centaine la plus proche.
8 004 – 7 044 – 684 – 89
Écris les nombres que tu viens de trouver, de la gauche vers la droite, les uns à côté des autres.
Ce nouveau nombre te donnera le nombre d'habitants de la ville de Marseille pour l'année 2004.

RÉCAPITULONS 1

1 **Huit cyclotouristes, qui s'entraînent le plus souvent ensemble, comparent, grâce aux distances relevées par leurs compteurs, le kilométrage total (en km) qu'ils ont parcouru lors des cinq dernières années.**

a) Range ces cyclistes en fonction de la distance qu'ils ont chacun parcourue. Tu choisiras un ordre croissant.

b) Arrondis ces nombres à la centaine la plus proche.

c) Écris en lettres le plus petit et le plus grand de ces nombres.

2 **a) Range ces États des États-Unis d'Amérique dans l'ordre croissant de leur superficie.**

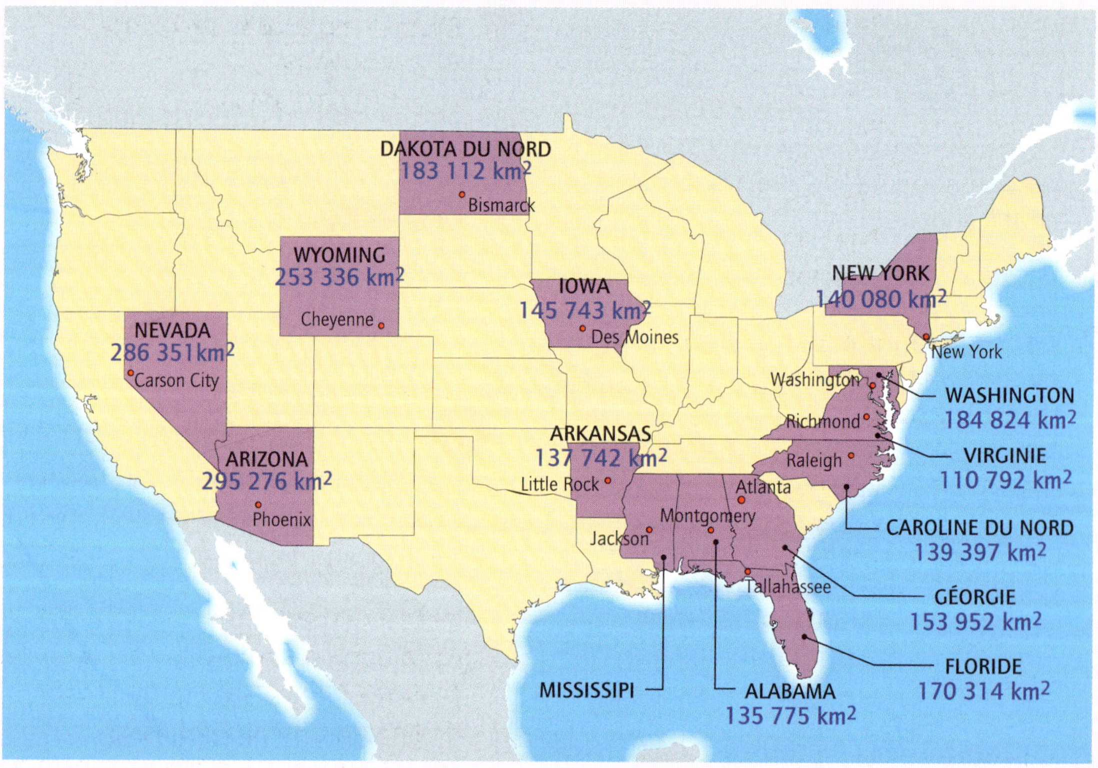

b) Entre quels États se situe le Mississipi qui a une superficie de 125 434 km^2.

c) Arrondis ces superficies à la centaine de mille la plus proche.

3 Retrouve chaque nombre.

a) 900 + (26 × 1 000 000) + (356 × 1 000)

b) (6 × 1 000 000) + 248

c) 38 + (526 × 10 000) + (824 × 1 000 000)

d) 566 + (775 × 1 000 000) + (670 × 10 000)

4 Sauras-tu retrouver ce nombre de 9 chiffres ?

Mon nombre de la classe des millions est le double de 180.
Mon nombre de la classe des unités est mon nombre de la classe des millions, multiplié par 3, divisé par 10 et enfin moins 8.
Mon nombre de la classe des mille est mon nombre de la classe des unités multiplié par 8, puis divisé par 4.

5 Range ces nombres en ordre décroissant. Écris ensuite en lettres le plus petit et le plus grand nombre.

6 926 906 – 66 000 609 – 60 629 000 – 6 629 999 – 60 609 962 – 6 906 906 – 600 026 696 – 6 096 229

6 Reproduis et complète ce tableau.

Nombre précédent	Nombre donné	Nombre suivant
	54 000	
	809 999	
	7 500 000	
	798 999	
	4 000 999	
	1 010 000	

7 L'agence immobilière Électre a vendu plusieurs biens cette année.

Voici les différents prix de vente :
145 000 € – 546 000 € – 1 360 000 € – 995 000 € – 298 000 €
Observe bien les prix, reproduis et complète le tableau : plus le bien est grand, plus le montant est élevé.

Biens	Prix
Studio 30 m^2	
2 pièces 45 m^2	
3 pièces 72 m^2	
4 pièces 96 m^2	
5 pièces 145 m^2	

8 Voici la population de quelques pays.

Andorre (2005)	70 549
Belgique (2005)	10 472 842
Bénin (2004)	7 250 033
Cambodge (2006)	13 881 427
Laos (2005)	6 217 141
Macédoine (2004)	2 071 210
Togo (2005)	5 681 619
Ukraine (2006)	46 520 334

a) Arrondis ces nombres à la dizaine de mille la plus proche.

b) Saurais-tu dire à quel continent appartient chacun de ces pays ?

9 Que représente le chiffre 7 dans chacun des nombres suivants.

a) 87 451
b) 807 432 218
c) 671 502 693
d) 174 569
e) 56 271
f) 769 011 568

10 Recopie et calcule sans poser les opérations.

a) 1 715 000 + 5 000

b) 563 000 + 7 000

c) 29 400 + 600

d) 3 177 000 + 3 000

e) 5 093 000 + 7 000

11 Observe ce tableau.

Les parlements du monde	
Nombre total de parlementaires	42 832
Hommes	36 268
Femmes	6 564

a) Écris en lettres les différents nombres.

b) Indique ce que représente le chiffre 2 dans chaque nombre où tu le trouves.

c) Réponds par **vrai ou faux** :
Les hommes sont 7 fois plus nombreux que les femmes dans les parlements mondiaux.

5 Les fractions (1)

CHERCHONS ENSEMBLE

Thomas et Juliette décident de préparer un cocktail de jus de fruits pour leur anniversaire.
Il leur faut :
- jus d'orange : 2 L ;
- jus de citron : $\frac{1}{2}$ L ;
- jus d'ananas : $\frac{1}{2}$ L ;
- grenadine : $\frac{1}{4}$ L ;
- eau gazeuse : $\frac{3}{2}$ L.

Pourront-ils servir ce cocktail dans le saladier de 5 L que leur maman leur a prêté ? Justifie ta réponse.

Quand on partage une unité en parties égales, **chaque partie** ou **plusieurs de ces parties** représente **une fraction de cette unité**.

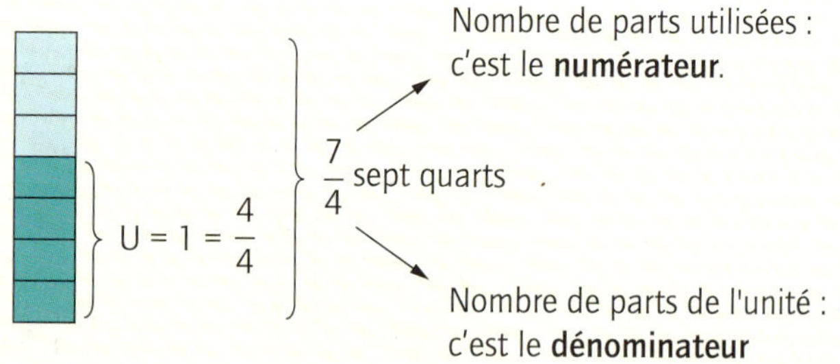

Quelques fractions usuelles :

$\frac{1}{2}$: un demi	$\frac{1}{4}$: un quart
$\frac{1}{3}$: un tiers	$\frac{1}{5}$: un cinquième
$\frac{1}{10}$: un dixième	$\frac{1}{100}$: un centième

1 **Écris en lettres ou en chiffres les fractions suivantes.**

deux tiers ; $\frac{4}{5}$; sept dixièmes ; $\frac{3}{7}$; onze sixièmes ; $\frac{7}{2}$; quatre cinquièmes ; $\frac{6}{3}$; huit neuvièmes.

2 **Écris quelle fraction de chaque figure est représentée par la partie colorée.**

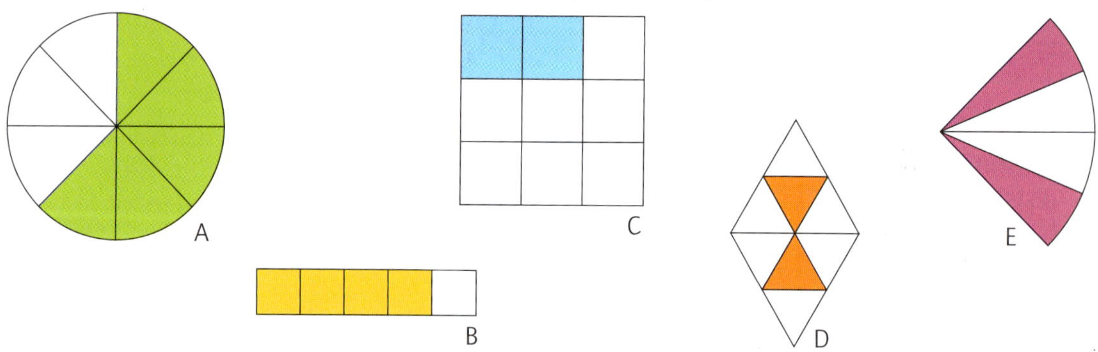

3 **Écris sous forme de fractions les longueurs suivantes.**

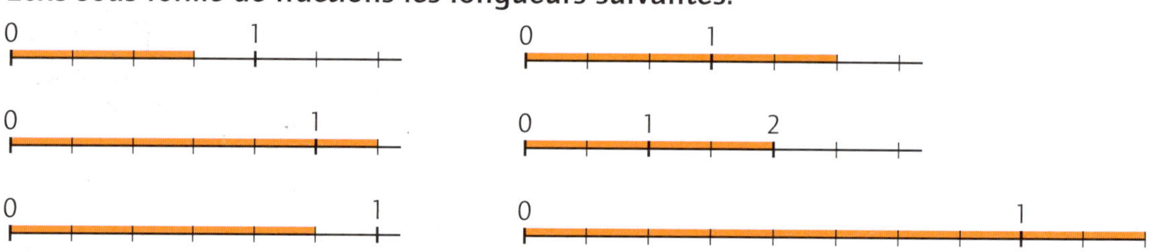

4 **Reproduis la droite ci-dessous sur ton cahier, puis place les fractions suivantes.**

$\frac{1}{5}$ $\frac{15}{5}$ $\frac{3}{5}$ $\frac{13}{5}$ $\frac{4}{5}$ $\frac{8}{5}$ $\frac{11}{5}$ $\frac{2}{5}$

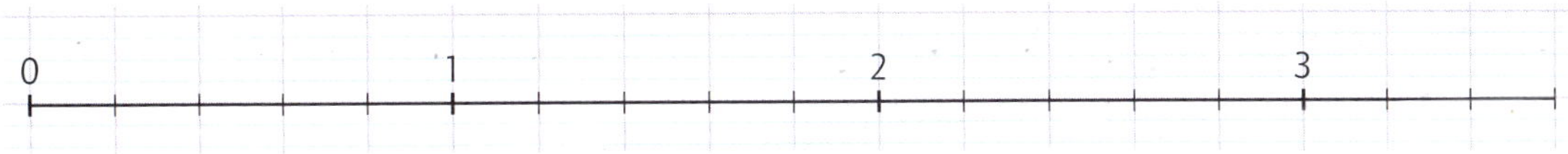

5 **Écris les heures représentées sur ces horloges en utilisant des fractions.**

Observe l'exemple :

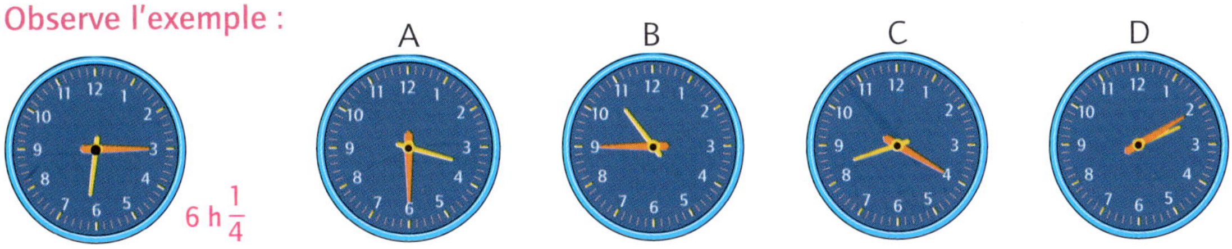

6 **Voici le segment AB qui représente l'unité.**

a) Trace un segment CD égal à $\frac{3}{5}$ de AB.

b) Trace un segment EF égal à $\frac{7}{5}$ de AB.

c) Trace un segment GH égal à $\frac{5}{5}$ de AB.

d) Trace un segment IJ égal à $\frac{9}{5}$ de AB.

e) Trace un segment KL égal $\frac{10}{5}$ de AB.

f) Trace un segment MN égal à $\frac{4}{5}$ de AB.

Que peux-tu dire du segment GH ? et du segment KL ?

Résous ces problèmes à l'aide d'un schéma.

7 Romain pèse 30 kg. Sa petite sœur pèse 2 sixièmes du poids de son frère. Son petit frère pèse 5 sixièmes du poids de Romain. Combien pèsent la sœur et le frère de Romain ?

8 Laura utilise un ruban qui mesure 20 cm. Léa a besoin d'un ruban mesurant $\frac{3}{4}$ de celui de Laura. Louise a besoin d'un ruban mesurant les $\frac{6}{4}$ de celui de Laura. Quelle est la longueur de chaque ruban ?

JE TRAVAILLE SEUL(E)

a) Combien y a-t-il de minutes dans $\frac{2}{3}$ d'heure ?

b) Combien y a-t-il de minutes dans $\frac{5}{12}$ d'heure ?

À TOI DE JOUER...

Que penses-tu de la remarque du garçon au pull bleu ?

6 Les fractions (2)

CHERCHONS ENSEMBLE

Pour un entraînement au saut en longueur féminin, le maître de CM2 a gradué deux sautoirs pour que les élèves puissent noter leurs performances.
Écris chaque performance sous forme d'une fraction et indique entre quels nombres entiers elle se situe.
Que peux-tu dire des performances d'Inès et de Zoé ?

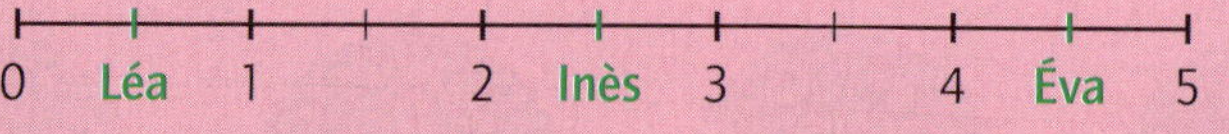

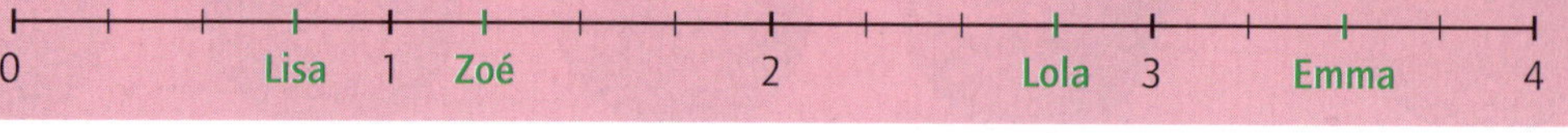

Pour **encadrer une fraction entre deux entiers** qui se suivent, on peut :
– s'aider d'une **droite numérique** ;
– **diviser le numérateur par le dénominateur.**

Exemple : $\frac{13}{5}$

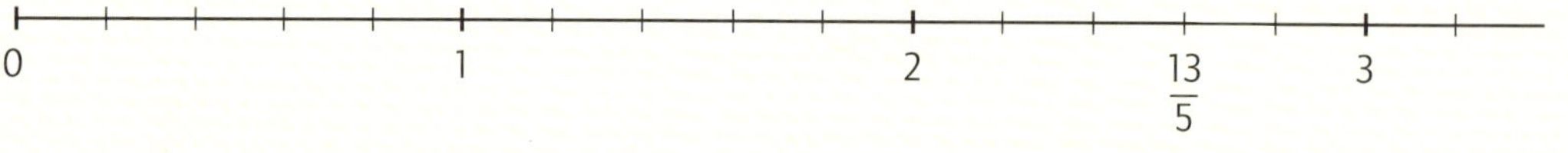

13 divisé par 5 n'est pas une division exacte.

En revanche, on sait que : $5 \times 2 < 13 < 5 \times 3$

La fraction $\frac{13}{5}$ est donc comprise entre 2 et 3.

Attention ! Si le numérateur est plus petit que le dénominateur, la fraction est comprise entre 0 et 1.

Exemple : la fraction $\frac{2}{3}$ est comprise entre 0 et 1.

1 **Utilise une droite numérique pour trouver entre quels nombres entiers sont comprises ces fractions.**

Observe l'exemple : $\frac{7}{3}$ $\quad 2 < \frac{7}{3} < 3$

$\frac{15}{4}$ $\quad \frac{9}{2}$ $\quad \frac{17}{5}$ $\quad \frac{10}{3}$ $\quad \frac{12}{5}$ $\quad \frac{9}{6}$

$\frac{16}{7}$ $\quad \frac{19}{2}$ $\quad \frac{13}{3}$ $\quad \frac{3}{8}$ $\quad \frac{7}{4}$ $\quad \frac{10}{8}$

2 **Divise le numérateur par le dénominateur de ces fractions pour trouver entre quels nombres entiers elles sont comprises.**

Observe l'exemple :

$\frac{47}{6}$ $\quad 6 \times 7 < 47 < 6 \times 8$

Donc $7 < \frac{47}{6} < 8$

$\frac{9}{2}$ $\quad \frac{14}{3}$ $\quad \frac{16}{5}$ $\quad \frac{28}{6}$ $\quad \frac{6}{9}$ $\quad \frac{32}{3}$

$\frac{46}{9}$ $\quad \frac{38}{8}$ $\quad \frac{53}{6}$ $\quad \frac{24}{7}$ $\quad \frac{78}{7}$ $\quad \frac{52}{3}$

3 **Retrouve à quels nombres entiers correspondent ces fractions.**

$\frac{24}{3}$ $\frac{12}{6}$ $\frac{12}{2}$ $\frac{54}{9}$ $\frac{40}{10}$ $\frac{42}{7}$

$\frac{30}{5}$ $\frac{32}{4}$ $\frac{24}{6}$ $\frac{64}{8}$ $\frac{72}{9}$ $\frac{54}{6}$

4 **Vrai ou faux ?**

$\frac{3}{4} < 1$	$\frac{6}{5} > 1$	$\frac{7}{8} > 1$	$\frac{3}{2} < 1$
$\frac{11}{10} > 1$	$\frac{1}{2} > 1$	$\frac{4}{4} < 1$	$\frac{3}{5} < 1$

5 **a) Recopie les fractions plus petites que 1.**
b) Lesquelles sont supérieures à 2 ?

$\frac{12}{3}$ $\frac{1}{5}$ $\frac{7}{2}$ $\frac{3}{6}$ $\frac{8}{5}$ $\frac{6}{3}$

$\frac{9}{10}$ $\frac{45}{9}$ $\frac{24}{25}$ $\frac{16}{3}$ $\frac{10}{4}$ $\frac{55}{50}$

6 **Recopie et complète en intercalant le nombre entier qui convient.**

$\frac{5}{3} < \dots < \frac{7}{3}$	$\frac{12}{5} < \dots < \frac{17}{5}$
$\frac{17}{2} < \dots < \frac{19}{2}$	$\frac{23}{6} < \dots < \frac{27}{6}$
$\frac{25}{4} < \dots < \frac{29}{4}$	$\frac{57}{8} < \dots < \frac{65}{8}$
$\frac{13}{7} < \dots < \frac{15}{7}$	$\frac{25}{9} < \dots < \frac{30}{9}$

7 **Recopie et complète par une fraction qui convient.**

1 < ... < 2	3 < ... < 4	8 <... < 9
0 < ... < 1	6 < ... < 7	4 < ... < 5
2 < ... < 3	5 < ... < 6	1 < ... < 2

8 **Encadre chacune de ces fractions par deux entiers qui se suivent.**

$\frac{6}{5}$ $\frac{13}{4}$ $\frac{25}{6}$ $\frac{3}{7}$ $\frac{6}{4}$ $\frac{36}{7}$

$\frac{2}{3}$ $\frac{40}{8}$ $\frac{19}{2}$ $\frac{67}{9}$ $\frac{8}{3}$ $\frac{29}{8}$

Souligne, quand cela est possible, le nombre entier le plus proche de la fraction.

9 Théo va à l'école 5 jours par semaine. Les récréations durent $\frac{1}{4}$ d'heure.

Retrouve, par un encadrement, le nombre d'heures que passe Théo en récréation.

LUNDI	MARDI	JEUDI	VENDREDI	SAMEDI
Récréation				
Repas				
Récréation				

10 Pour le goûter de Noël, M. Dupont veut acheter des gâteaux pour ses 28 élèves.

Chaque enfant aura $\frac{1}{8}$ de gâteau.

a) Combien de gâteaux doit-il acheter ?

b) Combien restera-t-il de parts ? Quelle fraction de gâteau représentent-elles ?

JE TRAVAILLE SEUL(E)

Recopie et mets le signe qui convient (<, > ou =).

$\frac{4}{3} \dots 2$	$\frac{8}{3} \dots 3$	$\frac{7}{2} \dots 4$
$\frac{9}{3} \dots 3$	$\frac{18}{4} \dots 5$	$\frac{23}{6} \dots 4$
$\frac{56}{8} \dots 7$	$\frac{30}{5} \dots 7$	$\frac{39}{6} \dots 6$

À TOI DE JOUER...

En retrouvant le nombre entier le plus proche de chaque fraction, tu trouveras la combinaison secrète pour ouvrir le coffre.

A : $\frac{13}{6}$

B : $\frac{1}{5}$

C : $\frac{19}{3}$

D: $\frac{31}{7}$

CONNAISSANCE DES NOMBRES
COMPRENDRE ET RÉSOUDRE
CALCUL
GRANDEURS ET MESURE
ESPACE ET GÉOMÉTRIE

7 Les fractions (3)

CHERCHONS ENSEMBLE

Monsieur Corentin veut vider le contenu d'un jerricane (20 litres) dans des bonbonnes contenant chacune 3 litres.

a) Combien de bonbonnes pourra-t-il remplir complètement ? Exprime ce nombre sous forme d'une fraction.

b) Exprime sous forme d'une fraction la quantité de liquide qu'il y aura dans une bonbonne supplémentaire pour que les 20 litres du jerricane soient complètement transvasés.

Pour trouver la **partie entière d'une fraction**, on peut utiliser une **droite graduée** ou bien **diviser le numérateur par le dénominateur.**

Exemple : $\frac{16}{3}$

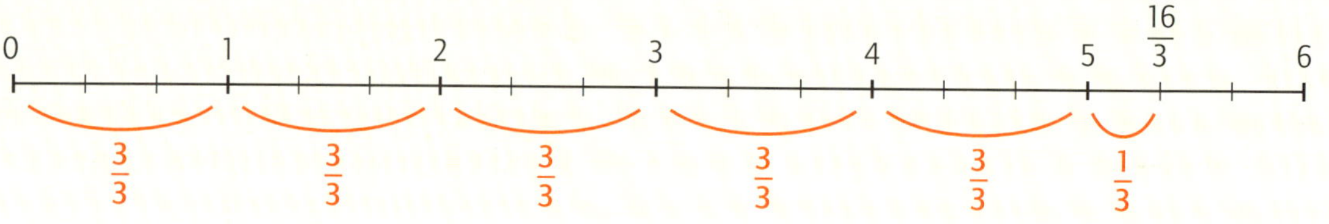

Dans $\frac{16}{3}$, il y a 5 fois $\frac{3}{3}$ et $\frac{1}{3}$

On peut écrire $\frac{16}{3} = 5 + \frac{1}{3}$

5 → **partie entière** (nombre entier)

$\frac{1}{3}$ → **partie fractionnaire** (fraction < 1)

ou $3 \times 5 < 16 < 4 \times 5$

1 **Écris les fractions représentées par les lettres A, B, C, D, E et F sous forme de la somme de sa partie entière et de sa partie fractionnaire.**

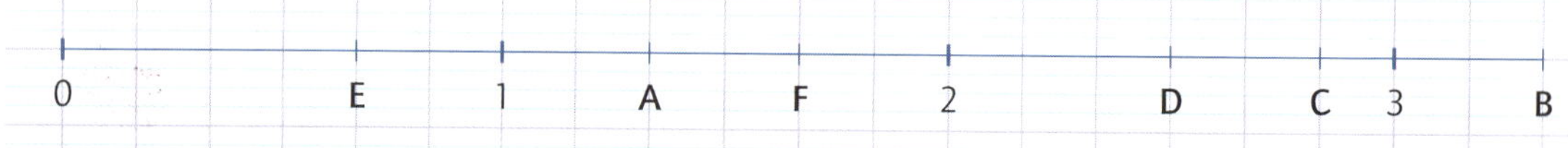

2 **Écris chacune des fractions suivantes sous forme d'un nombre entier et d'une fraction inférieure à 1.**

Observe l'exemple pour $\frac{14}{6}$:

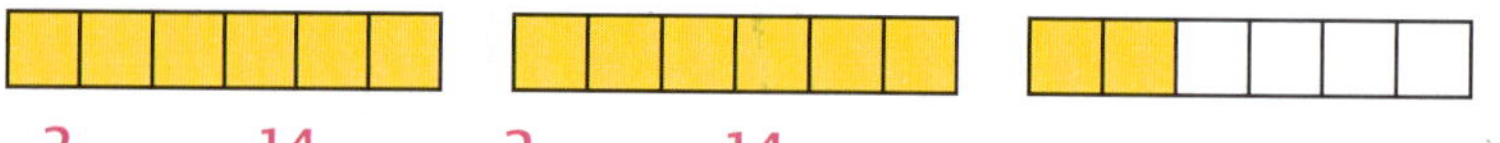

$\frac{14}{6} = \frac{6}{6} + \frac{6}{6} + \frac{2}{6}$ $\quad \frac{14}{6} = 2 + \frac{2}{6}$ $\quad \frac{14}{6} > 2$

$\frac{9}{4}$ $\quad \frac{13}{5}$ $\quad \frac{25}{6}$ $\quad \frac{14}{3}$ $\quad \frac{21}{4}$ $\quad \frac{37}{9}$ $\quad \frac{23}{3}$ $\quad \frac{29}{5}$ $\quad \frac{44}{8}$ $\quad \frac{19}{7}$

3 **Décompose ces fractions.**

Observe l'exemple :

$\frac{9}{6} = \frac{6}{6} + \frac{3}{6} = 1 + \frac{3}{6}$

$\frac{14}{3}$ $\frac{22}{5}$ $\frac{38}{7}$ $\frac{34}{9}$ $\frac{19}{2}$ $\frac{40}{8}$

$\frac{12}{7}$ $\frac{17}{8}$ $\frac{23}{4}$ $\frac{18}{5}$ $\frac{21}{4}$ $\frac{42}{5}$

4 **Chaque carré représente une unité.**

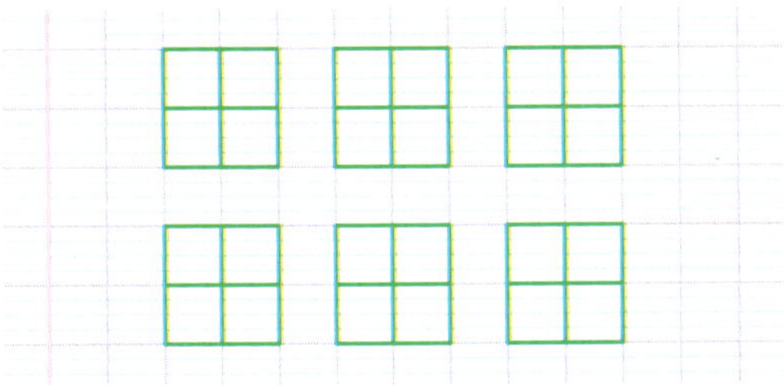

a) Reproduis ces six carrés, puis colorie $\frac{22}{4}$.

b) Complète ensuite l'égalité :

$\frac{22}{4} = \ldots + \frac{\ldots}{4}$

5 **Recopie et écris chaque somme sous forme d'une seule fraction.**

Observe l'exemple :

$1 + \frac{1}{3} = \frac{3}{3} + \frac{1}{3} = \frac{4}{3}$

$2 + \frac{3}{4}$ | $4 + \frac{1}{5}$ | $5 + \frac{2}{10}$

$5 + \frac{1}{2}$ | $3 + \frac{6}{8}$ | $1 + \frac{5}{7}$

$7 + \frac{1}{6}$ | $4 + \frac{3}{7}$ | $2 + \frac{3}{8}$

JE TRAVAILLE SEUL(E)

a) **Décompose chaque fraction sous forme de la somme de sa partie entière et de sa partie fractionnaire.**

$\frac{7}{4}$ $\frac{15}{6}$ $\frac{9}{6}$ $\frac{17}{9}$ $\frac{17}{3}$ $\frac{23}{8}$ $\frac{10}{3}$

b) **Résous le problème.**

Une salle de cinéma qui compte 280 places est remplie au trois quarts. Combien y a-t-il de places occupées ? Combien y a-t-il de places libres ?

6 Un couple qui paie 2 400 € d'impôts par an doit régler le premier tiers au mois de mars.
Quelle somme doit-il payer au mois de mars ?

7 Il faut un quart d'heure à un coureur à pied pour faire un demi-tour de circuit.

a) Combien de temps lui faut-il pour faire un tour ? trois tours ? cinq tours ?

b) Combien de tours fait-il en 45 minutes ?

8 Une roue de vélo de Marco fait 3 tours et $\frac{2}{6}$ de tour en 10 secondes.
Combien de tours fait-elle en une minute ?

À TOI DE JOUER...

Avec leurs deux gâteaux, qui aura le plus de parts pour sa famille ?

8 Les fractions décimales

CHERCHONS ENSEMBLE

Lors d'un meeting d'athlétisme, les trois premiers concurrents ont couru le 100 mètres en moins de 10 secondes.

Steve : 9 s et $\frac{83}{100}$

Mike : 9 s et $\frac{7}{10}$

Andrew : 9 s et $\frac{77}{100}$

Établis le podium de cette arrivée.

Une **fraction décimale** est une fraction dont le **dénominateur est 10, 100, 1 000...**

Exemples : $\frac{3}{10}$ se lit trois dixièmes ;

$\frac{42}{100}$ se lit quarante-deux centièmes ;

$\frac{19}{1\,000}$ se lit dix-neuf millièmes.

Une unité vaut dix dixièmes ou cent centièmes ou mille millièmes... :

$1 = \frac{10}{10} = \frac{100}{100} = \frac{1\,000}{1\,000} \ldots$

1 Le segment AB représente une unité.

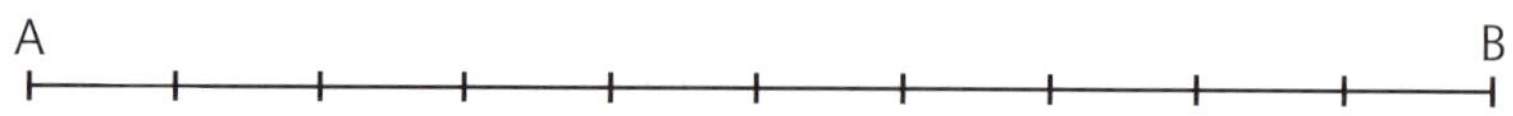

a) En combien de parties le segment AB est-il partagé ?

b) Quelle fraction de l'unité représente chacune des parts ?

c) Exprime sous forme de fraction de l'unité la mesure de ces segments.

2 Reproduis la droite numérique et place les fractions suivantes.

$\frac{2}{10}$ $\frac{15}{10}$ $\frac{7}{10}$ $\frac{10}{10}$ $\frac{24}{10}$ $\frac{9}{10}$ $\frac{13}{10}$

3 Reproduis la droite numérique et place les fractions suivantes.

$\frac{3}{100}$ $\frac{25}{100}$ $\frac{96}{100}$ $\frac{120}{100}$ $\frac{50}{100}$ $\frac{74}{100}$ $\frac{13}{100}$

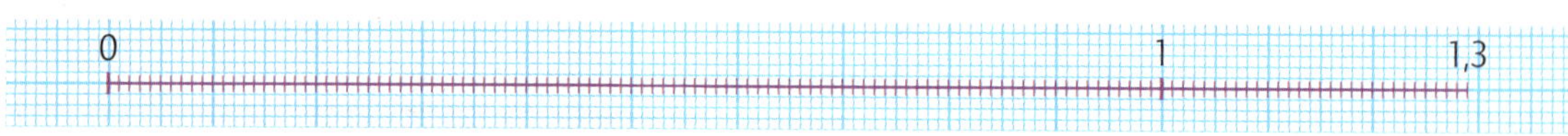

4 Écris ces fractions en lettres

$\frac{4}{10}$ $\frac{23}{100}$ $\frac{45}{1\,000}$ $\frac{8}{10}$ $\frac{123}{100}$

$\frac{98}{100}$ $\frac{98}{10}$ $\frac{7}{1\,000}$ $\frac{13}{100}$ $\frac{43}{10}$

5 Écris ces fractions en chiffres

trois dixièmes
cinquante-six millièmes
quatorze dixièmes
cent cinquante centièmes
vingt-neuf millièmes

6 **Écris sous forme de fractions les différentes parties colorées de ce carré.**

7 **Recopie et complète.**

Observe l'exemple :

4 unités et 2 dixièmes = $4 + \frac{2}{10} = \frac{42}{10}$

34 unités et 7 millièmes
1 unité et 342 millièmes
3 unités et 9 centièmes
4 unités et 5 millièmes
7 unités et 25 centièmes

8 **Recopie et complète les égalités.**

$\frac{3}{10} = \frac{\dots}{100}$ $\frac{500}{100} = \frac{\dots}{10}$

$\frac{12}{100} = \frac{\dots}{1\,000}$ $\frac{5}{10} = \frac{\dots}{1\,000}$

$\frac{600}{1\,000} = \frac{\dots}{10}$ $\frac{340}{10} = \frac{\dots}{100}$

9 **Décompose chaque fraction, puis encadre-la entre deux entiers successifs.**

Observe l'exemple :

$\frac{256}{100} = 2 + \frac{5}{10} + \frac{6}{100}$ $2 < \frac{256}{100} < 3$

$\frac{760}{100}$ $\frac{7\,200}{1\,000}$ $\frac{56}{10}$ $\frac{920}{100}$ $\frac{134}{100}$

10 **Trace, sur ton cahier, un carré ABCD de 10 carreaux de côté.**

a) Colorie en rouge $\frac{40}{100}$ du carré ABCD.

b) Colorie en vert $\frac{1}{10}$ du carré ABCD.

c) Colorie en bleu $\frac{30}{100}$ du carré ABCD.

d) Écris sous forme d'une fraction le nombre de carreaux non colorés.

11 Quelle fraction décimale de l'euro représente :

- une pièce de 20 centimes ?
- une pièce de 10 centimes ?
- deux pièces de 50 centimes ?
- quatre pièces de 20 centimes ?
- vingt pièces de 10 centimes ?

12 Lors des 20 kilomètres de Paris, les premiers concurrents ont déjà parcouru les $\frac{6}{10}$ du parcours alors que les derniers n'ont effectué que les $\frac{2}{10}$.

Exprime, en kilomètres, la distance parcourue par les premiers et par les derniers concurrents.

JE TRAVAILLE SEUL(E)

Complète par des nombres entiers.

$5 + \frac{3}{10} = \frac{\dots}{10}$ $\frac{409}{100} = \dots + \frac{9}{100}$

$\frac{37}{10} = \dots + \frac{\dots}{10}$ $11 + \frac{5}{10} = \frac{\dots}{10}$

$2 + \frac{5}{10} + \frac{7}{100} = \frac{\dots}{100}$

$\frac{873}{1\,000} = \frac{\dots}{10} + \frac{\dots}{100} + \frac{\dots}{1\,000}$

À TOI DE JOUER...

Quel est l'enfant le plus rapide sur 100 m ?

Inès	Lou	Clara
16 s $\frac{15}{100}$	16 s $\frac{5}{100}$	16 s $\frac{5}{10}$

9 Les nombres décimaux (1)

CHERCHONS ENSEMBLE

Voici les performances (en mètres) de trois athlètes lors d'un concours de saut en longueur.

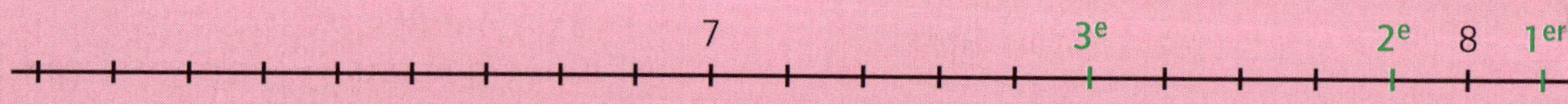

a) Écris la performance des trois athlètes sous la forme de fractions décimales.
b) Décompose ensuite ces nombres sous la forme d'un entier et d'une fraction.
c) Indique également les nombres à virgule qui correspondent à ces trois performances.

Un **nombre décimal** est un nombre qui peut **s'écrire sous forme d'une fraction décimale**. Il comporte une **partie entière** et une **partie décimale** séparées par une virgule.

$$\frac{9\,562}{1\,000} = 9 + \frac{562}{1\,000} = 9 + \frac{5}{10} + \frac{6}{100} + \frac{2}{1\,000} = 9{,}562$$

- 9 : partie entière ; $\frac{562}{1\,000}$: partie fractionnaire
- 9 : unité ; 5 : chiffre des dixièmes ; 6 : chiffre des centièmes ; 2 : chiffre des millièmes
- 9,562 : 9 partie entière ; 562 partie décimale

On lira ce nombre :
– 9 virgule 562 ;
– 9 unités et 562 millièmes ;
– 9 unités 5 dixièmes 6 centièmes 2 millièmes.

Tu peux t'aider d'un tableau pour retrouver la valeur de chaque chiffre.

...	milliers	centaines	dizaines	unités	dixièmes	centièmes	millièmes
					$\frac{1}{10}$	$\frac{1}{100}$	$\frac{1}{1\,000}$
				9	5	6	2

Quelques nombres décimaux particuliers :

$0{,}1 = \frac{1}{10}$ $\quad 0{,}01 = \frac{1}{100}$ $\quad 0{,}001 = \frac{1}{1\,000}$

$0{,}5 = \frac{5}{10} = \frac{1}{2}$ $\quad 0{,}25 = \frac{25}{100} = \frac{1}{4}$ $\quad 0{,}75 = \frac{75}{100} = \frac{3}{4}$

1 **Décompose les nombres suivants.**
Entoure la partie entière en bleu et la partie décimale en rouge.
Observe l'exemple :

$\boxed{5},\boxed{726} = 5 + \frac{7}{10} + \frac{2}{100} + \frac{6}{1\,000}$

12,6 – 0,34 – 143,09 – 1,70 – 3,25

2 **Écris les sommes suivantes sous forme de nombres décimaux.**
Entoure la partie entière en bleu et la partie décimale en rouge.

$7 + \frac{4}{10}$

$54 + \frac{9}{100} + \frac{1}{1\,000}$

$6 + \frac{7}{10} + \frac{3}{1\,000}$

$\frac{5}{10} + \frac{9}{100}$

$90 + \frac{1}{10} + \frac{4}{100}$

$\frac{56}{100} + \frac{4}{1\,000}$

3 **Écris ces nombres décimaux en lettres.**
Observe l'exemple :
7,05 : sept unités et cinq centièmes
6,12 – 90,01 – 23,108 – 1,67 – 0,453

4 **Écris ces nombres décimaux en chiffres.**
7 virgule 213
4 unités 15 centièmes
9 unités 4 dixièmes 8 centièmes
9 dixièmes 4 millièmes
100 unités 100 millièmes

5 **Décompose ces nombres décimaux.**
Observe l'exemple :
38,59 = 38 + 0,59
9,7 – 4,09 – 56,453 – 8,008 – 432,6

6 **Écris ces fractions décimales sous forme de nombres à virgule.**

$\frac{27}{10}$ $\frac{132}{1\,000}$ $\frac{9}{100}$ $\frac{4\,678}{10}$ $\frac{345}{100}$

7 **Que représente le chiffre 5 dans les nombres suivants ?**
5,76 – 4,75 – 576,8 – 6,005 – 34,856

8 **Reproduis et complète le tableau.**

	Chiffre des unités	Nombre d'unités	Chiffre des dixièmes	Nombre de dixièmes
13,27	3	13	2	132
5,089				
456,9				
0,78				

9 **Retrouve les 18 nombres décimaux que l'on peut former avec les cartes suivantes.**
Tu n'utiliseras parfois que deux cartes.

7 4 5

10 **Recherche tous les nombres décimaux dans cette publicité, puis écris-les sous forme d'une fraction décimale.**

Lit compact-bureau
pour couchage 90 x 200 cm
L/H/P : 2,06 x 1,30 x 0,98 / 1,55 m
3 tiroirs, 2 portes, 1 plan de travail coulissant

Référence : 45 789 H
1 129 € 90
avec montage
+ 149 € 50

JE TRAVAILLE SEUL(E)

a) **Donne l'écriture décimale et l'écriture fractionnaire de ces nombres.**
14 unités 5 dixièmes
9 unités 15 millièmes
765 unités 6 centièmes 4 millièmes
7 dixièmes 8 millièmes

b) **Retrouve le nombre correspondant à 26 centièmes.**
2,60 – 0,260 – 0,026 – 0,206 – 26,26

À TOI DE JOUER...

Je suis un nombre décimal composé de 4 chiffres.
Ma partie entière est identique à ma partie décimale.
Mon chiffre des unités est le double de celui des dizaines.
Mon chiffre des centièmes est 8.
Qui suis-je ?

10 Les nombres décimaux (2)

CHERCHONS ENSEMBLE

Pour **intercaler des nombres décimaux**, on peut **utiliser une droite graduée** que l'on choisira en fonction du nombre à placer.

Exemples :

1) Si l'on veut intercaler des dixièmes (1,2 par exemple), on choisira une droite graduée en dixièmes.

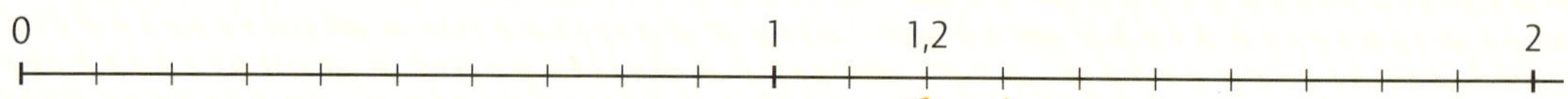

2) Si l'on veut intercaler des centièmes (1,24 par exemple), on choisira une droite graduée en centièmes.

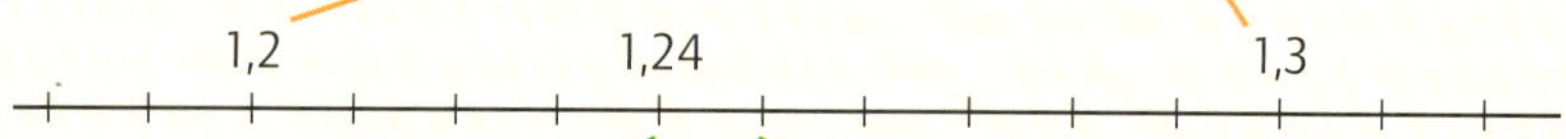

3) Si l'on veut intercaler des millièmes (1,247 par exemple), on choisira une droite graduée en millièmes.

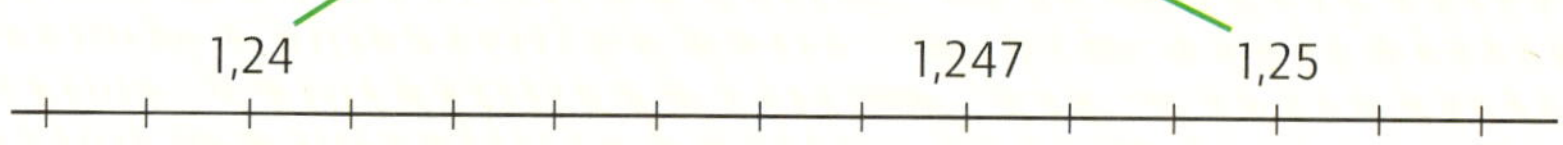

On peut toujours intercaler un nombre décimal entre deux autres nombres.

1 **Reproduis la droite graduée sur du papier millimétré, puis intercale les nombres décimaux suivants.**

9,3 – 9,57 – 9,91 – 9,7 – 9,18 – 9,67 – 10,01 – 9,72 – 10,15 – 8,90

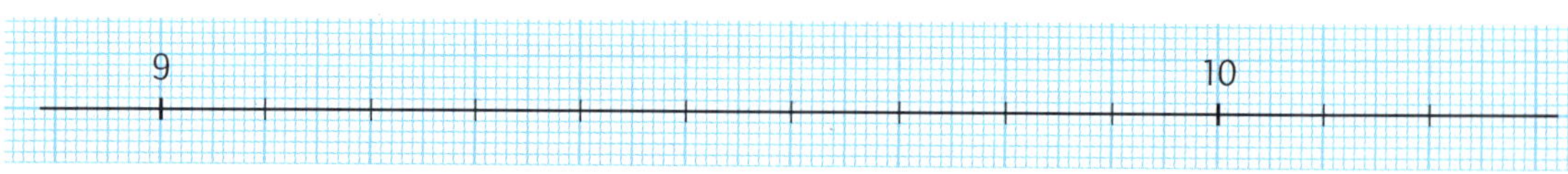

2 **Indique à quels nombres correspondent les flèches.**

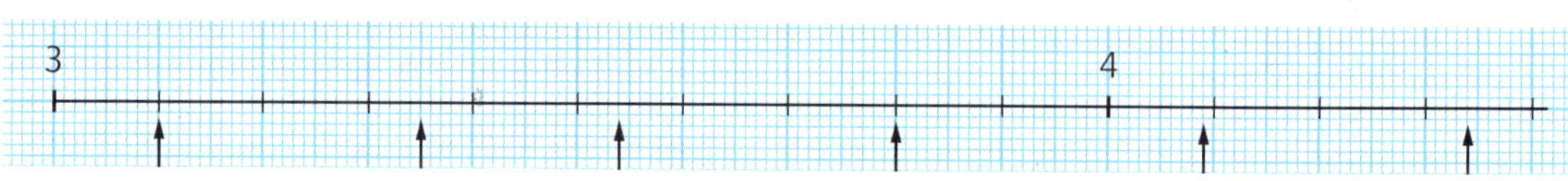

3 **Encadre chaque nombre décimal.**

a) Par deux nombres entiers consécutifs.

Observe l'exemple :
3 < **3,8** < 4

12,9 – 0,7 – 3,78 – 6,908 – 134,7 – 56,89 – 908,5 – 1 000,001 – 7,89

b) Par deux nombres décimaux consécutifs ayant un chiffre après la virgule.

Observe l'exemple :
3,8 < **3,85** < 3,9

5,78 – 0,567 – 67,98 – 3,93 – 4,057 – 345,86 – 1,432 – 100,05 – 8,906

c) Par deux nombres décimaux consécutifs ayant deux chiffres après la virgule.

Observe l'exemple :
3,85 < **3,856** < 3,86

40,109 – 4,678 – 0,709 – 164,149 – 9,005 – 16,781 – 2,404 – 5,699

4 **Recopie et complète avec des nombres qui conviennent.**

4 < … < 5	3,8 < … < 3,9
12,89 < … < 12,9	0,12 < … < 0,13
100,97 < … < 100,98	1,78 < … < 1,79
999 < … < 1 000	4,67 < … < 4,68
10 < … < 11	0,05 < … < 0,06

5 **Écris les nombres décimaux qui correspondent aux points rouges.**

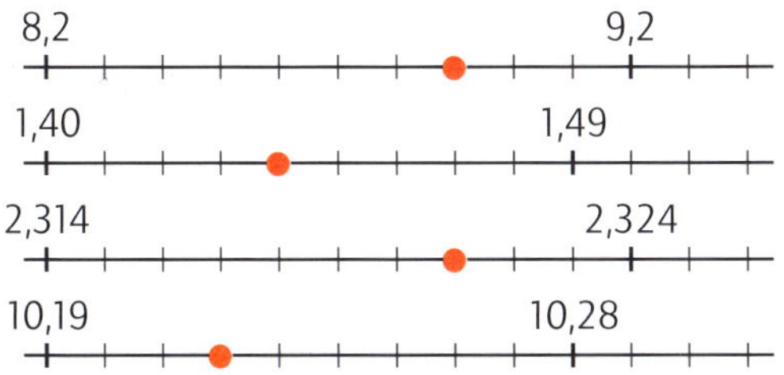

6 **Intercale un nombre décimal ayant deux chiffres après la virgule.**

5,2 < … < 5,3	0,1 < … < 0,2
109 < … < 110	3,9 < … < 4
34 < … < 34,1	6,8 < … < 6,9
1 987,6 < … < 1 987,7	10,7 < … < 10,8
99 < … < 100	0,9 < … < 1

7

Quelle taille peut avoir Samia ?

8 **Trouve tous les nombres décimaux à un chiffre après la virgule compris entre 3 et 4.**

9 **Trouve tous les nombres décimaux à deux chiffres après la virgule compris entre 7,1 et 7,2.**

10 **Place, sur du papier millimétré, les résultats du 200 m. Qui a gagné ?**

Marc : 20,01	Steve : 20,95
Floyd : 20,9	Gunther : 21,01
Mustapha : 21	Idriss : 20,99
Moussa : 20,92	Stephen : 20,98

JE TRAVAILLE SEUL(E)

Encadre ces nombres décimaux au centième près.

… < 12,567 < …	… < 4,531 < …
… < 9,098 < …	… < 6,897 < …
… < 34,782 < …	… < 99,342 < …
… < 7,123 < …	… < 2,092 < …
… < 0,008 < …	… < 1,702 < …

À TOI DE JOUER…

Je suis un nombre décimal compris entre 123,80 et 123,81 et mon chiffre des millièmes est 7.
Qui suis-je ?

11 Les nombres décimaux (3)

CHERCHONS ENSEMBLE

Voici les résultats du concours de force du village Cétrolourd.

Biscotto :	Grobras :	Costaud :	Mastock :	Bull :	Musclor :
125,6 kg	127,95 kg	125,65 kg	132 kg	129,75 kg	127,5 kg

Range ces nombres en ordre croissant.

Pour **comparer deux nombres décimaux**, on compare d'abord les **parties entières**.
Exemple : 7,25 < 8,04 car 7 < 8

Si les parties entières sont égales, on regarde la **partie décimale** en commençant par les dixièmes, puis les centièmes...
Exemples :
3,4 > 3,2 car 4 dixièmes > 2 dixièmes
5,19 > 5,12 car 9 centièmes > 2 centièmes
14,253 < 14,257 car 3 millièmes < 7 millièmes

1 Recopie et mets le signe qui convient (>, < ou =).

3,6 … 4,1
4,56 … 4,46
23,786 … 23,780
0,09 … 0,088

2,78 … 2,8
10,01 … 10,1
9,546 … 8,546
300,78 … 300,778

2 Encadre chaque nombre décimal par deux nombres entiers consécutifs.

… < 5,6 < …
… < 0,234 < …
… < 99,90 < …
… < 7,89 < …

… < 12,78 < …
… < 1,7 < …
… < 50,765 < …
… < 1 000,55 < …

3 Encadre chaque nombre décimal par deux nombres décimaux au dixième près.

… < 5,67 < …
… < 0,452 < …
… < 15,98 < …
… < 5,009 < …

… < 9,78 < …
… < 234,987 < …
… < 1,073 < …
… < 14,083< …

4 Recopie et complète les inégalités.
Plusieurs réponses sont possibles.

3,6 < 3,…
99,90 > 99,…1
4…,56 < 4…,56
9,…67 > 9, 1
24,9 < 24,…

4,5… > 4,58
0,08 < 0,0…
7,… > 7,1
8,11 < 8,1…
1,83 > 1,…3

5 Écris chaque suite de nombres décimaux :

a) en comptant de un dixième en un dixième de 3,8 à 5 et de 9,3 à 10,8.

b) en comptant de un centième en un centième de 1,12 à 1,26 et de 0,93 à 1,06.

c) en comptant de un millième en un millième de 12,196 à 12,210 et de 6,996 à 7,010.

6 Range ces nombres dans l'ordre croissant.

a) 5,6 – 5,06 – 6,45 – 5,9 – 5,09 – 6 – 5,67 – 6,1 – 5,89 – 6,09

b) 0,15 – 0,156 – 0,015 – 0,105 – 0,005 – 0,106 – 0,159 – 0,16 – 0,1

7 **Range ces nombres dans l'ordre décroissant.**

a) 10,125 – 10,10 – 10,102 – 10,2 – 10,01 – 10,12 – 10,129 – 10,3 – 10,09

b) 1,9 – 1,09 – 1, 908 – 1,91 – 1,01 – 1,99 – 1,916 – 1,1 – 1,19

8 **Écris le nombre entier le plus proche de chaque nombre décimal.**

8,973 – 6,502 – 0,509 – 21,78 – 123,6 – 90,798 – 1 009,4 – 1,49 – 3,478 – 99,46

9 **Reproduis et complète le tableau suivant.**

Observe l'exemple.

Nombre entier précédent	Nombre décimal précédent au dixième près	Nombre donné	Nombre décimal suivant au dixième près	Nombre entier suivant
6	6,3	6,304	6,4	7
		0,456		
		9,98		
		59,19		
		100,67		
		1,701		

10 **Voici le tableau des précipitations annuelles de la ville de Biarritz exprimées en décimètres.**

Janvier	Février	Mars	Avril	Mai	Juin	Juillet	Août	Septembre	Octobre	Novembre	Décembre
1,28	1,05	0,98	1,02	1	0,91	0,69	1,23	1,55	1,52	1,75	1,76

a) Pendant quel mois de l'année pleut-il le plus ?

b) Pendant quel mois de l'année pleut-il le moins ?

c) Range les mois de l'année selon la quantité croissante de précipitations.

JE TRAVAILLE SEUL(E)

Trouve dix nombres décimaux que tu peux former en utilisant à chaque fois les 4 plaques et une virgule.

6 0 9 1

Range ces nombres en ordre croissant.

À TOI DE JOUER...

Sur quelle(s) flèche(s) peux-tu placer le nombre 3,256 ?

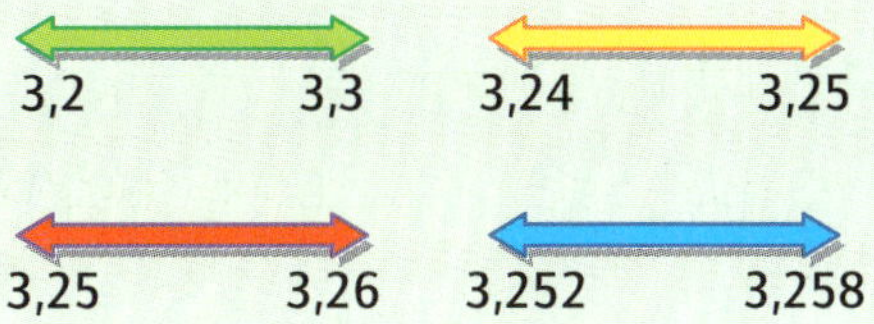

CONNAISSANCE DES NOMBRES

COMPRENDRE ET RÉSOUDRE

CALCUL

GRANDEURS ET MESURE

ESPACE ET GÉOMÉTRIE

RÉCAPITULONS 2

1 **Quelle fraction du disque représente chaque partie colorée ? Que remarques-tu ?**

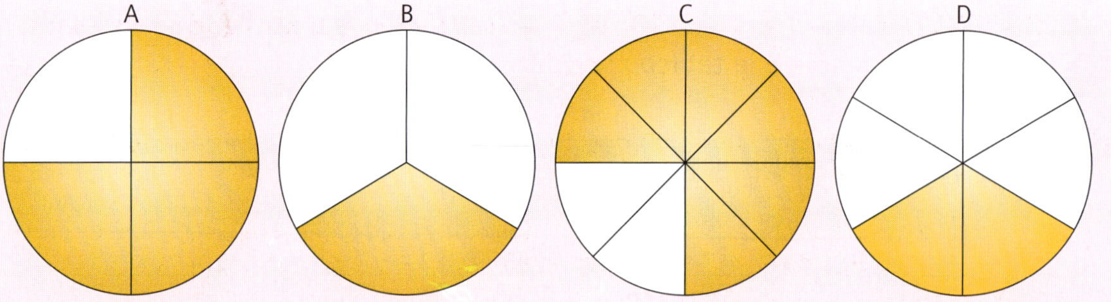

2 **Écris chaque fraction sous forme de la somme de sa partie entière et de sa partie fractionnaire.**

$\frac{7}{3}$ $\frac{12}{5}$ $\frac{27}{6}$ $\frac{30}{4}$ $\frac{13}{2}$ $\frac{49}{6}$ $\frac{89}{10}$ $\frac{34}{8}$ $\frac{21}{2}$ $\frac{17}{6}$ $\frac{15}{4}$ $\frac{7}{2}$ $\frac{29}{8}$

3 **L'unité est le grand triangle vert. Quelle fraction de l'unité représente chaque figure ?**

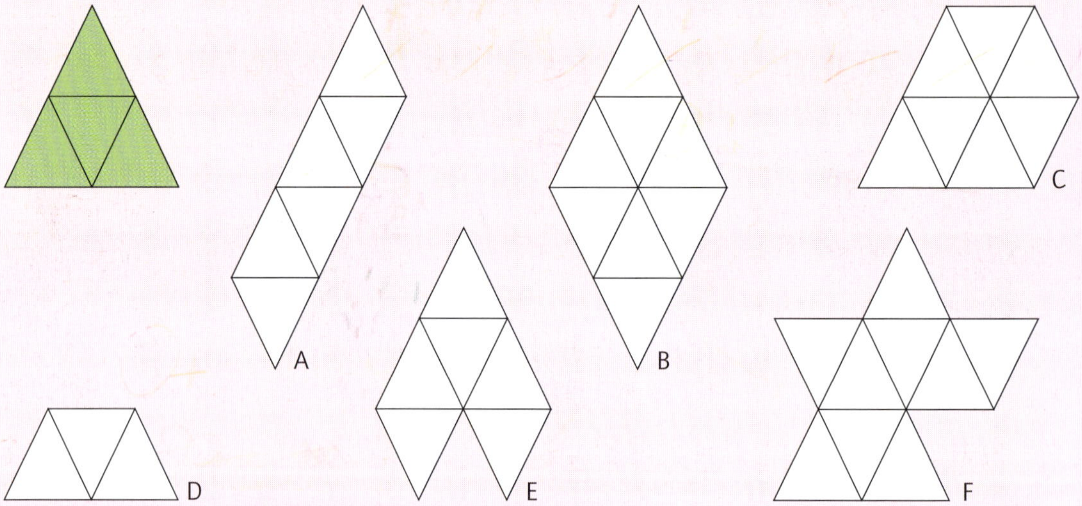

4 **Recopie et complète avec des nombres entiers.**

Observe l'exemple : $\frac{13}{6} = 2 + \frac{1}{6}$

$\frac{15}{8} = \ldots + \frac{\ldots}{8}$ $\frac{13}{2} = \ldots + \frac{\ldots}{2}$

$\frac{33}{5} = \ldots + \frac{\ldots}{5}$ $\frac{22}{9} = \ldots + \frac{\ldots}{9}$

$\frac{44}{6} = \ldots + \frac{\ldots}{6}$ $\frac{16}{3} = \ldots + \frac{\ldots}{3}$

5 Une commune a 35 700 habitants ; deux dixièmes d'entre eux ont moins de 20 ans. Trois dixièmes ont entre 20 et 30 ans. Combien y a-t-il d'habitants de plus de 30 ans ?

6 **Encadre ces nombres décimaux au dixième près.**

... < 7,25 < ...	... < 12,567 < ...
... < 0,78 < ...	... < 100,986 < ...
... < 1,89 < ...	... < 10,409 < ...
... < 19,341 < ...	... < 2,904 < ...
... < 6,945 < ...	... < 99,01 < ...

7 **Intercale 12 nombres décimaux entre 5,6 et 5,7.**

8 **Décompose ces nombres décimaux.**
Observe l'exemple :
9,48 → 9 unités et 48 centièmes
6,03 – 9,102 – 0,27 – 56,5 – 2,036

9 **Observe les catégories de poids des 13/14 ans pour des combats de judo, ainsi que les participantes.**

Moins de 40 kg	Moins de 44 kg	Moins de 48 kg	Moins de 52 kg	Moins de 57 kg	Moins 63 kg	Plus de 66 kg

a) Range les participantes de la plus légère à la plus lourde.
b) Retrouve les filles qui pourront lutter ensemble.

10 **Établis le classement de la finale masculine du saut en longueur des Jeux Olympiques d'Athènes en 2004.**

Yago LAMELA	7,98	Joan Lino MARTINEZ	8,32
Dwight PHILLIPS	8,59	Ignisious GAISAH	8,24
Christopher TOMLINSON	8,25	Vitaliy SHKURLATOV	8,04
Salim SDIRI	7,94	James BECKFORD	8,31
John MOFFITT	8,47	Ivan PEDROSO	8,23
Jonathan CHIMIER	8,03	Bogdan TARUS	8,21

SYNTHÈSE

1 **Voici les affiches des dix films américains les plus regardés aux États-Unis, fin 2005. Elles sont classées dans l'ordre décroissant des recettes rapportées par chaque film.**

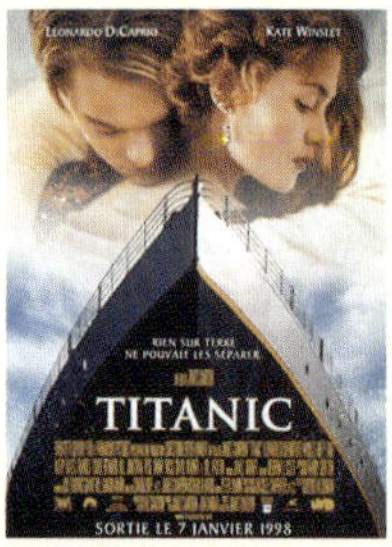

Photo Prod.

Photo Prod.

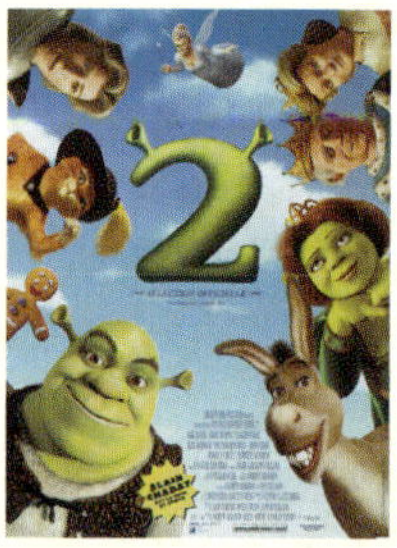

Photo Prod.

Photo Prod.

Photo Prod.

Photo Prod.

Photo Prod.

Photo Prod.

Photo Prod.

Photo Prod.

a) Pour retrouver les recettes en millions de dollars de chaque film, range ces nombres dans l'ordre décroissant.
291 708 054 – 461 000 000 – 250 100 000 – 436 471 036 – 600 780 000 –
290 013 036 – 434 940 000 – 313 837 577 – 281 492 479 – 403 706 000

b) Écris ces nombres en lettres.

c) Arrondis chaque recette au millier le plus proche, puis au million le plus proche.

d) Indique, à chaque fois, ce que représente le(s) chiffre(s) 7 pour les films qui possèdent ce(s) chiffre(s) dans leur recette.

2 **Voici, en milliers, le nombre de licenciés des principales fédérations sportives françaises pour l'année 2004.**

539,733

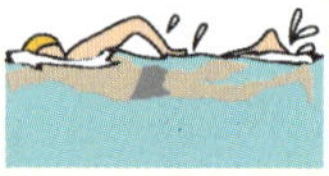
227,936

359,141

2 146,752

279,651

490,66

240,795

1 065,531

172,722

233,85

395,16

435,816

a) Quelle fédération a le plus de licenciés ? le moins de licenciés ?

b) Que représente le chiffre 9 dans les nombres qui possèdent ce chiffre ?

c) Exprime le nombre de licenciés de football, de natation, de tennis, de golf et de pétanque en arrondissant au millier le plus proche.

3 **Voici, en millions, le nombre de bovins de quelques régions françaises.**

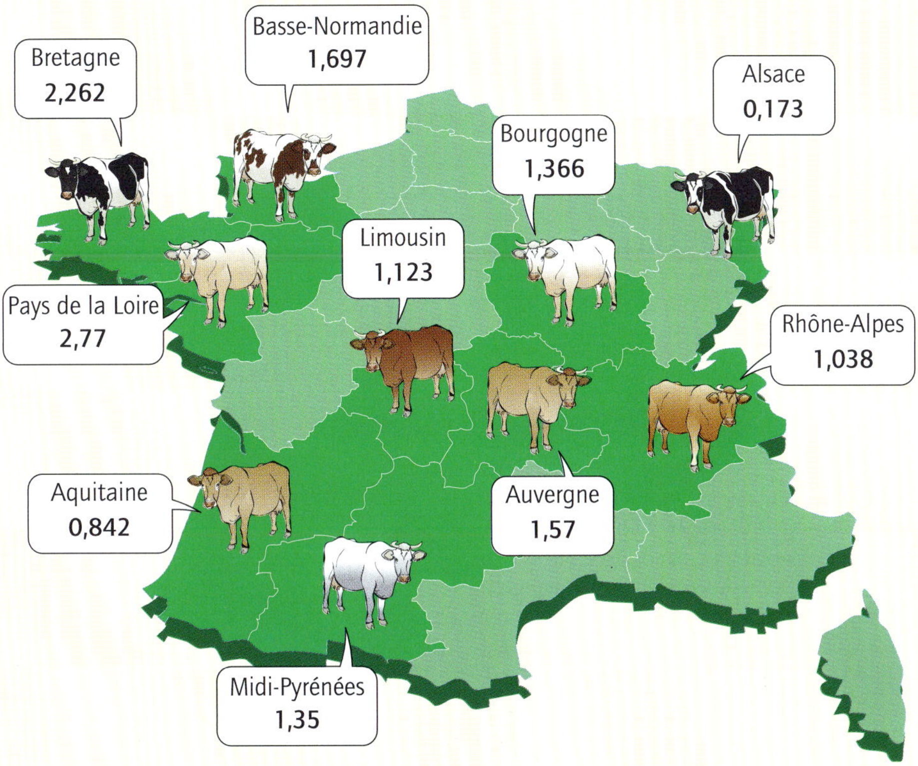

a) Quelle est la région qui possède le plus de bovins ? le moins de bovins ?

b) Range les régions dans l'ordre croissant de leur nombre de bovins.

c) Le nombre de bovins de la région Bretagne est, en millions, de 2,262 soit 2 262 000. Exprime, de la même façon, le nombre de bovins des régions Auvergne, Alsace, Rhône-Alpes et Limousin.

4 **Voici la production de céréales en France pour l'année 2005.**

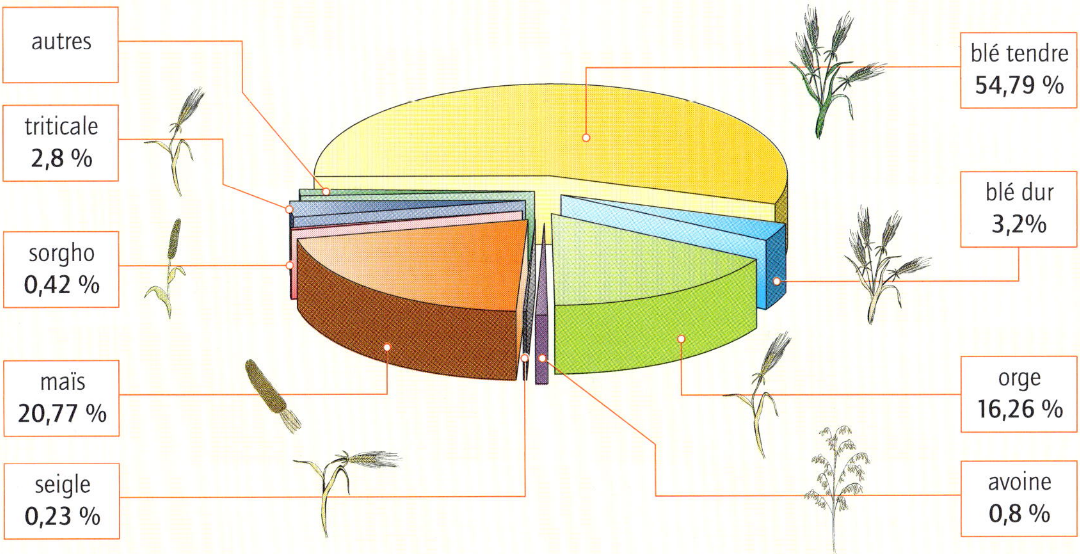

a) Exprime ces différents pourcentages sous la forme de fractions décimales.

b) Calcule le pourcentage de la catégorie « autres ».

Page 29

a) 360 007 – 359 086 – 342 987 – 340 900 – 340 897 – 35 908 – 35 090 – 34 089

b) 76 009 = (7 × 10 000) + (6 × 1 000) + 9
207 200 = (2 × 100 000) + (7 × 1 000) + (2 × 100)
90 698 = (9 × 10 000) + (6 × 100) + (9 × 10) + 8
78 036 = (7 × 10 000) + (8 × 1 000) + (3 × 10) + 6

Page 31

Un fabricant de poupées déclare avoir vendu six cent cinquante millions de poupées dans le monde depuis 1959.
En 1963, il en avait vendu cinq millions aux États-Unis ; en 1988, vingt millions ; en 1989, trente millions aux États-Unis et cinquante millions dans le monde. En France, on aurait vendu en 1992, trois millions de tenues, quatre millions de paires de chaussures et cent cinquante mille sacs à main pour habiller les poupées.

Page 33

a) 600 006 000 – 66 066 066 – 60 666 000 – 6 600 600 – 6 060 000 – 6 006 666

b) 164 500 000 – 174 500 000 – 184 500 000 – 194 500 000 –204 500 000 – 214 500 000 – 224 500 000 – 234 500 000 – 244 500 000 – 254 500 000
89 000 000 – 99 000 000 – 109 000 000 – 119 000 000 – 129 000 000 – 139 000 000 – 149 000 000 – 159 000 000 – 169 000 000 – 179 000 000 – 189 000 000 – 199 000 000 – 209 000 000

Page 35

a) 6 200 – 12 800 – 9 000 – 43 700 – 345 700 – 2 340 100 – 600 – 88 000 – 235 000

b) 583 – 6 234 – 9 045 – 12 806 – 43 678 – 87 999 – 234 991 – 345 679 – 2 340 087

Page 39

a) Il y a 40 minutes dans $\frac{2}{3}$ d'heure.

b) Il y a 25 minutes dans $\frac{5}{12}$ d'heure.

Page 41

$\frac{4}{3} < 2$	$\frac{8}{3} < 3$	$\frac{7}{2} < 4$
$\frac{9}{3} = 3$	$\frac{18}{4} < 5$	$\frac{23}{6} < 4$
$\frac{56}{8} = 7$	$\frac{30}{5} < 7$	$\frac{39}{6} > 6$

Page 43

a)

$\frac{7}{4} = 1 + \frac{3}{4}$	$\frac{15}{6} = 2 + \frac{3}{6}$	$\frac{9}{6} = 1 + \frac{3}{6}$
$\frac{17}{9} = 1 + \frac{8}{9}$	$\frac{17}{3} = 5 + \frac{2}{5}$	$\frac{23}{8} = 2 + \frac{7}{8}$
$\frac{10}{3} = 3 + \frac{1}{3}$		

b) En divisant 280 par 4, on obtient 70.

Ce qui correspond à $\frac{1}{4}$; c'est-à-dire le nombre de places libres.

$\frac{3}{4}$ de la salle correspondent à 3 × 70 = 210 ;
il y a 210 places occupées.

Page 45

$5 + \frac{3}{10} = \frac{53}{10}$	$\frac{409}{100} = 4 + \frac{9}{100}$
$\frac{37}{10} = 3 + \frac{7}{10}$	$11 + \frac{5}{10} = \frac{115}{10}$

$2 + \frac{5}{10} + \frac{7}{100} = \frac{257}{100}$

$\frac{873}{1\,000} = \frac{8}{10} + \frac{7}{100} + \frac{3}{1\,000}$

Page 47

a) 14 unités 5 dixièmes = 14,5 = $\frac{145}{10}$

9 unités 15 millièmes = 9,015 = $\frac{9\,015}{1\,000}$

765 unités 6 centièmes 4 millièmes = 765,064 = $\frac{765\,064}{1\,000}$

7 dixièmes 8 millièmes = 7,008 = $\frac{7\,008}{1\,000}$

b) 0,260 = 26 centièmes

Page 49

12,56 < 12,567 < 12,57	4,53 < 4,531 < 4,54
9,09 < 9,098 < 9,10	6,89 < 6,897 < 6,90
34,78 < 34,782 < 34,79	99,34 < 99,342 < 99,35
7,12 < 7,123 < 7,13	2,09 < 2,092 < 2,10
0 < 0,008 < 0,01	1,70 < 1,702 < 1,71

Page 51

0,169 – 0,196 – 0,619 – 0,691 – 0,916 – 0,961
1,069 – 1,096 – 1,609 – 1,690 – 1,906 – 1,960
6,019 – 6,091 – 6,109 – 6,190 – 6,901 – 6,910
9,016 – 9,061 – 9,106 – 9,160 – 9,601 – 9,610
10,69 – 10,96 – 16,09 – 16,90 – 19,06 – 19,60
60,19 – 60,91 – 61,09 – 61,90 – 69,01 – 69,10
90,16 – 90,61 – 91,06 – 91,60 – 96,01 – 96,10
106,9 – 109,6 – 160,9 – 190,6
601,9 – 609,1 – 610,9 – 690,1
901,6 – 906,1 – 910,6 – 960,1

Comprendre et résoudre

1 Poser la question

CHERCHONS ENSEMBLE

Aujourd'hui dimanche, un père emmène ses deux enfants âgés de 8 et 10 ans au musée d'Orsay.

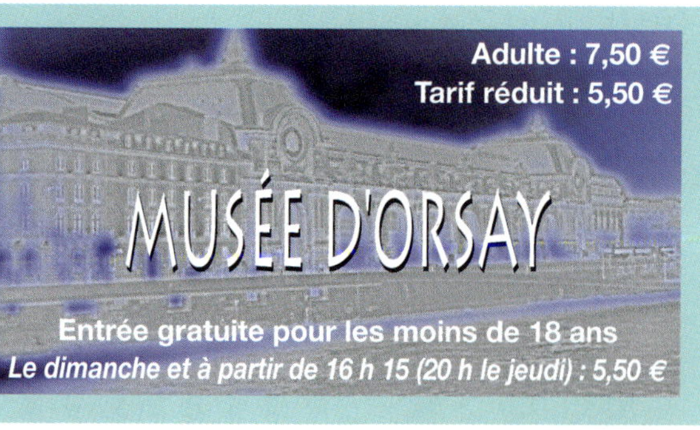

Les **informations** contenues dans un énoncé de problème permettent de **trouver la ou les questions** auxquelles on peut répondre.

Attention ! Il est très important de **bien comprendre la situation** proposée avant de débuter la résolution d'un problème.

1 **Trouve la question qui complète chaque énoncé.**

A	Julien s'est couché à 23 h 40 et s'est levé à 10 h 20.	1	Quel âge a-t-il ?
B	Au marché, papa achète 5 kg de pommes de terre, 1 kg de bananes et 500 g de cerises.	2	À quelle heure arrive-t-il ?
C	Papy achète une douzaine d'œufs à 2,10 €, un fromage à 1,70 € et 1 kg de pêches à 2 €.	3	Combien de temps a-t-il dormi ?
D	Le TGV part de Paris à 10 h 10. Il met 3 h 03 pour arriver à Marseille.	4	Quelle quantité achète-t-il ?
E	Paul a 6 ans, Damien a trois ans de plus que lui.	5	Combien a-t-il dépensé ?

Pour compléter les énoncés 2 à 4, tu dois trouver une ou plusieurs questions qui ne sont pas formulées.

2 La famille Marant souhaite louer un bateau pour leurs trois semaines de vacances.

3 Marie fête son anniversaire avec ses amis. Elle a 11 ans. Elle invite cinq garçons et huit filles. Sa maman prépare trois gâteaux. Elle partage chaque gâteau en 6 parts chacun.

4 Valentine commande à un fleuriste un bouquet de roses avec 6 roses rouges, 3 roses jaunes et 7 roses blanches.

Lis chaque énoncé et complète-le par les questions qui correspondent aux opérations.

5 Au cinéma, une salle peut accueillir 513 spectateurs répartis sur 27 rangées identiques.
Aujourd'hui, pour la séance de 14 h à 15 h 55, il y a 477 spectateurs.

15 h 55 – 14 h = 1 h 55

513 : 27 = 19

513 – 477 = 36

6 Thomas a 73,60 € dans son porte-monnaie. Il veut acheter un jeu vidéo neuf à 39,99 €, 3 jeux soldés à 9,15 € l'un et un porte-clés à 4,10 €.

3 × 9,15 = 27,45

39,99 + 4,10 + 27,45 = 71,54

73,60 – 71,54 = 2,06

7 Monsieur Diop voudrait calculer les économies qu'il réalise depuis qu'il a décidé d'arrêter de fumer. Il fumait un paquet de cigarettes à 4,95 € tous les 3 jours.

4,95 × 10 = 49,5

49,5 × 12 = 594

Recopie et complète les problèmes 8 et 9 sans oublier les questions (aide-toi des opérations). Puis résous-les.

8 Dans un avion qui fait la liaison entre Paris et Londres, il y a ... places. Il reste ... places libres.

390 – 78 = ...

9 Le 1er janvier 2006, le compteur de la voiture de Pierre indiquait ... km. Six mois plus tard, il indique ... km.

78 530 – 53 263 = ...

10 **Voici une recette de gâteau au chocolat pour 8 personnes.**

Quelles questions peux-tu poser qui correspondent à :

a) **250 × 3 = 750**

b) **150 × 4 = 600**

c) **80 : 2 = 40**

COMPRENDRE ET RÉSOUDRE
CALCUL
GRANDEURS ET MESURE
ESPACE ET GÉOMÉTRIE

2 Trouver l'opération

CHERCHONS ENSEMBLE

Les sommes des nombres d'une même ligne et d'une même colonne doivent être égales.
Reproduis ce tableau des nombres et complète-le.
Cherche si la somme de chaque diagonale est aussi égale à la somme d'une même ligne et d'une même colonne.

42	51	66	
35		50	66
87	32		
23		50	

Dans un **énoncé de problème** figurent des **données**, le plus souvent **sous forme de nombres**.

Il faut lire attentivement tout l'énoncé pour **trouver les opérations** qu'il faudra poser pour répondre aux questions.

Il faut relever les informations utiles et les associer avec la ou les question(s).

Pour chacun des énoncés suivants, pose uniquement l'opération qui te permettra de répondre à la question posée.

1. Éric vend sa moto 1 200 euros et sa voiture 14 500 euros. Quelle somme va lui rapporter la vente des deux véhicules ?

2. Madame Areti, qui a 57 ans, a 11 ans de moins que son mari. Quel âge a monsieur Areti ?

3. La maman de Yasmine parcourt tous les jours 84 km pour se rendre à son travail (aller et retour). Quelle distance sépare son domicile de son lieu de travail ?

4. Le boulanger du village de Sainte-Agrève va déposer de l'argent à la banque. Il donne 56 billets de 20 €. Quelle est la somme totale déposée ?

5. Fin 2005, 19,9 millions de consoles ont été vendues au total à travers le monde, dont 13,2 millions en Amérique du Nord. Combien de consoles ont été vendues dans le reste du monde ?

6. Le parking *Asta* est composé de 6 étages identiques. Il peut contenir en tout 588 places. Quel est le nombre de places à chaque étage ?

7. **Voici un bon de commande incomplet.**

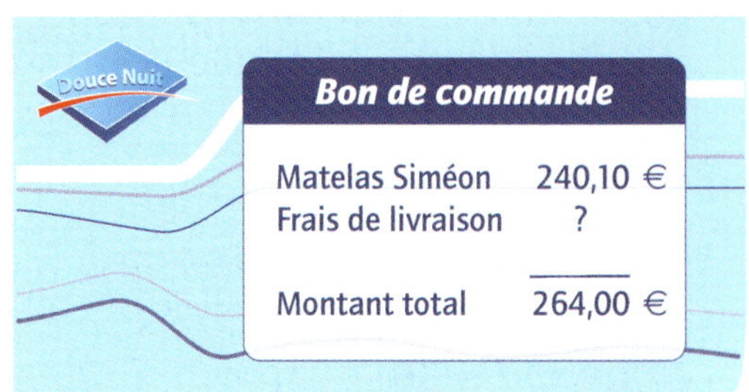

Quel est le montant des frais de livraison ?

8. Bérénice achète un vélo et un casque.

Elle paye 169,90 €. Quel est le prix du vélo ?

9 Ce vendredi soir, le cinéma *Déniro* a fait une recette de 3 850 €.
Sachant qu'une place vaut 7 €, combien y a-t-il eu de spectateurs ce soir-là ?

10 Un club de football achète trente-cinq de ces ballons. Calcule le montant de la dépense.

11 Nassima a 2 667 timbres dans sa collection et son frère Reda a 174 timbres de plus qu'elle.
Reda donne 224 timbres à Nassima. Sa cousine lui donne aussi des timbres et Nassima en a maintenant 3 002.

a) Combien de timbres lui a donné sa cousine ?

b) Lequel des deux enfants a le plus de timbres ? Combien de plus ?

12 Chez Tissuprix, un mètre de tissu *Castille* coûte 24,50 €. Dans une même journée, on en vend 2,5 mètres, puis 14,5 mètres et enfin 6 mètres. Calcule le montant de la recette réalisée grâce à la vente de ce tissu.

13 Un être humain expire en moyenne 15 fois par minute.
Calcule le nombre d'expirations produites par une classe de 25 élèves en une minute.

14 **Voici le marché de la télévision numérique.**

Années	2000	2006	2007
Nombre de foyers connectés (en millions)	54,9	272,2	324,4

Calcule l'augmentation du nombre de foyers connectés entre 2006 et 2007.

15 La reproduction de la marmotte a lieu d'avril à début mai. La gestation dure 5 semaines. La femelle donne naissance à une portée (en moyenne de 4 petits) qui pèse 120 grammes. Combien pèse environ un petit ?

16 En 1989, on comptait 315 gorilles en Afrique Centrale. Actuellement, on en compte 65 de plus.
Combien y a-t-il actuellement de gorilles en Afrique Centrale ?

17 Une étude a montré que les Français mangent de moins en moins de fruits et de légumes. La consommation moyenne des adultes est de 285 g/jour de fruits et de légumes, dont 145 g/jour de fruits. Calcule la consommation moyenne de légumes en grammes et par jour.

18 Les plus grandes baleines, celles de l'espèce des rorquals bleus, peuvent mesurer jusqu'à 30 mètres. Elles pèsent, en tonnes, cinq fois leur longueur. Combien pèse un rorqual ?

19 Actuellement, il y a plusieurs espèces d'invertébrés protégées en France.
Observe ce tableau incomplet.

Crustacés	4
Insectes	112
Mollusques	?
Échinodermes	1
TOTAL	179

Calcule le nombre de mollusques.

COMPRENDRE ET RÉSOUDRE

CALCUL

GRANDEURS ET MESURE

ESPACE ET GÉOMÉTRIE

3 Trouver les questions intermédiaires

CHERCHONS ENSEMBLE

Tous les jours, 10 000 personnes viennent visiter le musée des Arts Premiers. En sachant que le musée est fermé le mardi, combien de personnes le visitent en 4 semaines ?

Pour ce problème, cherche la question intermédiaire qui te permettra de répondre à la question finale.

Parfois, dans un problème, on ne peut pas répondre directement à la question posée.
Il faut d'abord se poser des questions intermédiaires et effectuer les calculs correspondants.
Ces calculs permettent de répondre à la question finale.

Exemple : Blandine achète 2 kg de tomates à 1 € 50 le kilo, 3 kg de pommes à 1 € 90 le kg et 4 bouteilles de jus d'orange à 1 € 20. Elle avait 15 € avant de faire les courses. Quelle somme lui reste-t-il ?

Pour résoudre ce problème, je calcule successivement :
- le prix des tomates 2 fois 1 € 50 → 3 €
- le prix des pommes 3 fois 1 € 90 → 5,70 €
- le prix des bouteilles de jus d'orange 4 fois 1 € 20 → 4,80 €
- la dépense totale 13,50 €

Je peux maintenant calculer la somme qu'il reste à Blandine.

Pour chacun des problèmes suivants, écris la ou les questions intermédiaires et résous le problème.

1 Mélanie possède 65 €. Elle veut acheter les articles suivants : une cafetière à 69 € 90 et un lot de 20 dosettes à 2 € 90. Combien lui manque-t-il pour acheter les deux articles ?

2 Alicia possède une encyclopédie en trois volumes de 820 pages chacun. Celle de Juliette comporte deux volumes de 1 340 pages chacun. Quelle encyclopédie comporte le plus de pages ?

3 Trois amies organisent une randonnée en VTT. Elles prévoient de parcourir sur une journée 46 km. Elles parcourent une première étape de 17 km avant 10 heures, puis une deuxième de 12,5 km avant midi et enfin le retour en une seule étape de 14,5 km. Les trois amies ont-elles vraiment parcourues les 46 km prévus ?

4 Une jardinerie a reçu 200 sapins identiques. Le montant total de cet achat est de 7 000 €. Chaque sapin est revendu 50 €. Combien faut-il vendre de sapins pour gagner 5 250 € ?

5 Le marché aux fleurs d'Hyères est le plus important des marchés de fleurs coupées en France. Il y a 1 200 lots de fleurs vendus par heure.
Le marché ouvre à 7 h 00 et ferme à 16 h 00. Combien de lots de fleurs sont vendus en trois jours ?

6 Dans le coffre d'une voiture, on a rangé 6 cartons identiques contenant chacun 8 boîtes de peinture. Chacune de ces boîtes pèse 900 grammes. Calcule, en kg, la masse totale des boîtes placées dans le coffre de cette voiture.

7 Un facteur parcourt 16 km par jour. En sachant qu'il travaille 5 jours par semaine, quelle distance va-t-il parcourir au cours d'un mois de 4 semaines et deux jours de travail ?

8 Dans une baguette de bois longue de 3 mètres, on coupe un morceau de 85 cm et un autre de 55 cm. Quelle est la longueur de baguette restante ?

9 Dans la ferme *Le Paradis*, il y a 180 poules et 4 coqs. Tous les matins, madame Loisel ramasse les œufs. Chaque poule en pond un. Elle met les œufs dans des boîtes de 6. Madame Loisel fait ce travail tous les jours de la semaine. Combien de boîtes remplit-elle chaque semaine ?

10 Une association humanitaire organise une collecte de vêtements pour venir en aide aux familles victimes d'un tremblement de terre.
Elle récolte 232 pantalons, 451 pulls et 121 blousons. Mais il y a 101 habits qui ne pourront pas servir, car ils sont très abîmés. Combien de vêtements peuvent être distribués aux familles ?

11 La bibliothèque de Sary-sur-Seine fait des travaux pendant les vacances. Elle possède 125 romans, 217 bandes dessinées, 229 documentaires et 104 albums. Les ouvrages sont rangés dans des caisses qui peuvent en contenir 9. Combien de caisses va-t-on devoir utiliser ?

12 La girafe est un mammifère qui possède un énorme cœur. Il peut pulser 70 litres de sang par minute. Calcule, en litres, le sang pulsé en 24 heures.

13 Un gorille de 400 kg mange 30 kg de nourriture par jour.
Calcule, en kg, la quantité de nourriture avalée pour les deux mois de juin et juillet.

14 Dans un zoo, un éléphant mange chaque jour : 85 kg de trèfle, 22 kg de carottes et 19 kg d'avoine. Quelle masse de nourriture consomment deux éléphants en 20 jours ?

15 Chaque mois, Christine achète un magazine qui coûte 5,50 €. Et, tous les trois mois, elle dépense 7,50 € pour une revue. Quelle somme dépense-t-elle chaque année ?

16 Pour ma rentrée au CM2, je dois recouvrir 4 manuels, 2 romans et 5 cahiers. Pour un manuel, il me faut 60 cm de film transparent, pour un roman 26 cm et pour un cahier 36 cm.
J'achète un rouleau de 5 m, je couvre tout d'abord les manuels et les romans. Restera-t-il suffisamment de film transparent pour recouvrir les cahiers ?

4 Organiser et traiter les données

Pour résoudre certains problèmes, on va avoir besoin de **trier les informations**.
Pour cela, il faut :

1) Déterminer les **données utiles** et donc repérer celles qui ne servent pas.

2) Bien tout observer : certaines informations peuvent être prises dans des **schémas**, des **graphiques**, des **dessins**.

3) Clarifier une masse importante d'informations en réalisant un **tableau** pour regrouper les données importantes dont on aura besoin.

Dans chacun de ces trois énoncés, retrouve les informations qui vont te servir à résoudre le problème.
Puis résous ces trois problèmes.

1 Vingt-cinq personnes participent, à parts égales, à un voyage en train à travers l'Europe et l'Asie qui coûte 19 950 €. Le départ a lieu à Paris le 12 juillet et l'arrivée est prévue le 07 août à Pékin après avoir parcouru une distance de 10 585 km. Combien chacune des personnes devra-t-elle payer ?

2 Un film programmé sur *Canal* + le mardi 12 mars à 20 h 50 a débuté avec 4 minutes de retard.
Sachant qu'il devait se terminer à 22 h 45, calcule la durée de ce film.

3 Pour faire de la confiture, on met la même masse de sucre que de fruits. On a 5 kg de fraises, 3 kg de framboises, 4 kg d'abricots et 9 kg de cerises. Il faut laisser reposer le mélange au moins 5 heures. Quelle sera la masse de sucre nécessaire pour faire de la confiture aux fruits rouges ?

Dans chacun de ces trois énoncés, retrouve les informations inutiles à la résolution du problème.
Puis résous ces trois problèmes.

4 Un livreur de magazines, qui a chargé 575 revues dans sa voiture, part faire sa tournée à 6 h du matin pour livrer les différents kiosques de la ville. À son premier arrêt, il dépose 126 revues, repart pour 11 km, puis en dépose 231 lors du deuxième arrêt et 98 lors du troisième arrêt. À 7 h 30, il dépose ses dernières revues au quatrième et dernier kiosque. Combien de revues a-t-il livrées au dernier kiosque ?

5 Reda commence son travail à 8 heures. Pour aller travailler, il prend le bus qui parcourt 12 km pendant 40 minutes, puis le métro pendant 25 minutes. Ses attentes bus et métro ne dépassent pas 10 min. À quelle heure doit-il partir pour être à l'heure à son travail ?
Il prend sa pause de 12 h à 13 h, puis termine sa journée de travail à 18 h. À partir de quelle heure pourra-t-il être rentré chez lui ?

6 Pour refaire le toit d'une maison, un couvreur a compté qu'il lui faudrait 3 872 tuiles et 15 jours de travail avec ses deux ouvriers pour venir à bout des travaux. Sachant que les tuiles se livrent par palette de 250 au prix de 650 € la palette, quel sera le prix total des tuiles ?

Pour résoudre les problèmes suivants, regarde bien toutes les informations qui te sont fournies.

7

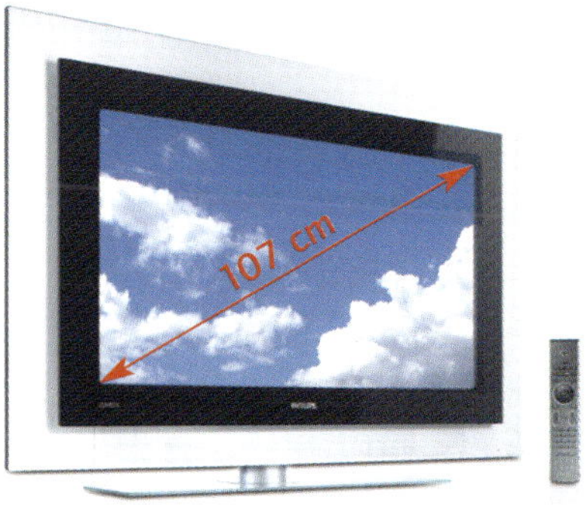

OFFRE SPECIALE

1 990 €

garantie 2 ans

1 an de garantie supplémentaire : 149 €

2 ans de garantie supplémentaire : 199 €

Format d'image : 16/9e
Luminosité : 550 cd/m²
Contraste : 4 000 : 1
Son : 3 × 15 W
Résolution d'écran : 1 366 × 768

a) Quel sera le prix de ce téléviseur en prenant une garantie de 3 ans ?
b) Quel sera le prix de ce téléviseur en prenant une garantie de 4 ans ?
c) Voici les différentes possibilités pour acheter ce téléviseur.

A	B	C	D
Comptant	En 6 mois	En 12 mois	En 24 mois
1 990 €	490 € à la livraison et 6 mensualités de 260 €	290 € à la livraison et 12 mensualités de 150 €	190 € à la livraison et 24 mensualités de 80 €

Fais les différents calculs pour ranger les différentes propositions de la plus intéressante à la moins intéressante. Que peux-tu en conclure ?

8 Pour préparer un goûter de fin d'année, les 24 judokas se partagent en groupes pour relever différents prix dans trois grandes surfaces.

Magasin PETITPRIX
Yaourts à boire (× 6) : 2 € 40
Galettes (× 24) : 3 € 40
Lait (1 L) : 1 € 25
Glaces (× 12) : 6 €
Jus d'orange (1,5 L) : 1 € 50
Pâte à tartiner (750 g) : 3 € 25

Magasin BONPRIX
Jus d'orange (6 × 1 L) : 4 € 80
Galettes (× 12) : 1 € 80
Pâte à tartiner (300 g) : 2 € 15
Yaourts à boire (× 1) : 0 € 50
Glaces (× 6) : 3 € 60
Pains au lait (× 10) : 1 € 55

Magasin BONMARCHÉ
Confiture (350 g) : 1 € 44
Yaourts à boire (× 10) : 3 € 90
Jus d'orange (2 L) : 2 € 08
Glaces (× 8) : 4 € 40
Galettes (× 48) : 5 € 20
Sirop (75 cL) : 2 € 80

Afin de comparer les prix des yaourts, ils ont préparé un tableau :

Yaourt à boire \ Magasin	PETITPRIX	BONPRIX	BONMARCHÉ
Prix	2 € 40	0 € 50	3 € 90
Quantité	6	1	10
Prix d'un yaourt	0 € 40	0 € 50	0 € 39

a) Dans quel magasin devront-ils *a priori* aller pour acheter les yaourts à boire ? Pourquoi ?
b) Refais le même travail avec le jus d'orange, les galettes et les glaces.
c) Finalement, ils prévoient pour chacun : 1 yaourt à boire, 4 galettes, une glace et 1/2 litre de jus d'orange. Comme ils ne disposent que de peu de temps pour faire les courses, dans quel magasin devront-ils aller pour tout acheter et payer le moins cher possible ?

COMPRENDRE ET RÉSOUDRE
CALCUL
GRANDEURS ET MESURE
ESPACE ET GÉOMÉTRIE

5 Contrôler la vraisemblance d'une solution

Quand tu as trouvé une solution à un problème, demande-toi toujours si ce que tu as trouvé est vraisemblable.

Pour cela, tu peux :

– faire appel à tes connaissances personnelles ;

– comparer ton résultat avec l'ordre de grandeur que tu as déterminé au préalable.

Exemples : un homme de 30 ans pèse environ 70 kg et non pas 7 kg ou 700 kg ; la tour Eiffel mesure 320 m et non pas 320 km ou 3,20 m.

1 **Retrouve la bonne réponse.**

a) La masse d'un pot de yaourt est :

125 g – 125 mg – 1,250 kg – 1 250 g

b) Le réservoir d'essence d'une voiture peut contenir :

6,5 L – 65 L – 650 cL – 6,5 hL

c) Un immeuble de 4 étages mesure environ :

15 m – 300 m – 50 m – 5 m

d) Le poids d'un bébé à la naissance est :

30,5 kg – 3 050 g – 305 dg – 30,50 cg

e) La hauteur d'un filet de tennis en son milieu est :

91 mm – 91 dm – 0,91 m – 9,1 m

2 Les deux classes de CM2 de l'école *Les Amandiers* organisent un séjour à la montagne qui coûte 10 000 € tout compris.

Le voyage est payé par :

– les familles des 56 enfants qui doivent donner chacune 125 € ;

– la municipalité qui accorde une aide de 1 790 € ;

– la coopérative scolaire qui donne ce qui manque.

Nathan a fait les calculs suivants :

125 × 56 = 7 000

7 000 + 1 790 = 8 790

10 000 – 8 790 = 1 210

Indique à quoi correspond chacun des calculs.

3 **Vrai ou faux ?**

a) Un plein d'essence coûte 600 €.

b) Une baguette de pain coûte 4 €.

c) Un éléphant mange 3 kg de fourrage par jour.

d) La Tour de Pise mesure 54,50 m.

e) La longueur d'un terrain de football est de 0,120 km maximum.

f) Les cheveux poussent de 3 mm tous les mois.

4 Chloé a acheté 4 bandes dessinées pour 24 € et aimerait bien en acheter 5 de plus.

Combien va-t-elle dépenser en plus ?

Voici les solutions de trois enfants.

Léa	24 - 4 = 20 Le prix d'une BD est 20 €. 20 x 5 = 100 Elle va dépenser 100 €.
Matis	24 : 4 = 6 Une bande dessinée coûte 6 €. 6 x 5 = 30 Chloé paiera 30 € en plus.
Jenny	24 x 5 = 120. Le prix de 5 bandes dessinées est de 120 €.

a) Qui a trouvé la bonne solution ?

b) Indique les erreurs commises par les deux autres enfants.

5 Les élèves de CM2 veulent fleurir l'école. Pour cela, ils décident d'acheter 110 bulbes de tulipes rouges, 40 bulbes de tulipes jaunes et 20 bulbes de tulipes roses.
Voici les calculs de trois élèves. Que pourrais-tu dire à chacun ?
Nolwen : (110 × 0,26) + (40 × 0,26) + (20 × 0,26) = 44,20
Tom : (20 × 0,26) + 21 + 12 = 38,20
Fanny : (40 + 20 + 10) × 0,26 + 21 = 39,20

6 **Sans effectuer les opérations, indique si les résultats des opérations sont justes ou faux et explique pourquoi.**

a) 456 × 38 = 17 326

b) 2 418 – 1 400 = 1 018

c) 146 × 58 = 4 468

7 **Voici des énoncés de problèmes et des réponses données par des élèves. Analyse les réponses, puis dis si elles sont justes ou fausses en justifiant ton choix.**

a) Un kilogramme de pêches coûte 3,60 €. Quel est le prix d'une livre de pêches ?
Réponse : *Une livre de pêches coûte 0,90 €.*

b) Si l'on place 5 points sur un cercle, combien peut-on tracer de segments en joignant les points deux à deux.
Réponse : *On peut tracer 10 segments.*

c) Mme Bic a calculé le prix de 50 stylos à 3,75 €. Elle a trouvé 1 875 €.
Réponse : *Mme bic s'est trompée.*

d) Un chocolatier a fabriqué 6 900 truffes en chocolat. Il remplit des boîtes avec un tiers de sa production, des sachets avec un quart de sa production et le reste est destiné à la vente au détail.
Retrouve :
– combien de truffes seront mises en boîtes,
– combien de truffes seront mises en sachets,
– combien de truffes seront vendues au détail.
Réponse : *le chocolatier vendra 2 300 truffes en boîtes, 1 725 truffes en sachets et 1 875 au détail.*

Résous les problèmes suivants. Évalue d'abord l'ordre de grandeur avant de proposer une solution.

8 Pour Noël, Léo veut illuminer la façade de sa maison avec des guirlandes électriques. Chaque guirlande est composée de 100 ampoules et mesure 1 m 50. La façade de la maison mesure 13,5 m. Combien d'ampoules y aura-t-il sur la façade de la maison de Léo ?

9 Une famille de quatre personnes consomme chaque jour 0,75 L de lait. Combien de litres consomme-t-elle par an ?

10 Pour régler ses impôts, un salarié a payé 10 mensualités de 258 € et 2 mensualités de 196 €.
Quel est le montant total de ses impôts ?

11 Pour la course Marseille-Cassis, 13 410 personnes étaient inscrites. Finalement, seulement 12 842 se sont présentées au départ. À l'arrivée, on a comptabilisé 12 167 coureurs. Combien de personnes ne se sont pas présentées sur la ligne de départ ? Combien de personnes n'ont pas franchi la ligne d'arrivée ?

6 Produire des énoncés

Pour rédiger un énoncé, il faut **inventer une situation** comportant des **données numériques** et **poser une ou plusieurs questions** auxquelles on peut répondre en se servant des données fournies.

1 Observe ce dessin.

a) Quelles informations t'apporte ce dessin ?
Peux-tu expliquer les données chiffrées comme :
013098,6 120 155

b) Recopie et complète cet énoncé par une question.
Bertrand arrive à Aix-en-Provence et souhaite se rendre à Nice.

c) Trouve une question en te servant du compteur kilométrique et du panneau indicateur.

d) Trouve une question en te servant de la vitesse de la voiture, de l'heure et de la distance qu'il reste à parcourir pour aller à Nice.

2 Amandine a commencé à résoudre deux problèmes.

69 x 3 = 207
85 x 2 = …

49 + 19,99 + 24,90 = …
100 - … = …

a) Retrouve les énoncés.
b) Rédige les solutions.

3 **Voici un extrait de catalogue de vente par correspondance, ainsi qu'un bon de commande.**

Le B.A BA du chocolat
Julie Andrieu – Charlotte Lascève
Marabout
25,00 €
Près de 200 recettes inédites et inventives !

Peinture sur verre et porcelaine
Marie-France Anasse
Hachette Pratique
5,50 €

Les 300 plus beaux prénoms
Jean-Marc De Foville
Hachette Pratique
9,90 €

Tricot for ever
Alice Chadwich
Marabout
8,90 €
15 projets d'accessoires au tricot

Bébés animaux
Marabout
16,00 €
Un livre de photos émotions !

Article	Prix unitaire	Quantité	Total
Frais d'expédition			8 €
10 % de réduction pour toute commande supérieure à 100 €			
		Total	

a) **Invente un énoncé de problème qui utilise les différentes informations.**
b) **Rédige la solution.**

4 **Rédige l'énoncé d'un problème à partir des indications suivantes :**
– le calcul pour le résoudre doit être 248 divisé par 16 ;
– l'énoncé doit parler de timbres et d'un nombre de pages.

5 **Rédige un énoncé de problème pour un camarade qui devra utiliser des informations de ce tableau pour le résoudre.**

Consommation moyenne de quelques produits alimentaires par an et par habitant	1970	2004	Consommation moyenne de quelques produits alimentaires par an et par habitant	1970	2004
Pain (kg)	80,57	53,69	Fromage (kg)	13,81	17,80
Pommes de terre (kg)	95,57	73,12	Yaourts (kg)	8,56	21,02
Légumes frais (kg)	70,44	90,22	Huile alimentaire (kg)	8,08	9,63
Bœuf (kg)	15,62	14,65	Sucre (kg)	20,41	7,27
Volailles (kg)	14,20	20,87	Vins courants (L)	95,57	26,76
Œufs (kg)	11,53	14,57	Vins A.O.C. (L)	8,03	23,47
Poissons, coquillages, crustacés (kg)	9,93	12,06	Bière (L)	41,43	32,53
Lait frais (L)	95,24	58,66	Eaux minérales et de source (L)	39,90	168,64

6 **Invente, à chaque fois, un problème dont la solution est donnée par le(s) calcul(s).**
a) 578 + 147 = 725
b) 7 902 – 3 456 = 4 446
c) 56,8 + 35,15 = 91,95   100 – 91,95 = 8,05
d) 12,6 × 6 = 75,6   45,90 × 12 = 550,8   550,8 + 75,6 = 626,4

7 Lire et construire : tableaux, graphiques et cartes

Dans **un tableau** figurent des **informations** claires et précises traitant du **même thème**.

Un **graphique** permet de présenter **des informations chiffrées**. Il permet de les lire facilement et rapidement. Il donne une vue générale des données.

Pour **construire un graphique**, il faut tracer deux droites perpendiculaires et graduer ces axes en fonction des informations que l'on veut renseigner.

Il est préférable d'utiliser **une feuille quadrillée** ou du **papier millimétré**.

1 Voici les températures et les précipitations annuelles moyennes de la ville de Nice.

Mois	J	F	M	A	M	J	J	A	S	O	N	D
Températures (en °C)	8,7	9,3	10,9	13,2	16,4		22,9				12,4	9,6
Précipitations (en mm)	83	76	70		48	36		31	54		104	77

Courbe des températures de Nice durant l'année

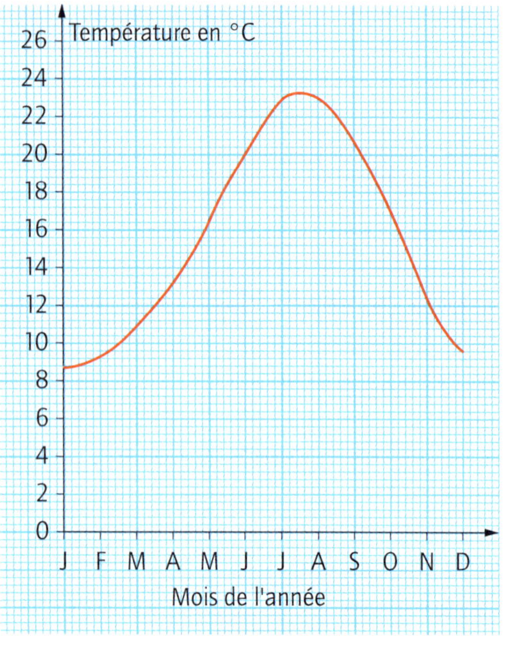

Courbe des précipitations de Nice durant l'année

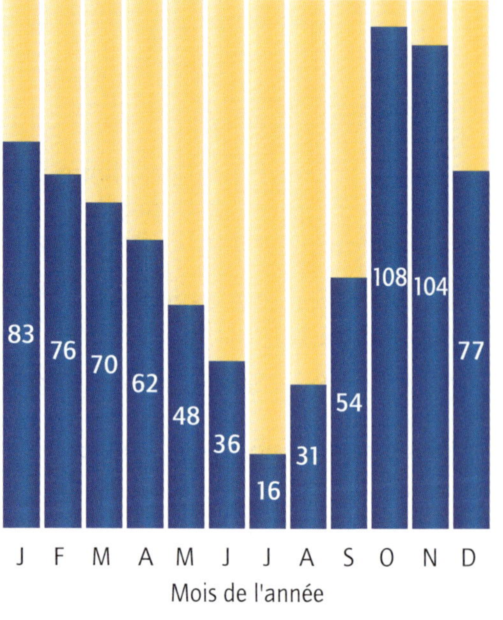

a) À quel mois correspond la température de 10,9 °C ?

b) Quelles étaient les températures et les précipitations moyennes de la ville de Nice au mois de juillet et au mois de décembre ? Qu'utilises-tu (tableau ou graphique) ? Pourquoi ?

c) Reproduis et complète le tableau des températures et des précipitations de la ville de Nice en t'aidant des graphiques.

CALCUL RAPIDE
CONNAISSANCE DES NOMBRES
COMPRENDRE ET RÉSOUDRE

2 Voici les températures et les précipitations annuelles moyennes de la ville de Nancy.

Mois	J	F	M	A	M	J	J	A	S	O	N	D
Températures (en °C)	1,2	2,6	5,5	8,8	12,8	16	18	17,7	14,8	10,4	5,5	2,1
Précipitations (en mm)	63	57	59	52	71	75	59	67	63	59	65	71

a) Construis le graphique des températures et l'histogramme des précipitations comme pour la ville de Nice. Utilise du papier millimétré.

b) Que peux-tu dire de ces deux villes en ce qui concerne leurs températures et leurs précipitations ?

3 Voici l'évolution du prix de l'essence sans plomb, de 1996 à 2006.

Année	1996	1997	1998	1999	2000	2001	2002	2003	2004	2005	2006
Prix (en €)	0,92	0,95	0,93	0,96	1,10	1,06	1,04	1,04	1,08	1,21	1,30

Établis le graphique de l'évolution du prix de l'essence.

4 Observe le tableau représentant la taille du cerveau selon l'évolution de l'Homme.

Australopithecus afarensis	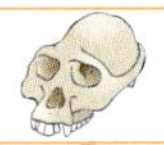	550 cm^3
Australopithecus africanus	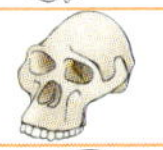	500 cm^3
Homo habilis	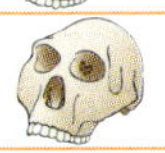	680 cm^3
Homo erectus	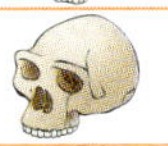	1 100 cm^3
Homo sapiens	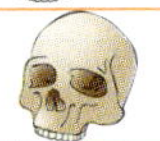	1 500 cm^3
Homo sapiens neanderthalensis	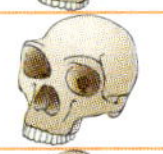	1 600 cm^3
Homo sapiens sapiens	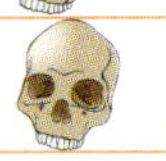	1 400 cm^3

Reproduis les données sur un graphique. Utilise du papier millimétré.

5 Observe le tableau représentant l'espérance de vie des hommes et des femmes pour certains pays du monde.

Pays	Hommes	Femmes
France	77 ans	84 ans
Danemark	75 ans	79 ans
Hongrie	68 ans	77 ans
Russie	59 ans	72 ans
Angola	39 ans	42 ans
Éthiopie	47 ans	49 ans
Chine	70 ans	74 ans
Inde	61 ans	63 ans

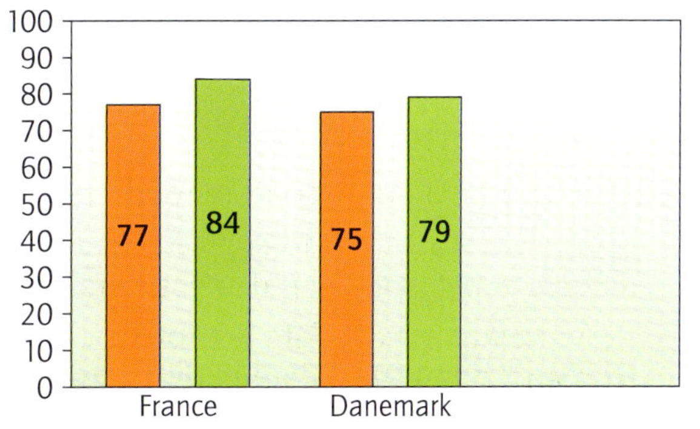

Reproduis le début de ce graphique et complète-le pour les autres pays.

6 Observe la carte et réponds aux questions.

Production totale de fruits frais en milliers de tonnes pour l'année 2003

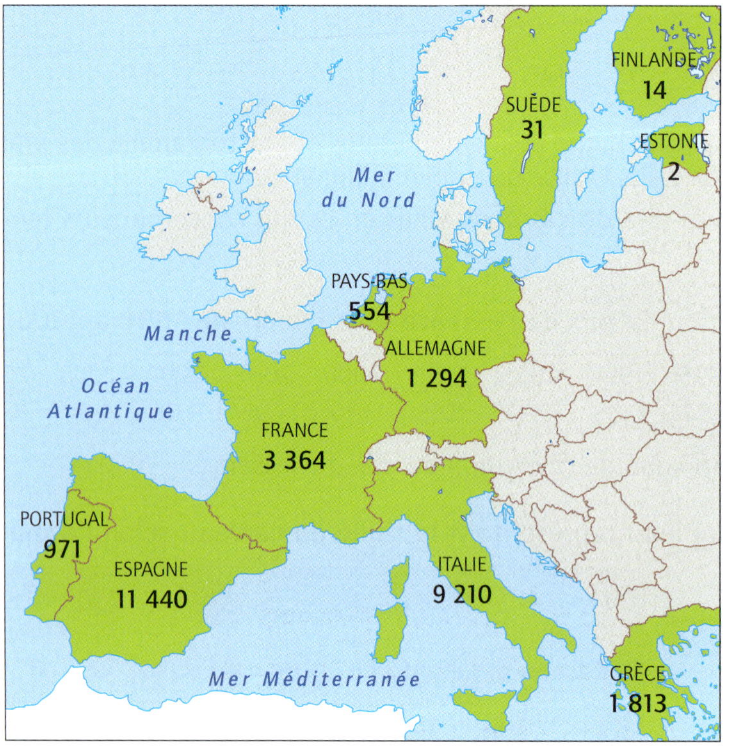

a) Quel est le plus gros producteur de fruits frais en Europe ?

b) Pourquoi la Finlande et la Suède ne sont-ils pas d'importants producteurs de fruits frais ?

c) En règle générale, où trouve-t-on les plus fortes productions ? À ton avis, pourquoi ?

7 Observe le schéma et réponds aux questions.

Fréquentation des 50 principaux sites culturels de Paris en millions de visiteurs

Le camembert entier représente 59,6 millions de visiteurs

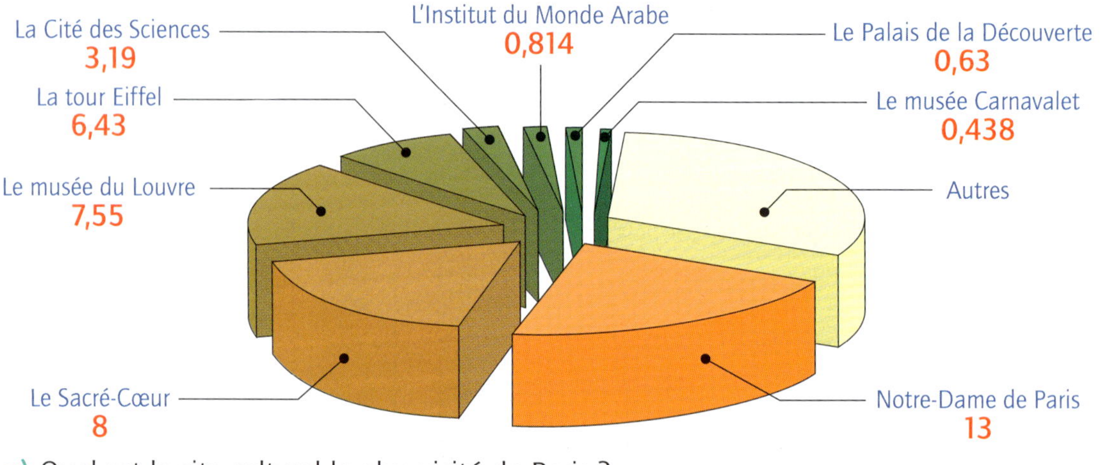

a) Quel est le site culturel le plus visité de Paris ?

b) Quel est le nombre total de visiteurs pour les quatre sites culturels les plus visités ?

c) Quel est le nombre de visiteurs pour les 42 autres sites de la capitale ?

Calcul

Histoire de la monnaie

À l'origine, le bétail, les esclaves, dont la possession procurait utilité et prestige, constituent les formes primitives de la monnaie. Ils furent peu à peu remplacés par les produits issus de l'artisanat, dits paléo-monnaies : fer de hache, couteau, lingot de métal, pièces de tissus, parures... Ces objets sont nombreux et varient d'une région à l'autre, voire d'une époque à l'autre.

Monnaies-haches.
La forme et le métal utilisé prouvent que ces haches n'étaient pas destinées à servir d'outils mais de moyen d'échange.

1 Les cauris

Les cauris, en usage jusqu'au XIXe siècle, sont des coquillages nacrés utilisés des archipels du Pacifique aux côtes atlantiques de l'Afrique. Groupés en tas et souvent percés, ils facilitent le comptage dans les transactions commerciales.

Cauris, monnaies-coquillages d'Afrique.

2 Les premières monnaies en Occident

La monnaie, sous forme d'unités métalliques, n'existait que dans quelques sociétés : en Asie Mineure, en Inde et en Chine. On estime que les premières pièces sont apparues, vers 650 av. J.-C., en Lydie (actuelle Turquie), dont le roi, Crésus, est considéré comme le père du monnayage d'or. C'est de ces trois foyers que s'est répandue la monnaie pour devenir le système universel que nous connaissons aujourd'hui.

Créséide de Lydie (Asie Mineure), VIe siècle avant J.-C.

Face : combat entre un lion et un taureau.

Revers : carrés en creux.

De petits lingots de métal précieux de poids constant sont fabriqués par la cité dont ils portent le symbole. Ainsi naissent les premières monnaies au sens où nous l'entendons aujourd'hui : elles ont même poids, même forme, et portent une marque identique.

Le choix de l'or et de l'argent s'explique par le fait que ces matières sont rares.

Ces premières monnaies présentent une grande valeur pour un poids et un volume réduit. De l'Asie Mineure, l'usage de la monnaie se répandra dans tout le bassin méditerranéen.

3 Le franc

Au IXe siècle, Charlemagne met en circulation le denier d'argent, mais il disparaît avec la mort de ce dernier.

Franc à cheval

Face : représentation du roi à cheval, ce qui a donné son nom à la monnaie. Il est revêtu d'une armure et coiffé d'un heaume couronné.
Revers : croix fleuronnée dans un quadrilobe.
Inscription : Johannes Dei Gratia Francorum Rex (Jean roi des Francs par la grâce de Dieu).

En 1360, Jean Le Bon donne naissance au premier franc de l'histoire monétaire : c'est le franc à cheval, pièce d'or représentant un cheval orné de fleurs de lys. Il n'est alors qu'une monnaie parmi d'autres, tels l'écu, le denier, le sol ou le louis.
Le terme « franc », employé dans le contexte de l'époque, signifie « libre ».
La frappe du franc à cheval se poursuit jusqu'en 1385. À partir du règne de Charles V, a lieu l'émission d'un franc à pied (le roi est représenté debout) de même valeur.
En 1575, Henri III crée le franc d'argent, lourde monnaie (14 g) valant une livre tournois, ancienne monnaie frappée dans la région de Tours. Mais une déclaration royale de 1586 en interdit la frappe, car ces pièces sont fréquemment rognées. En revanche, l'émission des demi et quart de franc est maintenue jusqu'en 1642.
Puis le terme franc, synonyme de livre, tombe en désuétude.
En 1795, c'est pendant la Révolution Française que le franc devient la seule monnaie officielle en France, conformément à la loi du 15 août 1795. Le franc est divisé en 10 décimes, le décime étant lui-même divisé en 10 centimes.
En 1803, La pièce de 1 franc d'argent, appelée franc germinal, est émise à la suite des lois de Germinal an XI. À cette date, on frappe dans le même métal des demi et quart de franc, ainsi que des pièces de 2 et 5 francs. Les multiples de 20 francs et de 40 francs sont monnayés en or.
Le système monétaire mis en place au cours de cette période subsistera jusqu'en 1914.
En 1928, Le franc Poincaré remplace le franc germinal, à la suite d'une importante dévaluation. De 1936 à 1940, le franc Auriol, le franc Bonnet, enfin le franc Reynaud consacrent la dépréciation continuelle du franc.
En 1958, la réforme monétaire initiée par le général De Gaulle donne naissance au nouveau franc, dont une unité correspond à 100 anciens francs.

Franc germinal

Face : Bonaparte Premier Consul.
Revers : République française,
1 FRANC dans une couronne de laurier.

4 L'euro

Le 1er janvier 2002 apparaissent des pièces et des billets en Euro dans 12 pays.

Face commune de la pièce de 1 euro.

1 La calculatrice

CHERCHONS ENSEMBLE

Toutes les calculatrices possèdent les touches chiffres, les quatre opérations :
[+], [−], [×], [÷] et le signe [=]. Quelles autres touches ont-elles ?

Pour calculer (345 + 129) − (167 + 56), on utilise les **touches mémoire** :
[M+] permet de **conserver** et d'**ajouter** un résultat en mémoire ;
[M−] permet de **soustraire** un nombre à celui conservé en mémoire ;
[MRC] (ou [MR]) **calcule la différence** entre [M+] et [M−].

Je frappe	3	4	5	+	1	2	9	M+	1	6	7	+	5	6	M−	MRC

Attention ! Ne pas oublier de vider le contenu de la mémoire après chaque exercice en tapant deux fois sur [MRC], puis sur [ON/C].

Avec une calculatrice, on peut également effectuer :
– des **additions et des soustractions réitérées** en utilisant les touches [+], [−], [=] ;
– des **produits et des divisions successives par un même nombre** en utilisant les touches [×], [÷], [=].

1 **Effectue les opérations suivantes en utilisant les touches [M+], [M−], [MRC].**
Écris sur ton cahier les tableaux des calculs.

a) (45 × 34) + (67 × 5)
b) (45 × 22) + (54 × 29) − (78 × 32)
c) (127 − 98) − (456 − 435) + (32 × 4)
d) (1 208 × 56) − (127 × 17) + (97 × 13)

2 **Retrouve et réécris les opérations suivantes à partir des tableaux, puis fais les calculs.**

Je frappe	1	4	×	6	M+	3	9	×	1	4	M+	9	8	M−	MRC

Je frappe	2	3	4	−	1	9	8	M+	1	5	×	6	M+	MRC

Je frappe	2	5	8	0	÷	3	0	M+	1	4	M+	2	5	×	4	M−	MRC

3 **En utilisant les touches mémoire de ta calculatrice, trouve le montant total de cette facture.** Écris d'abord ton calcul en une ligne avec des parenthèses.

Article	Référence	Quantité	Prix unitaire
Ballon	123 456 H	12	25,90
Sifflet	34 890 I	5	7,95
Chronomètre	142 768 P	4	12,50
		Remise de 19 € sur le total	
		TOTAL	

4 **Reproduis et complète ce tableau en t'aidant de ta calculatrice.**

Je frappe	2	8	+	5	=	=	=	=	=	=
Je lis	2	28	28	5	33					

a) Que constates-tu ?

b) À ton tour de compter de 9 en 9 à partir de 24 jusqu'au premier nombre de trois chiffres. Écris la suite des nombres dans ton cahier.

c) Refais le même travail pour compter :
– de 96 en 96 en partant de 459 jusqu'au premier nombre de quatre chiffres ;
– de 250 en 250 en partant de 7 468 jusqu'au premier nombre de cinq chiffres.

5 **Reproduis et complète ce tableau en t'aidant de ta calculatrice.**

Je frappe	2	×	5	=	=	=	=	=	=	=
Je lis	2	2	5	10						

Que constates-tu ?

6 **Reproduis et complète ce tableau en t'aidant de ta calculatrice.**

Je frappe	3	×	8	=	6	=	9	=	20	=	100	=
Je lis	3	3	8	24								

a) Que constates-tu ?

b) Reproduis et complète les tableaux suivants en t'aidant de ta calculatrice.

5	9	12	10	25	100	45	16

× 8

2	3,5	6	7,2	10	4,9	1,25	5

× 1,5

JE TRAVAILLE SEUL(E)

a) Effectue ces opérations en utilisant les touches mémoire.

1) (450 × 14) – (237 × 9)

2) 23 456 – (472 × 32) – 8 123

3) 56 782 + (12 673 – 9 863) – (891 × 56)

b) Résous le problème en présentant les calculs en une ligne avec les parenthèses avant d'utiliser ta calculatrice.

Pour un atelier d'éveil musical, un professeur de musique achète six flûtes à bec au prix de 9,45 € l'une, neuf tambourins au prix de 12,95 € l'un et deux *steel drums* au prix de 98 € l'un. Quelle somme va-t-il devoir régler ?

À TOI DE JOUER...

Écris les nombres suivants sur ta calculatrice, puis retourne-la.
Que lis-tu ?

Trouve d'autres exemples.

2 L'addition des nombres entiers

CHERCHONS ENSEMBLE

Reproduis et complète le tableau suivant représentant le nombre d'entrées du cinéma *Les 3 Palmes* pendant une semaine.

	Salle 1	Salle 2	Salle 3
Lundi	250	230	242
Mardi	133	120	110
Mercredi	403	503	500
Jeudi	277	638	379
Vendredi	432	880	1 124
Samedi	501	950	1 250
Dimanche	450	920	1 250
TOTAL			

Pour **calculer une somme** :

– on peut **changer l'ordre** des nombres, on trouvera toujours le même résultat.

Exemple :

250 + 320 + 242 = 320 + 250 + 242 = 812

– on peut également **regrouper** des nombres pour privilégier certains calculs plus simples à effectuer.

Exemple :

503 + 873 + 500 = 503 + 500 + 873 = 1 003 + 873 = 1 876

Quand on pose une addition, il faut **bien aligner** les nombres en partant des unités.

Calculer toujours **l'ordre de grandeur** du résultat avant de poser l'addition.

Exemple :

862 + 3 950 + 11 258

Ordre de grandeur :

1 000 + 4 000 + 10 000 = 15 000

		m	c	d	u
			[1]8	[1]6	2
+		[2]3	9	5	0
+	1	1	2	5	8
	1	6	0	7	0

1 **Pose et effectue ces additions.**

a) 2 322 + 532 + 1 942
b) 6 255 + 23 + 60 019 + 5
c) 1 503 + 7 200 + 850 + 55
d) 3 479 + 1 620 + 723 + 27
e) 530 + 3 + 8 907

2 **Recopie et complète ces additions.**

		6	2	3
+	1	2	•	5
+	•	0	7	1
	8	•	4	•

	6	•	6	2
+		7	5	•
+			•	1
	•	1	2	9

		5	•	5
+	2	•	3	3
+	2	3	7	•
	•	0	4	6

3 **Effectue les additions suivantes.**

Observe l'exemple :

6 238 + 3 147 = 6 000 + 200 + 30 + 8 + 3 000 + 100 + 40 + 7
= 6 000 + 3 000 + 200 + 100 + 30 + 40 + 8 + 7
= 9 000 + 300 + 70 + 15
= 9 385

a) 2 187 + 3 246
b) 7 428 + 541
c) 3 739 + 3 805
d) 612 + 608
e) 4 935 + 4 717
f) 9 992 + 53

4 **Sans effectuer l'addition, trouve le résultat de l'opération.**
Vérifie à l'aide de ta calculatrice.

a) 3 266 + 2 503 + 6 937 → **13 370 – 17 503 – 12 706 – 127 062**
b) 15 621 + 87 927 + 99 297 → **202 845 – 188 845 – 199 745 – 153 875**
c) 6 619 + 2 543 + 5 296 → **13 758 – 12 842 – 14 458 – 153 898**

5 **Une école maternelle veut s'équiper en matériel vidéo. La directrice fait faire deux devis.**

1er devis :

Téléviseur :	799 €
Lecteur DVD :	99 €
Camescope :	399 €
Appareil photo numérique :	359 €
Meuble de rangement :	295 €

2e devis :

Camescope :	499 €
Appareil photo numérique :	299 €
Meuble de rangement :	225 €
Téléviseur :	849 €
Lecteur DVD :	149 €

Quel est le devis le plus intéressant ?

6 **Voici le tableau des ventes de voitures en France en 2004 et 2005.**

Marque	2004	2005
Renault	549 127	524 231
Peugeot	363 099	362 150
Opel	110 327	106 135
Audi	36 037	44 055
Citroën	257 125	271 028

a) Calcule, pour chaque marque, le nombre de voitures vendues pour les deux années.
b) Calcule, de deux façons différentes, le nombre total de voitures vendues.

JE TRAVAILLE SEUL(E)

a) **Pose et effectue ces opérations.**
Calcule d'abord l'ordre de grandeur.
1) 627 238 527 + 49 800
2) 5 337 + 799 677
3) 77 446 229 + 33 446 800
4) 626 239 423 + 77 600

b) **Résous le problème.**
Voici le tableau du cheptel caprin en France, en 2005.

Taille de l'élevage (tête)	Nombre d'exploitations	Effectif (tête)
1 à 49	6 948	68 188
50 à 69	621	35 750
70 à 99	858	71 210
100 à 149	1 103	133 451
150 à 199	696	119 228
200 et plus	1 342	393 505

1) Calcule le nombre d'exploitations.
2) Calcule le nombre total de chèvres en France.

À TOI DE JOUER...

Chiffres croisés

Recopie et complète la grille.
1 → 25 147 + 12 359
2 → 2 752 + 1 111
3 → 79 723 + 72 143
4 → 158 966 + 403 315
5 → 300 + 312
6 → 3 256 + 3 668
7 → 210 + 412
8 → 752 + 174
9 → 14 200 + 14 402
10 → 59 + 3 568

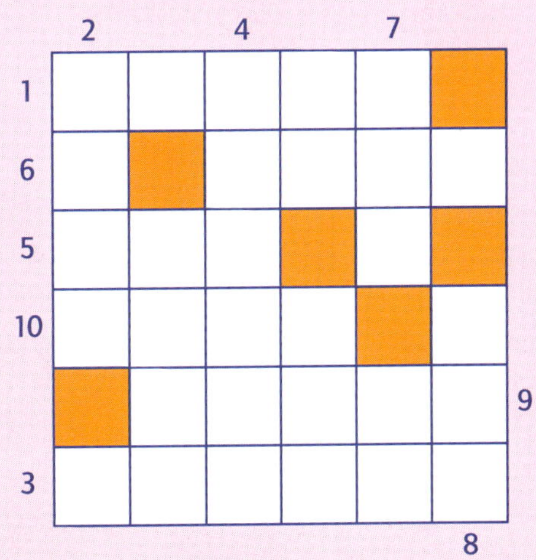

3 L'addition des nombres décimaux

CHERCHONS ENSEMBLE

Voici le récapitulatif des ventes de disques en France pour l'année 2005 exprimé en millions.

Calcule le nombre total de disques vendus pour l'année 2005.

Pour **additionner deux nombres décimaux** :

– on pose l'opération en alignant les virgules et en disposant les nombres en colonnes (unités sous unités, dizaines sous dizaines...) ;

– on complète avec des zéros si c'est nécessaire ;

– on commence à calculer à partir de la droite sans tenir compte de la virgule ;

– on place la virgule au résultat.

On calcule d'abord **l'ordre de grandeur** du résultat.

Exemple : 357,9 + 68,76

Ordre de grandeur :
360 + 70 = 430.

	[1]3	[1]5	[1]7,	9	0
+		6	8,	7	6
	4	2	6,	6	6

1 **Pose et effectue ces additions.**

a) 109,26 + 101,73

b) 68,72 + 1,976

c) 2 037,39 + 157 352,7

d) 825 008,81 + 700,44

2 **Recopie et complète les additions suivantes.**

5,6 + … = 7	7,13 + … = 8
100,6 + … = 101	39,2 + … = 40
3 797,5 + … = 3 798	21,72 + … = 22
473,39 + … = 475	638,41 + … = 639
152 852,2 + … = 152 853	203,1 + … = 205

3 **Voici des nombres décimaux. Additionne-les par deux pour obtenir un nombre entier.**
Tu ne dois pas poser les opérations.

12,80	53,20	3,48
25,35	89,55	44,27
7,73	273,65	191,45
39,90	66,52	0,10

4 **Recopie et complète ces additions.**

```
    4 8, 5 6          2 3 7, • 6
+   • •, • •      + • 3 • 9, 9 4
    5 9, 9 9        1 • 9 •, 4 •
```

```
      1 • 1, • 8
+   9 • 4 4, 0 •
  1 0 • 9 •, 5 8
```

```
    1 5 3 9 6 5, 6 3
+   • • • • • •, • 8
    8 7 5 5 9 7, 8 •
```

5 **Effectue les additions suivantes.**

Observe l'exemple :

385,25 + 113,32 = 385 + 0,25 + 113 + 0,32
= 385 + 113 + 0,25 + 0,32
= 498 + 0,57
= 498,57

a) 36,17 + 432,56

b) 231,09 + 1 300,5

c) 27 035,15 + 31 851,51

d) 32,50 + 130,375

6 **Pour chaque opération, trouve la valeur approchée avant de calculer le résultat exact avec ta calculatrice.**

Observe l'exemple :

25,90 + 39,23
est proche de 26 + 39 = 65
25,90 + 39,23 = 65,13

a) 126,33 + 54,9

b) 9 285,19 + 2 486,15

c) 199,99 + 40,127

d) 5,199 + 0,1

e) 839,75 + 732,27

7 **Parmi les résultats proposés, trouve la réponse exacte.**

53,8 + 30,8 ➜ **803,6 – 84,6 – 103**

10,8 + 0,96 ➜ **11,76 – 100,76 – 1,076**

967,7 + 12,6 ➜ **970,3 – 98,03 – 980,3**

256,9 + 250,15 ➜ **507,05 – 510,15 – 50,705**

37,56 + 49,743 ➜ **80,303 – 87,303 – 97,303**

8 Pour ses trois semaines de vacances, Jeanne décide de visiter l'Espagne. Le compteur de sa voiture indique alors 39 750 km. La première semaine, elle parcourt 1 453,762 km, la deuxième semaine 534,859 km et la troisième semaine, qu'elle consacre à la visite de Barcelone, 25,030 km.

a) Quelle distance a-t-elle parcourue pendant ses vacances ?

b) Quel kilométrage indique sa voiture à la fin des vacances ?

JE TRAVAILLE SEUL(E)

Calcule le total de ces tickets de caisse.

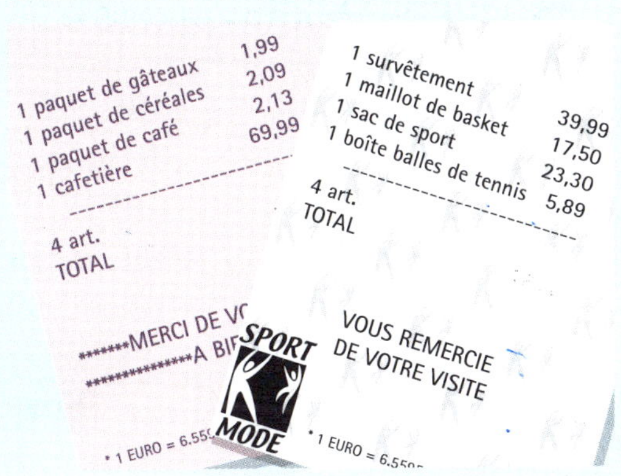
1 paquet de gâteaux 1,99
1 paquet de céréales 2,09
1 paquet de café 2,13
1 cafetière 69,99
4 art.
TOTAL
*******MERCI DE VO
***************A BIE
* 1 EURO = 6,55

1 survêtement 39,99
1 maillot de basket 17,50
1 sac de sport 23,30
1 boîte balles de tennis 5,89
4 art.
TOTAL
SPORT MODE
VOUS REMERCIE DE VOTRE VISITE
* 1 EURO = 6,55

9 **Lis ce tableau représentant les ventes mondiales de téléphones mobiles, exprimées en millions, pour l'année 2004.**

Nokia	207,231	LG	42,276
Motorola	104,124	Sony Ericson	42,031
Samsung	85,238	Autres	144,643
Siemens	48,455		

Calcule combien de téléphones mobiles ont été vendus dans le monde en 2004. Indique d'abord l'ordre de grandeur par un multiple de 100.

10 Lucas veut un cochon d'Inde, mais il a besoin d'organiser sa venue. Pour cela, sa mère le charge d'aller relever les prix dans une animalerie.

La mère de Lucas ne veut pas dépenser plus de 100 €. Sachant que le cochon d'Inde coûte 16,50 €, que peut acheter Lucas ?

À TOI DE JOUER...

Pose et effectue cette opération : tu trouveras la distance en kilomètres entre Paris et New York.

2 159,23 + 3 678,222

4 La soustraction des nombres entiers

CHERCHONS ENSEMBLE

Ce mois-ci, pour ses adhérents, un site Internet propose des promotions sur plusieurs articles.
Quel est le montant de la réduction pour chaque article ?

Effectuer une **soustraction**, c'est calculer une **différence**.

On commence par calculer **l'ordre de grandeur** du résultat.

Exemple : 7 000 – 5 866

Ordre de grandeur : 7 000 – 6 000 = 1 000

$$\begin{array}{rrrrr} & 7 & {}_{1}0 & {}_{1}0 & {}_{1}0 \\ - & {}_{+1}5 & {}_{+1}8 & {}_{+1}6 & 6 \\ \hline & 1 & 1 & 3 & 4 \end{array}$$

Attention ! Bien poser les unités sous les unités, les dizaines sous les dizaines, les milliers sous les milliers...

1 **Pose et effectue ces soustractions.**

a) 3 506 – 1 999
b) 13 506 – 499
c) 6 064 – 2 293
d) 516 001 – 12 012
e) 58 408 – 2 489
f) 724 372 – 202 583

2 **Complète le tableau en effectuant les soustractions lorsque c'est possible.**

A	B	A – B	B – A
1 050	502		
293	658		
4 988	14 556		
18 300	14 999		
86 331	27 709		
122 444	356 777		

3 **Calcule l'ordre de grandeur de chaque différence, puis donne le résultat exact en utilisant ta calculatrice.**

a) 15 976 – 6 096
b) 385 513 – 9 886
c) 75 126 – 10 985
d) 414 790 – 18 947

4 **Recopie et complète les soustractions.**

$$\begin{array}{rrrrr} & 8 & 4 & 5 & \bullet \\ - & \bullet & 7 & \bullet & 8 \\ \hline & 4 & \bullet & 2 & 7 \end{array} \qquad \begin{array}{rrrrr} & 4 & \bullet & 7 & 9 \\ - & 1 & 4 & \bullet & 4 \\ \hline & \bullet & 9 & 3 & \bullet \end{array}$$

$$\begin{array}{rrrrr} & 9 & 4 & 5 & 8 \\ - & \bullet & \bullet & \bullet & \bullet \\ \hline & 1 & 6 & 9 & 4 \end{array} \qquad \begin{array}{rrrrrr} & 8 & 2 & 3 & 2 & 7 \\ - & \bullet & 1 & \bullet & \bullet & 9 \\ \hline & 2 & \bullet & 8 & 0 & \bullet \end{array}$$

Vérifie tes calculs à l'aide d'une addition.

5 **Effectue les opérations et vérifie à l'aide de ta calculatrice.**

a) 6 748 – (552 + 449)
b) 3 094 – (567 + 304)
c) 17 545 – (6 600 + 1 330)
d) 148 907 – (90 000 + 45 660)

6 **Parmi ces nombres, trouve les deux nombres dont la différence est égale à 8 922.**

37 802 | 45 324 | 56 402 | 65 324 | 77 402

7 Philippe le bûcheron a un problème. Il doit livrer 1 348 tonnes de bois à la menuiserie. Dans son camion, il n'a le droit d'en transporter que 132 tonnes.

a) Après son premier voyage, combien lui restera-t-il de bois à transporter ?

b) Combien doit-il faire de voyages ? N'utilise que la soustraction et ta calculatrice pour trouver le résultat.

8 Voici la valeur énergétique en kilojoules, pour 100 g, de quelques aliments.

a) Calcule la différence de valeur énergétique entre la barre chocolatée et le chocolat noir.

b) Calcule la différence de valeur énergétique entre 300 g de jambon et 100 g de biscuits aux figues.

JE TRAVAILLE SEUL(E)

Au nombre 31 053 :
- enlève 8 dizaines,
- puis quatre unités de mille,
- puis 12 unités.

Quel nombre obtiens-tu ?

Quel nombre as-tu retranché à 31 053 pour obtenir ce résultat ?

9 Robert Schumann, pianiste et compositeur allemand, est né en 1810 et mort en 1856. Franz Schubert, compositeur autrichien, est né à Vienne en 1797 et décédé en 1828.

a) À quel âge chacun est-il mort ?

b) Calcule les âges de Schumann et Schubert en 1820.

c) Trouve les deux manières de calculer la différence d'âge entre les deux musiciens.

Robert Schumann   Franz Schubert

10 Voici le relevé du compteur électrique de la famille Héliode à différents moments de l'année. La consommation s'exprime en kilowattheures (kWh).

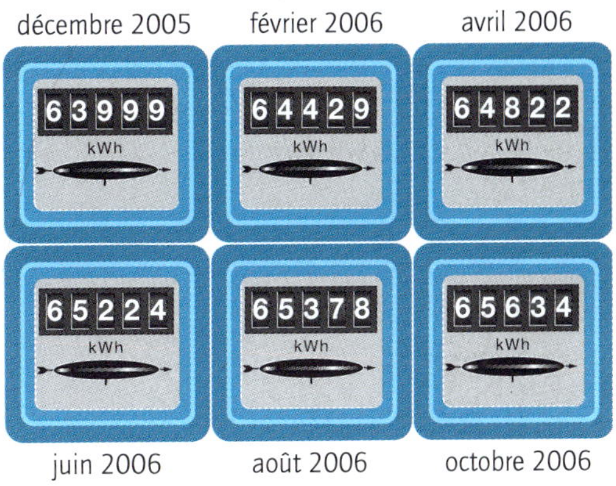

a) Calcule la consommation entre décembre 2005 et février 2006.

b) Durant quelle période la famille Héliode a-t-elle consommé le plus d'électricité ?
Durant quelle période la famille Héliode a-t-elle le moins consommé ?
À ton avis, pourquoi ?

À TOI DE JOUER...

Effectue les soustractions suivantes. Utilise ta calculatrice.

a) 168 – 45 b) 708 451 – 101 670 c) 5 753 – 1 230 d) 1 555 – 582

Chaque résultat permet de trouver un mot invariable si tu utilises le code ci-dessous.

e	s	u	r	p	o	d	a	n	c
0	1	2	3	4	5	6	7	8	9

5 La soustraction des nombres décimaux

CHERCHONS ENSEMBLE

Dimitri a 80,75 € dans sa tirelire. Il veut acheter ces deux jeux pour sa console :

a) Pourra-t-il effectuer ses achats ?

b) Si oui, combien lui restera-t-il d'argent ?

Pour **soustraire deux nombres décimaux** :

– on pose l'opération en alignant les virgules et en disposant les nombres en colonnes (unités sous unités, dizaines sous dizaines...) ;

– on complète avec des zéros si c'est nécessaire ;

– on commence à calculer à partir de la droite sans tenir compte de la virgule ;

– on place la virgule au résultat.

On calcule d'abord **l'ordre de grandeur** du résultat.

Exemple : 63 – 25,15

Ordre de grandeur : 60 – 20 = 40.

	6	$_1$3,	$_1$0	$_1$0
–	$_{+1}$2	$_{+1}$5,	$_{+1}$1	5
	3	7,	8	5

1 **Pose et effectue les soustractions suivantes.**

a) 753,42 – 43,32

b) 7,2 – 3,532

c) 3 607,34 – 1 051

d) 22,33 – 17,004

e) 21 708,04 – 4 202,324

f) 91 376 – 83,3

2 **Reproduis le tableau, puis complète-le.**

	Ordre de grandeur du résultat	Résultat exact
245,96 – 17,5		
532,40 – 132,80		
320,85 – 56,10		
999,99 – 455,05		
1 344,20 – 450,75		

3 **Pose et effectue les opérations suivantes.**

a) (262,7 + 62 + 1,36) – 222,26

b) (50,74 + 34 + 203,4) – 133, 59

c) (1 002,45 + 6,304 + 85,65) – 99,95

d) (17 003 + 9,13 + 10 004,57) – 16 700,60

4 **Effectue les calculs sans poser les soustractions.**

a) 15,9 – 7,4 = ...

b) 38,21 – 14,01 = ...

c) 60,2 – 38 = ...

d) 54,25 – 9 = ...

e) 204,04 – 104,03 = ...

f) 98,99 – 78,95 = ...

g) 1 236,46 – 234 = ...

5 **Recopie et complète sans poser l'opération.**

a) 243,7 – ... = 242

b) 6 306,3 – ... = 6 305

c) 428,2 – ... = 427

d) 5 238,4 – ... = 5 237

e) 98,99 – ... = 98

6 **Recopie et complète sans poser l'opération.**

6,55 + ... = 10
43,05 + ... = 50
73,25 + ... = 75
98,89 + ... = 100

248,01 + ... = 250
495,50 + ... = 500
674,19 + ... = 675
725,75 + ... = 750

7 **Voici la moyenne des températures de quelques grandes villes françaises pour les mois de janvier et juillet.**

	Marseille	Nice	Brest	Paris	Bordeaux	Strasbourg	Lyon	Lille
Janvier	5,7 °C	8,3 °C	6,1 °C	3,2 °C	5,4 °C	0,6 °C	2,2 °C	2,5 °C
Juillet	23,1 °C	22,4 °C	15,7 °C	19,1 °C	19,5 °C	19,1 °C	20,7 °C	19,1 °C

Calcule la différence de températures pour les mois de janvier et juillet entre :

a) Marseille et Bordeaux b) Nice et Strasbourg

c) Brest et Lyon d) Paris et Lille

8 L'homme le plus grand du monde est ukrainien et mesure 2,53 m. Il a 2,02 m de plus que le plus petit homme. Combien mesure le plus petit homme ?

9 Monsieur Billy désire équiper un mur de son salon d'une bibliothèque.
Un catalogue lui propose les éléments ci-dessous.
Les dimensions (largeur × profondeur × hauteur) sont exprimées en cm.

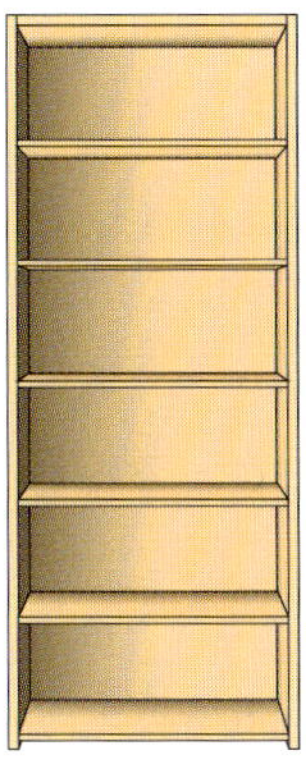

Bibliothèque 120 x 28 x 237 **169 €** **1**

Bibliothèque 240 x 28 x 202 **189 €** **2**

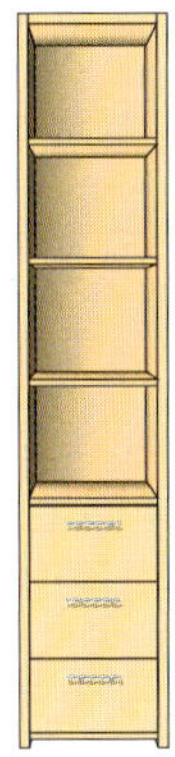

Bibliothèque 3 tiroirs 45 x 28 x 237 **129 €** **3**

Vitrine 2 portes 2 tiroirs 105 x 28 x 130 **159 €** **4**

Le mur que monsieur Billy désire équiper mesure 5,45 m.

a) Peut-il placer chaque élément du catalogue, les uns contre les autres le long du mur ? Si oui, de quelle largeur dispose-t-il encore ?

b) Son mur a une hauteur de 2,48 m. Pourra-t-il placer un tableau de 75 cm de haut au-dessus de la vitrine. Justifie ta réponse.

À TOI DE JOUER...

a) Si tu élimines les paires de nombres dont la différence est égale à **3,1**, quel nombre reste-t-il ?

b) Trouve le nombre à lui soustraire pour obtenir 3,1.

JE TRAVAILLE SEUL(E)

Recopie chaque liste, puis cherche les deux nombres qui, soustraits, donnent pour résultat un nombre entier. Entoure-les, puis pose et effectue la soustraction.

1) 4,87 ; 5,88 ; 2,87 ; 6,84

2) 156,08 ; 193,88 ; 133,08 ; 126,07

3) 13 444,1 ; 17 555,01 ; 23 666,1 ; 44 444,11

4) 5 232,30 ; 6 464,03 ; 6 232,301 ; 6 532,3

RÉCAPITULONS 1

1 Effectue ces opérations en utilisant les touches mémoire.

a) (46 × 24 × 9) – (3 456 – 1 789)

b) (123 × 52) + (29 × 18) + (97 × 26) + (39 × 18)

c) (5 639 × 94) – (345 × 59) – (1 082 × 252)

d) 147 × (134 – 98) – 74 × (237 – 199)

2 Reproduis et complète ce tableau en t'aidant de ta calculatrice.

Je frappe	9	8	–	1	1	=	=	=	=	=	=	=	=
Je lis	9	98	98	1	11	87							

a) Combien de fois as-tu tapé sur la touche = ? Que représente le nombre figurant dans la dernière case du tableau ?
Écris sous la forme : 98 = (… × …) + …

b) À ton tour de soustraire 15 à partir de 109 jusqu'à obtenir un reste inférieur à 15. Écris la suite des nombres dans ton cahier ainsi que le produit obtenu sous la forme : 109 = (… × …) + …

c) Refais le même travail pour soustraire :
– 29 de 156 jusqu'à obtenir un reste inférieur à 29 ;
– 452 de 2 309 jusqu'à obtenir un reste inférieur à 452.

3 Un alpiniste décide d'escalader plusieurs sommets des Alpes pour s'entraîner avant de partir au Népal (Himalaya) pour gravir le Mera Peak, un sommet de 6 476 m. Il envisage :
– l'aiguille d'Argentière (3 900 m) ;
– l'aiguille du Tour (3 542 m) ;
– Le mont Blanc du Tacul (4 248 m) ;
– l'aiguille Verte (4 122 m).

a) Calcule la dénivelée totale de ses ascensions alpines.

b) À son retour de l'Himalaya, quelle est la dénivelée totale de ses ascensions ?

4 Voici les résultats d'une élection en milliers de voix. Reproduis et complète le tableau.

	Bureau 1	Bureau 2	Bureau 3	
Mme VERDIER	2 789	1 678	2 094	
M. VINCENT	982	1 065	1 145	
M. BENOIT	1 091	1 895	1 993	

Quel est le candidat qui est élu ? Combien de voix d'avance a-t-il sur le deuxième ?

5 Pour leurs vacances, Paul et sa famille décident de faire un grand voyage en France pour visiter quelques grandes villes. Ils partent de Paris vers Lyon, puis Marseille, Nice, Toulouse, Bordeaux et retour à Paris.
Jean, qui habite Marseille, prépare aussi ses vacances : il veut visiter au moins trois villes, mais ne veut pas faire plus de 1 600 km.

Distances en kilomètres entre certaines grandes villes françaises							
Villes	Paris	Marseille	Lyon	Nice	Strasbourg	Toulouse	Bordeaux
Paris	–	775	461	931	490	699	583
Marseille	775	–	314	190	803	407	651
Lyon	461	314	–	473	489	367	528
Nice	931	190	473	–	804	564	810
Strasbourg	490	803	489	804	–	1 022	1 066
Toulouse	699	407	367	564	1 022	–	247
Bordeaux	583	651	528	810	1 066	247	–

a) Calcule la distance parcourue par Paul et sa famille.

b) Quel parcours Jean peut-il faire pour ses vacances ?

c) Jean peut-il faire un circuit de trois villes sans dépasser les 1 000 km ? Si oui, lequel ?

6 Lors d'un tournoi de tennis, les joueurs se dépensent beaucoup, et leur organisme est mis à rude épreuve plusieurs jours de suite. Avant le match, un joueur professionnel pesait 80,120 kg. Après 3 h 45 min de match, il ne pesait plus que 78,696 kg.
Quelle a été sa perte de poids pendant le match ?

7 **Observe ce relevé de compte et calcule le nouveau solde.**

SOLDE PRÉCÉDENT : + 1 024,67 €		
	Débit	Crédit
Chèque N° 679813	78,95	
Carte bleue	150,00	
Virement salaire		1 890,47
Chèque N° 679814	98,99	
Prélèvement EDF	125,05	
NOUVEAU SOLDE AU 31/05/07 : ... €		

8 **Trouve la hauteur de chaque monument.**

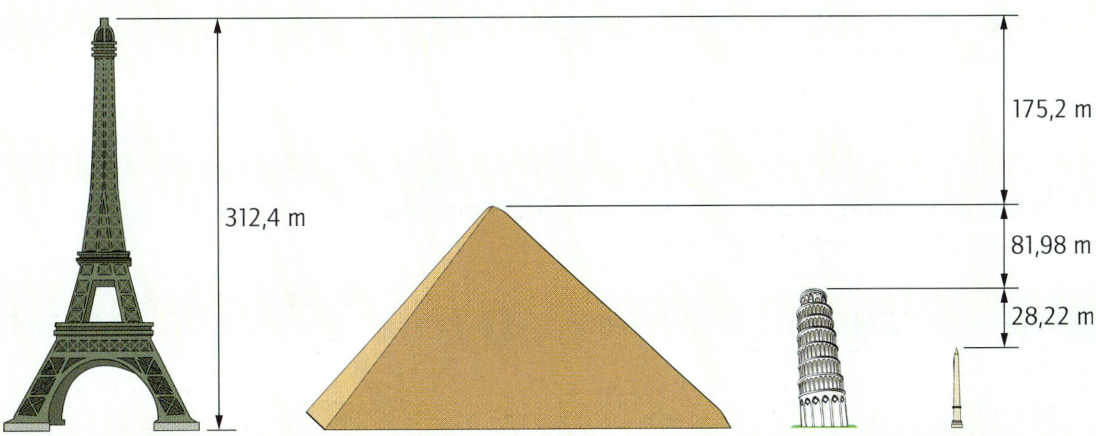

La tour Eiffel — La pyramide de Khéops — La Tour de Pise — Obélisque à Paris

6 La multiplication des nombres entiers

CHERCHONS ENSEMBLE

Une oliveraie compte 248 arbres. Cette année, le propriétaire estime la production de chaque olivier à 39 kg. Quelle masse d'olives l'oliveraie produira-t-elle cette année ?

On calcule **l'ordre de grandeur** :

789 × 263
→ 800 × 250 → 200 000

				7	8	9	
×				2	6	3	
			2	3	6	7	← 3 × 789
		4	7	3	4	0	← 60 × 789
	1	5	7	8	0	0	← 200 × 789
	2	0	7	5	0	7	

789 × 263 = 207 507

639 × 503
→ 600 × 500 → 300 000

639 × 503

				6	3	9	
×				5	0	3	
			1	9	1	7	← 3 × 639
	3	1	9	5	0	0	← 500 × 639
	3	2	1	4	1	7	

639 × 503 = 321 417

5 400 × 79
→ 5 000 × 80 → 400 000

5 400 × 79

		5	4	0	0		
×			7	9			
		4	8	6			← 9 × 54
	3	7	8	0			← 70 × 54
	4	2	6	6	0	0	

5 400 × 79 = 426 600

1 Recopie et calcule sans poser l'opération.

824 × 2
631 × 4
207 × 7
614 × 8
3 206 × 5
703 × 3
365 × 6
623 × 2

2 Recopie et calcule sans poser l'opération.

264 × 10
1 047 × 100
3 540 × 0
7 899 × 1 000
233 542 × 10
17 324 × 100
2 × 1 000
46 × 10

3 **Pose et effectue ces multiplications. Calcule d'abord l'ordre de grandeur.** Vérifie avec ta calculatrice.

5 108 × 42	33 × 8 434
7 622 × 83	1 553 × 155
18 243 × 79	678 × 234
2 004 × 521	5 091 × 632

4 **À chaque fois, utilise le résultat de la première opération pour trouver les autres produits.**

a) **52 × 46 = 2 392**

520 × 460	52 × 46 000
5 200 × 46	4 600 × 520

b) **37 × 28 = 1 036**

370 × 28	280 × 370
37 000 × 280	2 800 × 3 700

5 **Sans effectuer les multiplications, recopie la solution que tu penses être la bonne.** Justifie ton choix.

a) 763 × 31

75 321 — 23 653 — 18 263

b) 62 × 89

6 518 — 3 528 — 5 518

c) 28 × 52

1 456 — 14 560 — 24 320

d) 984 × 48

407 237 — 47 237 — 4 237

6 **Recopie et calcule.**

Observe l'exemple :

680 × 20 = 68 × 2 × 10 × 10
= 136 × 100 = 13 600

720 × 30	3 200 × 400
2 080 × 40	450 × 400
1 600 × 70	510 × 50

JE TRAVAILLE SEUL(E)

Un agriculteur veut planter 27 rangées de 25 plants de choux et 30 rangs de 35 plants de poireaux. Combien doit-il acheter de plants de choux et de poireaux ?

7 Pour l'exposition Cézanne, le musée peut accueillir 3 890 personnes par jour. Sachant que le prix d'une entrée s'élève à 14 €, quelle sera la recette maximale de la journée ?
Le dimanche, les entrées sont à demi-tarif. Quelle est, en €, la recette maximale du dimanche ?

La montagne de la Sainte-Victoire, à l'est d'Aix-en-Provence.

À TOI DE JOUER...

Reproduis et complète ces tableaux pour retrouver les résultats des produits.

1	5	6	→ 30
2	8	3	→ 48
6			→ 180
↓ 12	↓ 120	↓ 180	

2		3	→ 24
8			→ 216
	7	2	→ 70
↓ 80	↓ 84	↓ 54	

7 La multiplication d'un nombre décimal par un entier

CHERCHONS ENSEMBLE

Pour le centenaire du village, le comité des fêtes décide d'organiser une course cycliste. Il prévoit un circuit de 6,550 km à parcourir 16 fois. Quelle sera la longueur totale de cette course ?

Quand **on multiplie un nombre décimal par un nombre entier, on effectue tout d'abord la multiplication sans se préoccuper de la virgule.** Dans le résultat du produit, on compte le même nombre de chiffres en partant de la droite pour placer la virgule.

		5,	3	2	→ 2 chiffres après la virgule
×			3	7	
	3	7	2	4	
1	5	9	6	0	
1	9	6,	8	4	→ 2 chiffres après la virgule

Pour multiplier un nombre décimal par 10, 100 ou 1 000, il suffit de décaler la virgule vers la droite et d'ajouter un ou plusieurs zéros si nécessaire.

Exemples : 43,56 × 10 = 435,6
5,352 × 100 = 535,2
43,5 × 100 = 4 350

Multiplier un entier par 0,5 correspond à diviser cet entier par 2.

Exemple : 26 × 0,5 = 13

1 **Place correctement les virgules et les espaces dans les résultats des multiplications suivantes.**

231,4 × 12 = 27768
23 × 0,34 = 782
65,43 × 32 = 209376
3,452 × 54 = 186408
90,23 × 34 = 306782
35 × 2,524 = 88340

2 **Effectue ces multiplications sans les poser.**

53,9 × 10	7,53 × 10
123,45 × 100	77,451 × 1 000
643,5 × 10	3,750 × 100
2,036 × 1 000	0,432 × 100
3,7 × 100	93,50 × 1 000

3 **Effectue ces multiplications sans les poser.**

82 × 0,5	104 × 0,5
56 × 0,5	1 000 × 0,5
148 × 0,5	500 × 0,5
3 × 0,5	75 × 0,5
37 × 0,5	11 × 0,5
86 × 0,5	3 000 × 0,5
418 × 0,5	688 × 0,5

4 **Pose et effectue ces multiplications.**

283 × 32,3	65,43 × 26
2,40 × 214	7,351 × 9
6,532 × 98	9,098 × 5
86 × 4,3	109 × 8,6
78,46 × 63	78 × 2,34

5 **Effectue les opérations en rouge à l'aide de ta calculatrice, puis donne le résultat des autres opérations sans les poser et sans utiliser ta calculatrice.**

2 346 × 67	**549 × 28**
23,46 × 67	5,49 × 28
2,346 × 67	549 × 2,8
2 346 × 6,7	549 × 0,28
2 346 × 0,67	0,549 × 28
234,6 × 67	54,9 × 28

6 Voici les prix, en juillet 2006, des carburants relevés à une station essence :

a) Que paiera Mme Touron qui veut faire le plein, en SP 98, de son monospace qui a une contenance de 75 L ?

b) Que paiera le livreur de pizzas pour 53 L de diesel ?

7 **Voici les tarifs d'un tirage photo en fonction du nombre demandé.**

Quantités	Prix (en €)
1 à 99	0,13
100 à 199	0,11
200 à 499	0,09
500 à 999	0,07
+ 1 000	0,04

a) Fanny a 58 photos à faire développer. Quel sera le montant de sa facture ?

b) Avec les 678 tirages des clichés de son safari-photo, combien va payer M. Paulo ?

c) Le directeur de l'école maternelle *Li Pichounet* a d'abord fait développer 480 photos, puis 86 photos.
Quelle somme totale va payer cette école maternelle ? Quelle somme aurait économisé le directeur s'il avait donné toutes les photos à développer en même temps ?

JE TRAVAILLE SEUL(E)

Une maîtresse de CM2 complète ses fournitures de classe. Elle commande :
- 18 cahiers à 0,53 € l'un ;
- 1 boîte de 36 gommes à 4,51 € la boîte ;
- 14 stylos bleus à 0,17 € pièce ;
- 15 stylos verts à 0,19 € pièce.

Combien va lui coûter sa commande ?

À TOI DE JOUER...

L'escargot de bourgogne, avec ses 0,045 kg, est capable de tirer 200 fois son poids.
Retrouve la masse qu'il est capable de tirer.
Tu ne dois pas poser l'opération.

CALCUL

GRANDEURS ET MESURE

ESPACE ET GÉOMÉTRIE

RÉCAPITULONS 2

1 **Calcule les produits suivants sans poser l'opération.**

57 × 20	102 × 600
83 × 500	1 062 × 400
985 × 30	908 × 70
602 × 80	900 × 541

2 **Calcule l'ordre de grandeur de chaque produit.**

Observe l'exemple :

582 × 37 → 500 × 40 = 20 000

74 × 52	49 × 182
239 × 89	789 × 39
598 × 78	996 × 72
1 007 × 23	923 × 44

3 **Pose et effectue ces multiplications.**
Calcule d'abord l'ordre de grandeur.

a) 456 × 14 b) 2 098 × 48
c) 356 × 309 d) 1 500 × 347

4 **Recopie les opérations suivantes et place la virgule oubliée dans les résultats.**

7,4 × 23 = 1702
456 × 4,08 = 186048
0,567 × 37 = 20979
12 × 0,52 = 624
2,09 × 401 = 83809
45,25 × 40 = 181000
56 × 7,089 = 396984
6,7 × 342 = 22914

5 **Pose et effectue ces multiplications.**

a) 34 × 5,6 b) 78,09 × 82
c) 8,20 × 92 d) 109,74 × 309

6 Monsieur Bailleur loue à l'année une villa qui lui coûte 1 185 € par mois. Combien lui coûte la location pour l'année ?

7 Un jeu de société comprend :

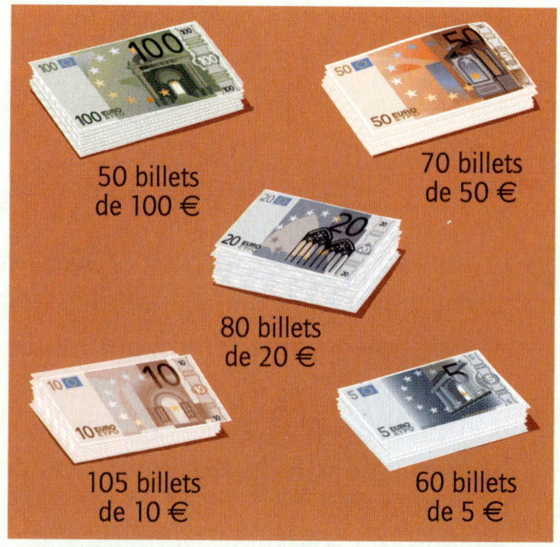

Quelle somme d'argent cela représente-t-il en tout ?

8 Un train de marchandises comprend 36 wagons pesant chacun 6 350 kg. La locomotive pèse 105 tonnes. Combien pèse ce train ?

9 Lors du *Grand Prix de Melbourne*, en Australie, les pilotes des voitures de Formule 1 doivent accomplir 58 tours d'un circuit de 5,303 km. Quelle distance parcourent les voitures qui terminent la course ?

10 La *Route du Rhum* est une course à la voile en solitaire.

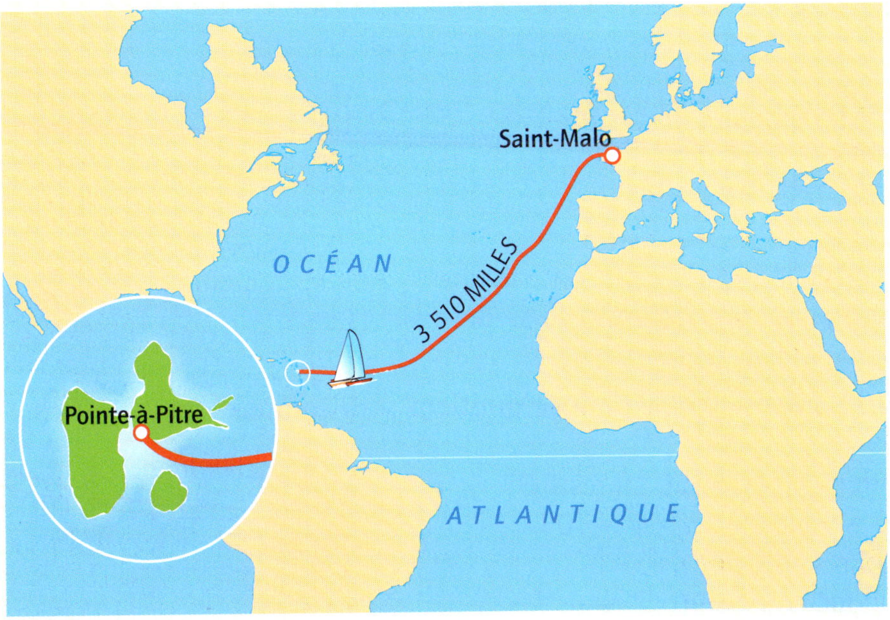

Le mille marin est égal à 1,852 km.
Quelle est, en kilomètres, la longueur de la course ?

11 Sur le marché, le prix au kilogramme des haricots blancs est de 6 €.
Quel prix faut-il payer pour 0,450 kg ? pour 0,825 kg ? pour 1,250 kg ? pour 1,5 kg ?

12 Dans un grand magasin, il s'est vendu au rayon jouets :
- 37 jeux de société à 19,98 € ;
- 11 téléscopes à 69,95 € ;
- 6 pianos électriques à 149,90 € ;
- 3 tables d'éveil à 49,20 € ;
- 78 jeux de console vidéo à 39,99 €.

Quelle est la recette du rayon jouets ?

13 L'unité utilisée pour mesurer la mémoire d'un ordinateur est l'octet (o) ainsi que ses multiples :
- le kilo-octet vaut 1 024 octets ➜ 1 Ko = 1 024 o ;
- le méga-octet vaut 1 024 kilo-octets ➜ 1 Mo = 1 024 Ko ;
- le giga-octet vaut 1 024 méga-octets ➜ 1 Go = 1 024 Mo.

Calcule le nombre d'octets de la mémoire d'un ordinateur de 80 Go.

14 L'image d'un téléviseur est formée de points lumineux de différentes couleurs.
Il y a 1 080 lignes contenant chacune 1 920 points. Quel est le nombre total de points ?

15 Un avion vole à une altitude de 32 895 pieds. Un pied est égal à 0,304 m.
Quelle est, en mètres, l'altitude à laquelle vole cet avion ?

8 La division (1)

CHERCHONS ENSEMBLE

En 1999, Nicolas Vanier a traversé le Canada avec ses chiens de traîneau. Il a parcouru 8 000 km en 99 jours. Quelle distance moyenne a-t-il parcourue chaque jour ?
Fais un calcul approché.

Pour **effectuer une division**, on **encadre le dividende** pour connaître le nombre de chiffres du quotient, puis on **utilise des calculs multiplicatifs** simples.

Exemple : 247 divisé par 15

$15 \times 10 < 247 < 15 \times 100$ → **Le quotient sera composé de 2 chiffres.**

$150 < 247 < 1\,500$

On va donc enlever 150 : il reste 97.

$15 \times 6 = 90$ $15 \times 7 = 105$

$90 < 97 < 105$

On va donc enlever 90 : il reste 7.

dividende	diviseur
2 4 7	15
− 1 5 0	10 fois 15
9 7	
− 9 0	6 fois 15
reste 7	**16** quotient

7 étant plus petit que 15, la division est terminée.

247 divisé par 15 → 16 et il reste 7.

On peut vérifier la division en calculant : $(15 \times 16) + 7$.

1 **Indique le nombre de chiffres du quotient de chacune de ces divisions.**

68 divisé par 3 | 197 divisé par 9 | 8 652 divisé par 24
478 divisé par 2 | 8 903 divisé par 5 | 1 234 divisé par 78

2 **Reproduis et complète le tableau.** Observe l'exemple.

Division de...	Quotient	Reste	Égalité
291 par 27	10	21	291 = (27 × 10) + 21 avec 21 < 27
99 par 6			99 = (… × …) + … avec … < …
909 par 12			
1 087 par 21			
502 par 18			
642 par 26			

3 **Effectue les divisions suivantes.**

Observe l'exemple :

Exemple : 387 divisé par 6 → $6 \times 60 = 360$ → on soustrait 360 : il reste 27.
→ $6 \times 4 = 24$ → on soustrait 24 : il reste 3.
387 divisé par 6 → 64 et il reste 3.

Tu peux utiliser ta calculatrice.

908 divisé par 8 | 3 452 divisé par 16 | 123 divisé par 5
983 divisé par 24 | 6 734 divisé par 37 | 1 964 divisé par 21

4 **Reproduis et complète le tableau.**

Dividende	Diviseur	Quotient	Reste
	23	45	9
567	17		
2 945		95	0
799		42	1
1 097	14	78	

5 **Trouve le quotient et le reste des divisions suivantes.**

78 divisé par 10	235 divisé par 100
435 divisé par 10	2 709 divisé par 100
23 908 divisé par 100	7 890 divisé par 10
467 divisé par 10	10 096 divisé par 100
7 980 divisé par 10	9 001 divisé par 100

6 **Vrai ou faux ?**
Explique pourquoi, puis corrige.

a) 567 divisé par 23
→ 567 = (23 × 24) + 15

b) 809 divisé par 72
→ 809 = (72 × 10) + 89

c) 1 230 divisé par 54
→ 1 230 = (54 × 22) + 42

d) 596 divisé par 17
→ 596 = (17 × 34) + 18

e) 4 080 divisé par 69
→ 4 080 = (69 × 59) + 9

JE TRAVAILLE SEUL(E)

a) **Trouve le quotient et le reste.**

157 divisé par 8	209 divisé par 13
2 097 divisé par 37	4 986 divisé par 45

b) **Résous le problème.**

Une machine doit être révisée toutes les 660 heures de fonctionnement. Au bout de combien de jours le service de maintenance doit-il intervenir si elle fonctionne 12 h par jour ?

7 Un fabricant de sacs à dos conditionne le modèle « Vercors » par carton de 16.

321 sacs sont prêts à être emballés.

Combien de cartons pourra-t-on remplir ? Restera-t-il des sacs ?

8 Catherine est employée dans une confiserie. Elle a 560 bonbons à conditionner par paquets de 78. Combien Catherine peut-elle faire de paquets ? Reste-t-il des bonbons ?

9 Les 11 benjamins de l'équipe de football souhaitent se partager équitablement 200 autocollants pour ensuite les distribuer à leurs fans. Combien en auront-ils chacun ?

10 Une usine automobile fabrique 79 174 véhicules en un mois de 31 jours. Combien de voitures sont fabriquées en une journée ?

À TOI DE JOUER...

a) Quand on me divise par 10, le quotient est 29 et il reste 9.
Qui suis-je ?

b) Quand on me divise par 100, le quotient est 73.
Qui suis-je ?

9 La division (2)

CHERCHONS ENSEMBLE

Cette année, un pépiniériste a planté 456 sapins pour assurer le renouvellement de son stock. Il a pu les rassembler sur 8 rangées. Combien a-t-il planté de sapins par rangée ?

Voici une autre façon de **poser et d'effectuer la division**.

Exemple : 2 997 divisé par 8
Comme le nombre des milliers du dividende est inférieur au diviseur, on prend le nombre de centaines : c'est-à-dire 29.

3 × 8 = 24 ; j'écris 3 au quotient ; 29 − 24 = 5 ;
puis j'abaisse le chiffre des dizaines → 9.

7 × 8 = 56 ; j'écris 7 au quotient ; 59 − 56 = 3 ;
puis j'abaisse le chiffre des unités → 7.

4 × 8 = 32 ; j'écris 4 au quotient ; 37 − 32 = 5.
Le reste est inférieur au diviseur : la division est terminée.

dividende	diviseur
2 9 9 7	8
− 2 4	3 7 4
5 9	
− 5 6	
3 7	
− 3 2	
reste 5	

Pour vérifier, on calcule : (374 × 8) + 5.

1 Pose et effectue ces divisions en écrivant les différentes étapes comme ci-dessus.
Détermine d'abord le nombre de chiffres du quotient.

78 divisé par 4	167 divisé par 3	173 divisé par 2
709 divisé par 5	4 098 divisé par 6	6 421 divisé par 7

2 Thomas a commencé ces divisions. Recopie-les et termine-les sans oublier de faire les vérifications.

4 9 3	3	7 9 4	9	1 5 8 7	7	3 4 5 0	6
− 3	1	− 7 2	8	− 1 4	2	− 3 0	5

3 Recopie et effectue les divisions suivantes.

2 4 5 9	8	9 9 9	4	6 3 0 2	9	3 4 0 9	3

4 Trouve les quotients sans poser l'opération.

360 divisé par 6	4 000 divisé par 8	15 000 divisé par 5
9 990 divisé par 9	560 divisé par 8	243 divisé par 3

5 Calcule le quotient et le reste des divisions suivantes.

704 divisé par 5	2 003 divisé par 3	4 506 divisé par 9
24 098 divisé par 8	9 000 divisé par 6	459 divisé par 2

6 a) Dans la division **2 347 divisé par 7**, combien doit-on ajouter au dividende pour que le reste soit égal à 0 ?

b) Combien doit-on enlever au dividende pour que le reste soit égal à 0 ?

c) Dans les deux cas, indique le quotient.

7

Quel est le prix d'une journée ?

8 Pour l'entretien d'une piscine, il est conseillé de mettre 6 doses de chlore par m^3 d'eau toutes les semaines. Combien Pierre devra-t-il mettre de doses sachant que sa piscine fait 117 m^3 ?

9 Avec 267 € de monnaie, combien Élisa pourra-t-elle avoir de billets de 5 € ?

Dessine les pièces qu'il peut lui rester. Il y a plusieurs possibilités.

10 **Reproduis et complète le bon de commande de ce magasin.**

ÉQUIPMAISON

Article	Quantité	Prix unitaire	Prix total
Lecteur DVD	9		1 161
Réfrigérateur	6		3 594
Cafetière	8		552
Cave à vin	3		3 777
		TOTAL	

11 Un éleveur de lapins peut mettre jusqu'à 6 lapins par clapier. Trouve le nombre de clapiers qu'utilise cet éleveur sachant qu'en ce moment il a 1 158 lapins.

JE TRAVAILLE SEUL(E)

Pose et effectue les divisions suivantes

98 divisé par 4	2 347 divisé par 9
560 divisé par 7	700 divisé par 8
398 divisé par 5	7 834 divisé par 3

À TOI DE JOUER...

Le code secret

À l'aide de ces quatre cartes, trouve le plus grand nombre entier et le plus petit nombre entier que tu puisses former.

6 4 9 8

Divise le plus grand par le plus petit pour trouver le code qui permettra d'ouvrir le coffre.

CALCUL

GRANDEURS ET MESURE

ESPACE ET GÉOMÉTRIE

10 La division (3)

CHERCHONS ENSEMBLE

En 1999, le Suisse Bertrand Piccard et l'Anglais Brian Jones ont réussi le tour du monde en ballon sans escale. Ils ont parcouru 44 000 km en 19 jours.
Quelle distance moyenne ont-ils parcourue par jour ?
Fais un calcul approché.

Pour effectuer **une division à deux chiffres**, on va procéder de la **même façon que pour une division à un chiffre**.

Exemple : 43 604 divisé par 24

Si on prend le 1er chiffre du dividende, ce n'est pas possible.
On prend donc le nombre de milliers : c'est-à-dire 43.

1 × 24 = 24 ; j'écris 1 au quotient ; 43 – 24 = 19 ; puis j'abaisse le chiffre des centaines → 6.

8 × 24 = 192 ; j'écris 8 au quotient ; 196 – 192 = 4 ; puis j'abaisse le chiffre des dizaines → 0.

1 × 24 = 24 ; j'écris 1 au quotient ; 40 – 24 = 16 ; puis j'abaisse le chiffre des unités → 4.

6 × 24 = 144 ; j'écris 6 au quotient ; 164 – 144 = 20.
Le reste est inférieur au diviseur : la division est terminée.

```
dividende    | diviseur
  43604      | 24
– 24         |------
  196        | 1816
– 192        |
    40       |
–   24       |
    164      |
–   144      |
reste 20     |
```

Pour vérifier, on calcule : (1 816 × 24) + 20

1 Trouve le nombre de chiffres du quotient des divisions suivantes.

3 456 divisé par 16	68 900 divisé par 75
2 098 divisé par 35	5 893 divisé par 68
4 800 divisé par 26	31 986 divisé par 30
7 654 divisé par 92	6 897 divisé par 50
34 567 divisé par 19	90 000 divisé par 92

2 Recopie et termine ces divisions.

```
  326 | 14        2127 | 25
– 28  |----      –200  |----
    4 | 2              | 8

 7312 | 36        9007 | 45
–72   |----      –90   |----
      | 2              |
```

3 **Trouve les quotients sans poser les divisions.**

5 400 divisé par 60	630 divisé par 90
64 000 divisé par 80	7 700 divisé par 70
1 500 divisé par 30	800 divisé par 40

4 **Reproduis et complète le tableau suivant.**

Dividende	702	1 098		43 488	34 006
Diviseur	19		84	96	38
Quotient		45	128		
Reste		18	15		

5 **Associe chaque division à son quotient et son reste.**

a) 986 divisé par 11 — A) q = 386 r = 60
b) 32 986 divisé par 86 — B) q = 204 r = 16
c) 27 080 divisé par 70 — C) q = 383 r = 48
d) 12 090 divisé par 67 — D) q = 89 r = 7
e) 4 708 divisé par 23 — E) q = 180 r = 30

6 Une Chinoise de 24 ans a réussi à faire tomber 303 615 dominos en 15 minutes. Combien de dominos sont tombés en une minute ?

7 Un maçon doit transporter 1 460 kg de matériel sur un chantier. Sa camionnette ne peut transporter que 350 kg. Combien devra-t-il faire de voyages ?

8 À l'aéroport, les 367 passagers pour le vol 712 sont acheminés vers leur avion par bus d'une contenance de 57 personnes.

a) S'il n'y a qu'un seul bus, combien doit-il faire d'allers-retours pour que tous les passagers prennent leur avion ?

b) La compagnie peut utiliser trois bus en même temps. Combien faudra-t-il d'allers-retours ?

9 Avec les 65 litres de carburant contenus dans le réservoir de leur voiture, les Dupont peuvent parcourir environ 630 km sur autoroute. Pendant leurs vacances, ils pensent parcourir 4 000 km, essentiellement sur autoroute.
À 1,32 € le litre d'essence sans plomb, quel budget doivent-ils prévoir pour le carburant de leur voiture ?

10 Pour le self de la cantine, le responsable des achats a acheté des tartes. Chacune d'elles est découpée en 12 parts. 657 élèves ont pris une part de tarte au repas de midi. Combien de tartes ont été préparées ?

JE TRAVAILLE SEUL(E)

a) **Effectue ces divisions.**

4 096 divisé par 14	6 093 divisé par 73
7 921 divisé par 23	4 050 divisé par 61

b) **Résous le problème.**

Les citoyens européens élisent, tous les 5 ans, 732 députés, qui représentent les 463 millions d'habitants de l'Union Européenne. Retrouve, à l'aide d'un encadrement, le nombre d'habitants qu'un député européen représente au Parlement.

À TOI DE JOUER...

Pour diviser 45 par 100, Antonin a fait une multiplication.
Laquelle ?

CALCUL

GRANDEURS ET MESURE

ESPACE ET GÉOMÉTRIE

RÉCAPITULONS 3

1 **Calcule.**

250 divisé par 10
23 000 divisé par 1 000
1 470 divisé par 10
4 500 divisé par 100
24 600 divisé par 100
3 980 divisé par 10
201 000 divisé par 1 000
20 900 divisé par 10
7 800 divisé par 100
45 090 divisé par 10

2 **Indique le quotient et le reste de chacune de ces divisions.**

1 853 divisé par 100
34 567 divisé par 1 000
5 690 divisé par 100
9 852 divisé par 10
34 091 divisé par 100
12 008 divisé par 1 000
982 050 divisé par 100
456 divisé par 10
934 divisé par 1 000
34 897 divisé par 100

3 **Indique le nombre de chiffres du quotient de ces divisions, puis effectue-les.**

126 divisé par 7
12 457 divisé par 9
9 800 divisé par 13
16 985 divisé par 43
45 008 divisé par 24
345 821 divisé par 5
7 345 divisé par 57
923 divisé par 15
79 divisé par 45
2 347 divisé par 89

4 **Pose et effectue ces divisions.**

347 divisé par 13
4 098 divisé par 26
87 091 divisé par 9
986 divisé par 7
21 004 divisé par 8
431 984 divisé par 62
20 900 divisé par 31
459 divisé par 53

5 Lors du tournoi de rugby des Causses, il a fallu loger les 288 joueurs participants. Ceux-ci représentaient 12 équipes. Combien de joueurs chaque équipe pouvait-elle inscrire ?

6 Sur un CD enregistrable de 700 MB, combien de titres de chansons de 36 MB peut-on enregistrer ? Quelle place reste-t-il ?

7 C'est la saison des confitures et Mamie Louise en prépare 9,1 kg. Elle remplit 26 pots identiques. Quelle masse de confiture chaque pot contient-il ?

8 Parmi les possibilités suivantes, quelle est celle qui permet d'acheter des DVD au prix le plus bas ? Utilise ta calculatrice.

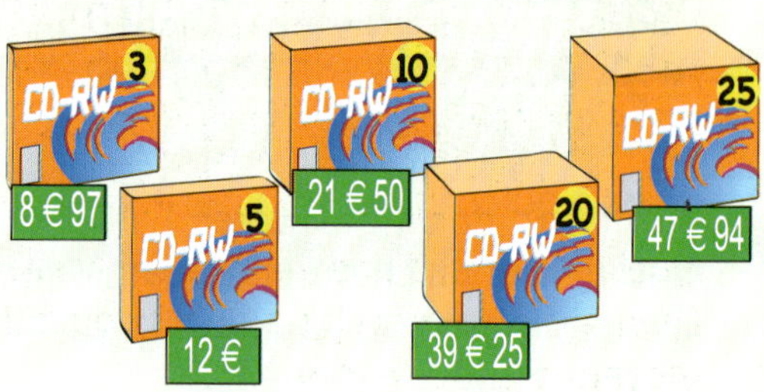

9 Pour entretenir l'eau de sa piscine, Antoine doit dissoudre tous les jours trois palets de chlore de 16 g chacun. Les palets sont vendus par seaux de 2 kg.

a) Quel est le nombre de palets contenus dans un seau ?

b) Pendant combien de temps Antoine pourra-t-il traiter l'eau de sa piscine avec un seau de palets ?

10 **Vrai ou faux ?**

a) Le reste de la division de 658 par 9 est 2.

b) Le quotient de la division de 4 736 par 6 est 789.

c) 3 est le reste de la division de 1 046 par 7.

11 En 2003, en France, on a pêché :
- 2 769 centaines de tonnes de poissons ;
- 193 centaines de tonnes de crustacés ;
- 487 centaines de tonnes de coquillages ;
- 140 centaines de tonnes d'algues.

En moyenne, quelle masse de produits de la mer a été pêchée chaque jour ?

12

Quel est le prix d'une journée de croisière ? Quelle distance le bateau parcourt-il en moyenne chaque jour ?

13 Voici les tarifs d'abonnement à un hebdomadaire pour les 8 – 12 ans.

Pour chaque formule d'abonnement, quel est le prix d'un journal à tarif normal et celui d'un journal à tarif réduit ?

14 Un oiseau migrateur parcourt près de 15 000 km en 4 mois.

a) Quelle distance moyenne parcourt-il par mois ?

b) Quelle distance moyenne parcourt-il par jour ?

15 Une place de cinéma coûte 7 € 50. Un carnet de 15 entrées coûte 88 € 50. Quelle est l'économie réalisée sur le prix d'une place ?

16 Aujourd'hui une usine d'embouteillage d'eau minérale a produit 27 320 bouteilles, emballées par pack de 6.

a) Combien de packs cette usine a-t-elle produits ?

b) Combien de bouteilles n'ont pas été conditionnées aujourd'hui ?

17 M. Renault a payé 370,57 € pour la réparation de son véhicule. La facture indique que les fournitures ont coûté 129,93 € et que la réparation a demandé 4 heures de travail. Quel est le tarif horaire pratiqué par ce garage ?

18 Un groupe de dix-huit personnes dîne au restaurant. L'addition s'élève à 433,44 €. Chacun ayant pris la même formule, quelle est la somme à régler pour chaque convive ?
Le menu vaut 21,50 € auquel s'ajoute le service. Quel est le montant total du service ? Quelle est la part du service pour chacun ?

11 La proportionnalité (1)

CHERCHONS ENSEMBLE

Observe ces deux tableaux :
– le tableau A représente la courbe de poids d'un enfant pendant les 18 premiers mois de sa vie ;
– le tableau B représente le prix des places d'un concert suivant le nombre de personnes.

A	Âge (en mois)	Poids (en kg)
	1	4
	3	5
	6	7
	9	8
	12	9
	15	10
	18	12

B	Nombre de personnes	Prix (en €)
	1	25
	2	50
	3	75
	4	100
	5	125
	10	250

Réponds aux questions.

Tableau A

a) Quel est le poids d'un enfant de 6 mois ?

b) Peux-tu calculer le poids d'un enfant de 16 mois ? Pourquoi ?

Tableau B

a) Quel est le prix de 3 places de concert ? de 5 places ?

b) Peux-tu calculer le prix de 8 places de concert ?

c) Combien peut-on avoir de places en payant 350 € ?

d) Comment fait-on pour passer de la 1re colonne à la 2e colonne ?

Représente ces deux tableaux sous forme de graphiques. Que constates-tu ?

Une **situation de proportionnalité** peut être représentée de deux façons.

1) Par un tableau : on passe d'une colonne à l'autre (ou d'une ligne à l'autre) en multipliant ou en divisant par un même nombre.

m 4 (→)

1	4
3	12
5	20
8	32

d 4 (←)

d 4 ↑ / m 4 ↓	1	3	5	8
	4	12	20	32

2) Par un graphique : tous les points sont alignés sur une droite passant par le point O.

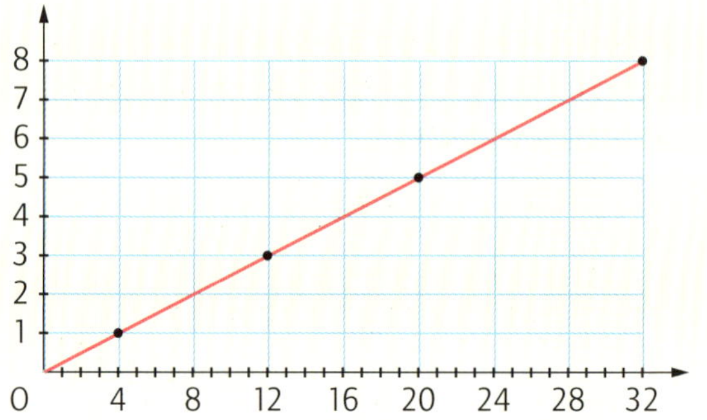

1 **Parmi ces tableaux, quels sont les tableaux de proportionnalité ?**

Justifie ta réponse en indiquant comment on passe de la 1re ligne à la 2e ligne.

A

0	2	4	7	10
8	16	34	56	80

B

20	150	240	500	1 000
2	15	24	50	100

C

7	11	16	20	50
49	77	112	140	350

2 **Reproduis et complète ces tableaux de proportionnalité.**

9	2	7		16	20
54			60		

m ...

56	32		80		160
7		9		16	

d ...

3 **Trace les graphiques correspondant à ces situations. Quelle est la situation de proportionnalité ?**

Justifie ta réponse.

Côté du carré (en cm)	1	2	3	4	5	6
Périmètre (en cm)	4	8	12	16	20	24

Temps de stationnement (en h)	1	2	3	4	5	6
Coût du parking (en €)	2	3	5	6	8	9

JE TRAVAILLE SEUL(E)

Reproduis et complète ces tableaux en utilisant les propriétés des tableaux de proportionnalité.

72	24		400		
9		6		15	12

6	1,5	3	45	15	
					60

d 2

4 Loïc a 10 ans. Il mesure 1,41 m et pèse 38 kg. Peux-tu dire quelle sera sa taille et quel sera son poids quand il aura 20 ans ? 30 ans ? 40 ans ? Justifie ta réponse.

5 L'abonnement à un quotidien coûte 142 € pour 3 mois et 274 € pour 6 mois. Peut-on dire que le prix de l'abonnement est proportionnel à la durée ? Pourquoi ?

6 La vitesse d'un bateau se calcule en nœuds : un nœud équivaut à 1 852 mètres parcourus en une heure.

a) Reproduis et complète le tableau.

Vitesse (en nœuds)	2	10	5	15	27
Vitesse (en km/h)					

b) Établis le graphique correspondant à cette situation.

7 a) Pour obtenir 100 litres de béton, on mélange 20 kg de gravier, 40 kg de sable, 20 kg de ciment et 20 L d'eau. Que faut-il pour réaliser 500 L de béton ?

b) Pour faire une dalle de 2 500 L de béton, un maçon aura-t-il assez de 9 sacs de 50 kg de ciment ? De quelle quantité de sable aura-t-il besoin ?

À TOI DE JOUER...

Recette du milk-shake pour 10 personnes

2 L de lait
5 yaourts
1 kg de fruits
10 cuillerées de sucre en poudre

Quelles quantités d'ingrédients sont nécessaires pour préparer des milk-shakes pour 30 personnes ? pour 12 personnes ?

12 La proportionnalité (2)

CHERCHONS ENSEMBLE

6 L d'huile d'olive coûtent 52 €. Quel est le prix de 9 L d'huile d'olive ?

Pour **résoudre des situations de proportionnalité**, on peut se servir d'un tableau en utilisant **différentes méthodes**.

Exemple : 12 cahiers coûtent 30 €. Quel est le prix de 18 cahiers ?

1re méthode :
on cherche comment on peut passer de 12 à 18 ; il faut multiplier 12 par 1,5.

m 1,5

Nombre de cahiers	12	18
Prix (en €)	30	45

d 1,5

2e méthode :
12 cahiers + 6 cahiers = 18 cahiers, on cherche le prix de 6 cahiers en divisant le prix de 12 cahiers par 2.
30 € + 15 € = 45 €.
18, c'est également 6 × 3,
donc 15 × 3 = 45.

d 2 m 3 +

Nombre de cahiers	12	6	18
Prix (en €)	30	15	45

+ d 3

3e méthode :
on cherche le prix de l'unité pour le multiplier ensuite par la quantité désirée.

d 12 m 18

Nombre de cahiers	12	1	18
Prix (en €)	30	2,5	45

m 12 d 18

Il faut utiliser la **méthode la mieux adaptée** ou avec laquelle tu te sens plus à l'aise.

1 **Observe ces deux affiches.**

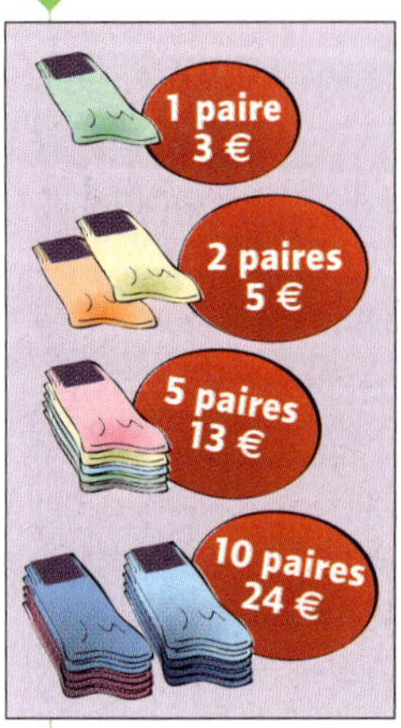

Les prix sont-ils proportionnels aux achats ? Pourquoi ?

2 **Résous ce problème en utilisant les trois méthodes proposées dans l'encadré.**
4 kg de pommes coûtent 7,60 €. Quel est le prix de 6 kg de pommes ?

Pour résoudre chaque problème, tu peux utiliser un tableau de proportionnalité.

3 Mme Leblanc achète un filet de 3 kg d'oranges à 4,20 €. Combien paiera-t-elle pour un filet de 5 kg, un filet de 8 kg et un filet de 10 kg ?

4 Une ramette de 500 feuilles pèse 3,5 kg. Combien pèsent 10 feuilles ? 150 feuilles ? 1 feuille ?

5 **Voici la recette pour 25 truffes au chocolat.**

a) Calcule les quantités des ingrédients pour 50 truffes, pour 20 truffes, enfin pour 80 truffes.

b) Quelle quantité de truffes peut-on faire avec 1 kg de chocolat noir ?

c) Quelle quantité de truffes peut-on faire avec 1,5 L de crème fleurette ?

6 Les jardiniers de la ville ont planté 100 bulbes de tulipes, 160 bulbes de muscaris et 60 bulbes de jacinthes dans 4 des 18 bacs à fleurs identiques de la ville. Combien de bulbes de chaque plante ont-ils prévu pour réaliser la totalité des plantations ?

7 Un artisan chocolatier emballe ses spécialités dans des ballottines. Pour préparer six ballottines, il utilise 84 chocolats. Il a prévu de préparer quarante-deux ballottines. Combien de chocolats a-t-il élaborés ?

JE TRAVAILLE SEUL(E)

Résous le problème.

Amandine a acheté trois bouteilles de jus d'orange pour 5,70 €. Combien aurait-elle payé pour quatre bouteilles ?

8 a) Calcule les valeurs nutritionnelles pour une bouteille de 1 L de lait.

b) Magali boit un verre de 20 cL de lait. Quelles sont les valeurs nutritionnelles apportées par ce verre de lait ?

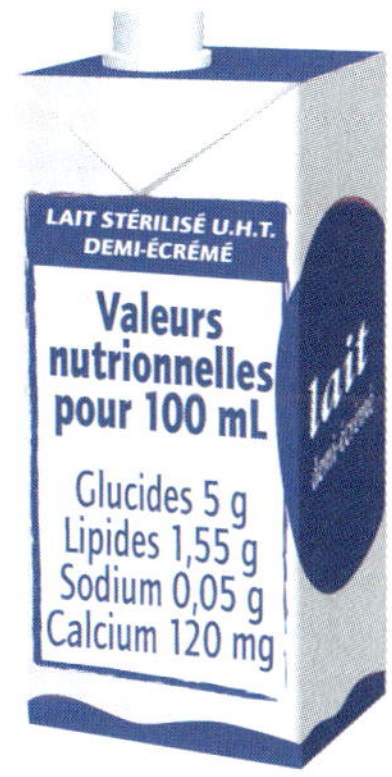

9 Une machine met une demi-heure, en moyenne, pour fabriquer dix pièces de voiture.

a) Combien faut-il de temps pour fabriquer 30 pièces ? 50 pièces ? 25 pièces ?

b) La machine tourne pendant 8 heures chaque jour. Combien peut-on fabriquer de pièces en une semaine ?

10 **Observe ce pot de crépi.**

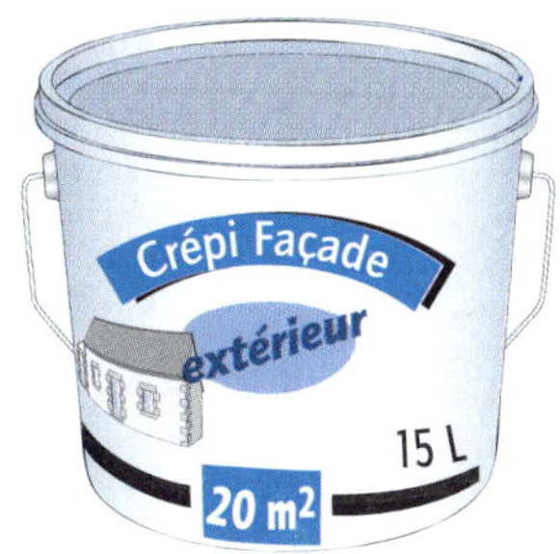

a) Quelle surface pourra-t-on couvrir avec 2 pots ? avec 10 litres ?

b) Combien faudra-t-il de litres pour une surface de 90 m^2 ?

c) Combien faudra-t-il de pots pour une surface de 110 m^2 ?

À TOI DE JOUER...

Aide le vétérinaire du zoo à prévoir la nourriture pour chacun de ces animaux pendant 15 jours.

Panda : 45 kg de pousses de bambous tous les 3 jours.
Lion : 12 kg de viande par jour.
Otarie : 42 kg de poissons par semaine.
Girafe : 130 kg de luzerne sèche pour 10 jours.
Éléphant : 80 kg de foin tous les 2 jours.

13 La proportionnalité (3)

CHERCHONS ENSEMBLE

Quelle est l'offre la plus avantageuse ?

Un **pourcentage** est une **fraction** d'un nombre dont le **dénominateur est 100**.
Un pourcentage s'écrit avec le symbole **%** qui se lit « pour cent ».

Exemple : 5 % de ... = $\frac{5}{100}$ de ...

20 % de réduction signifie que l'on enlève 20 % à la quantité de départ.
20 % d'augmentation signifie que l'on ajoute 20 % à la quantité de départ.
On utilise un tableau de proportionnalité pour calculer un pourcentage.

Exemple : Pendant les soldes, un magasin fait une remise de 20 % sur un pull qui coûte 50 €.

50 € correspond à 100 % du prix. On recherche à quoi correspondent 20 % du prix.

Ensuite, on enlève 20 % du prix, soit ici 10 € à 50 € pour trouver le nouveau prix du pull : 40 €.

Prix (en €)	50	10
Pourcentage (en %)	100	20

(d 5 ; d 5)

1 **Reproduis et complète le tableau suivant.**

Prix avant réduction (en €)	10	50	200	100	125	350
Remise de 20 %						
Prix après réduction (en €)						

2 **Transforme ces pourcentages en fractions.**

Observe l'exemple :

$25\ \% = \frac{25}{100} = \frac{1}{4}$

50 % – 75 % – 100 % – 200 % – 20 %

3 **Exprime ces montants en euros.**

50 % de 1 000 €	5 % de 50 €
10 % de 150 €	30 % de 180 €
20 % de 200 €	50 % de 250 €
60 % de 100 €	10 % de 25 €

4 Dans la classe de Katie, il y a 28 élèves dont 25 % de garçons.
Combien y a-t-il de filles et de garçons dans cette classe ?

5 Sur un livret de caisse d'épargne, l'intérêt est de 2,5 % par an. Les grands-parents de Mickaël ont déposé 300 € le 1er janvier. Quelle sera la part des intérêts pour l'année ? Quelle somme aura-t-il sur son livret à la fin de l'année ?

6 La superficie d'un complexe sportif est partagée en quatre parties :
– le gymnase occupe 15 % du complexe sportif ;
– la piscine occupe 20 % du complexe sportif ;
– les deux terrains extérieurs occupent 55 % du complexe sportif.

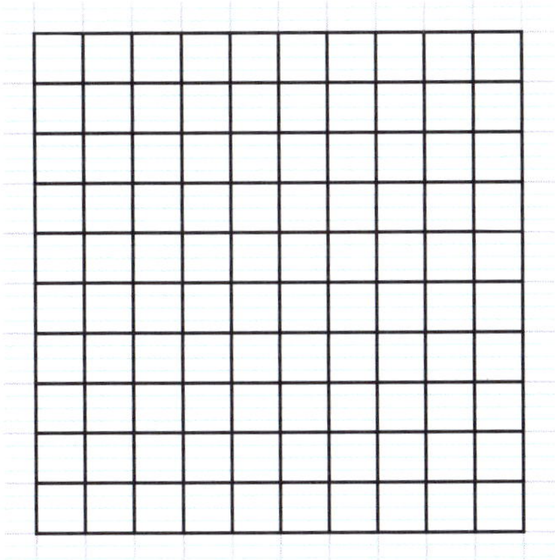

a) Reproduis le quadrillage et colorie :
– en rouge la surface occupée par le gymnase ;
– en bleu la surface occupée par la piscine ;
– en vert la surface occupée par les terrains extérieurs.

b) Quel pourcentage du complexe sportif reste-t-il pour les accès (allées, chemins) ?

7 Pour les vacances, les Arthur louent deux semaines un appartement en Corse pour 700 € la semaine. Ils doivent verser 25 % à la réservation et 50 % un mois avant leur arrivée ?

a) Calcule le montant de ces deux versements.

b) Quelle somme leur reste-t-il à verser à leur arrivée ?

JE TRAVAILLE SEUL(E)

Quelle est la masse de céréales contenue dans le paquet ?

8 Aujourd'hui, de 7 h à minuit, un site Internet propose :

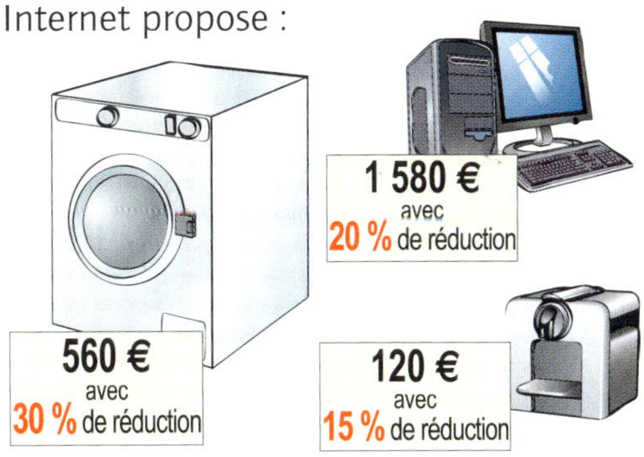

a) Calcule le montant de la réduction que l'on peut obtenir pour chaque article.

b) Calcule le nouveau prix de ces articles.

9 En 2005, la consommation annuelle d'électricité s'est élevée à 1 500 € pour la famille Léonardo. En 2006, le prix de l'électricité a subi une hausse de 5 %. Quel sera le montant de la facture si la famille Léonardo a la même consommation que l'année précédente ?

10 Une entreprise de services d'aide à la personne employait 300 personnes l'an passé. Cette année, elle a dû recruter 18 % d'employés supplémentaires. Combien de personnes ont été recrutées ? Combien de personnes sont désormais employées par cette entreprise ?

11 Pour les élections municipales, sur 15 600 inscrits, 80 % des électeurs ont voté. Le candidat qui est arrivé en tête a obtenu 60 % des voix. Combien de personnes ont voté pour ce candidat ?

À TOI DE JOUER...

Explique cette affirmation.

14 La proportionnalité (4)

CHERCHONS ENSEMBLE

Voici une partie du plan de l'abbaye de la Trinité à Vendôme.

a) Quelle est la mesure de la longueur de l'église sur le plan ?

b) Quelle est sa mesure réelle ?

c) Que représente 1 cm dans la réalité.

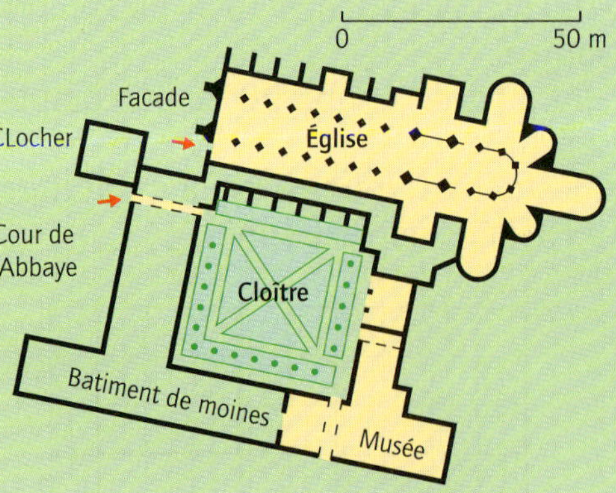

Lorsqu'un plan est à **l'échelle 1/200**, cela signifie que **1 cm sur le plan** représente **200 cm en réalité**. Cela veut également dire que les dimensions sont 200 fois plus petites sur le plan que dans la réalité.

Exemple 1 :
Dimension sur le plan → 6 cm
Plan à l'échelle 1/200
Dimension réelle → 6 × 200 = 1 200
La dimension réelle est de 1 200 cm, c'est-à-dire 12 m.

Exemple 2 :
Dimension réelle → 50 m, soit 5 000 cm.
Plan à l'échelle 1/200
Dimension sur le plan → 5 000 : 200 = 25
La dimension sur le plan est de 25 cm.

1 **Pour chacune des échelles suivantes, indique combien représente en réalité 1 cm sur le plan ou la carte.** Donne les réponses en cm, en m et en km.
1/500 – 1/25 000 – 1/100 000 – 1/100

2 **Calcule sur un plan à l'échelle 1/10 000, la distance qui sépare deux points éloignés dans la réalité de :**
50 m – 1 000 m – 12 m – 175 m – 250 m

3 **Calcule la distance, à vol d'oiseau, entre :**
– Audierne et Le Conquet ;
– Locronan et Landivisiau.
La carte est à l'échelle 1/1 000 000.

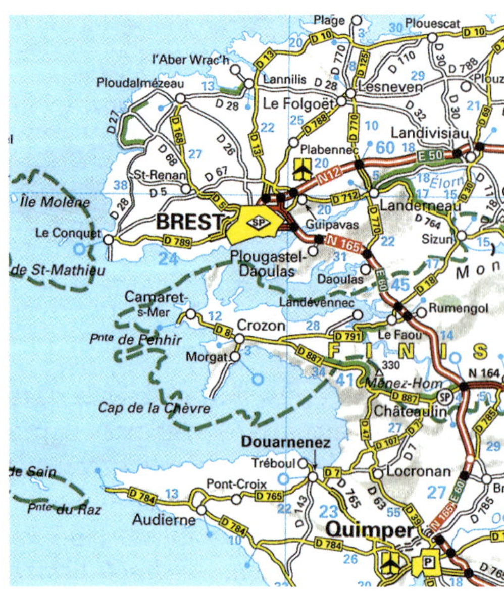

JE TRAVAILLE SEUL(E)

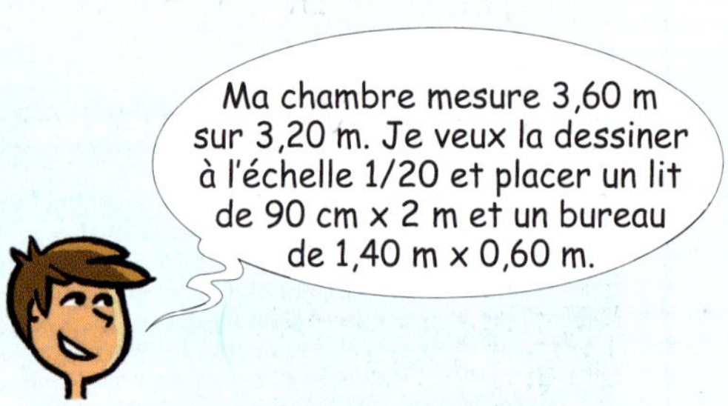

Peux-tu aider Arthur ?

15 La proportionnalité (5)

CHERCHONS ENSEMBLE

Le guépard est l'animal terrestre le plus rapide au monde : il est capable d'avoir une pointe de vitesse à 110 km/h.

a) Quelle distance arriverait-il à parcourir en une heure en supposant qu'il puisse maintenir sa vitesse constante ?

b) Quelle distance pourrait-il parcourir en une demi-heure ? En 15 minutes ?

La **vitesse moyenne horaire** est la **distance parcourue en une heure**.

Exemple :

Une voiture roule à 90 km/h.
Combien parcoura-t-elle de kilomètres en une demi-heure ? en 15 minutes ?
On va se servir d'un tableau de proportionnalité.

Distance (en km)	90	45	22,5
Temps (en min)	60	30	15

(d 2 : de 90 à 45 et de 60 à 30 ; d 4 : de 90 à 22,5 et de 60 à 15)

1 **Retrouve le temps que mettra un coureur à pied pour parcourir, à une vitesse de 15 km/h :**

a) 5 km b) 9 km c) 30 km d) 42 km

2 Pour s'entraîner, en prévision d'une course VTT à laquelle ils se sont inscrits, Romain et Thomas ont roulé pendant 3 heures tous les jours. Ils ont noté les distances parcourues chaque jour.

Lundi	27 km
Mardi	33 km
Mercredi	18 000 m
Jeudi	24 km
Vendredi	12 000 m
Samedi	15 km
Dimanche	30 km

Calcule la vitesse moyenne horaire qu'ils ont réalisée chaque jour.

3 Un cycliste et un automobiliste partent en même temps de Vierzon pour se rendre à Bourges. Les deux villes sont distantes de 32 km. Le cycliste roule, en moyenne, à 16 km/h et l'automobiliste à 80 km/h. Calcule pour chacun la durée du trajet.

4 Paul roule à une allure constante de 120 km/h sur autoroute.
Quelle distance parcourt-il :
- en une demi-heure ?
- en un quart d'heure ?
- en trois quarts d'heure ?
- en 1 h 30 minutes ?

Quelle sera la durée d'un trajet :
de 210 km ? de 570 km ? de 15 km ?

À TOI DE JOUER...

Une navette spatiale vole à la vitesse de 28 000 km/h.
En combien de temps fera-t-elle sept fois le tour de la Terre sachant que notre planète a une circonférence de 40 000 km ?

SYNTHÈSE

1 **Observe ce planisphère représentant la production de poissons, en milliers de tonnes, de certains pays.**

a) Quelle est la production totale de ces dix pays ?

b) La production mondiale est de 132 524 milliers de tonnes ? Quelle est la production des autres pays du monde non cités sur le planisphère ?

c) La Chine est le premier producteur mondial et le Pérou le second. Quelle est leur différence de production ?

d) Exprime la production de chaque pays en millions de tonnes.

2 Une chevelure compte de 100 000 à 150 000 cheveux. Ils poussent d'environ 1 cm par mois et vivent pendant 3 ans chez l'homme et 6 ans chez la femme. Ensuite, ils tombent. On perd entre 50 et 100 cheveux par jour. Heureusement, il en repousse à peu près autant.

a) Calcule chez l'homme, puis chez la femme la longueur d'un cheveu de sa naissance à sa chute.

b) Si Tom possède une chevelure de 150 000 cheveux et en supposant que ses cheveux ne puissent plus repousser, en combien de temps n'en aura-t-il plus s'il les perd à raison de 50 par jour ?

3 **Observe cette étiquette de pot de yaourt.**

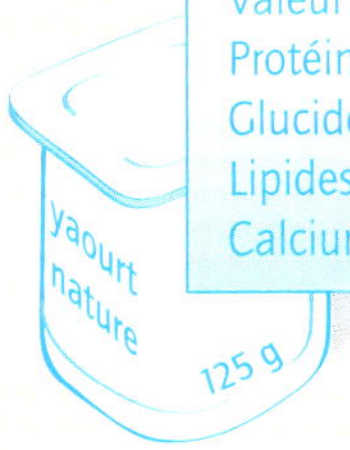

	Pour 100 g	Pour 1 pot
Valeur énergétique	38 kcal	47,5 kcal
Protéines	4,3 g	5,375 g
Glucides	5 g	6,25 g
Lipides	0,06 g	0,075 g
Calcium	140 mg	175 mg

a) Comment passe-t-on des quantités pour 100 g aux quantités pour un pot ?

b) Calcule chaque quantité pour un pack de 16 yaourts.

c) Calcule chaque quantité pour 500 g de yaourts.

4 **Cette carte est à l'échelle 1/1 000 000.**

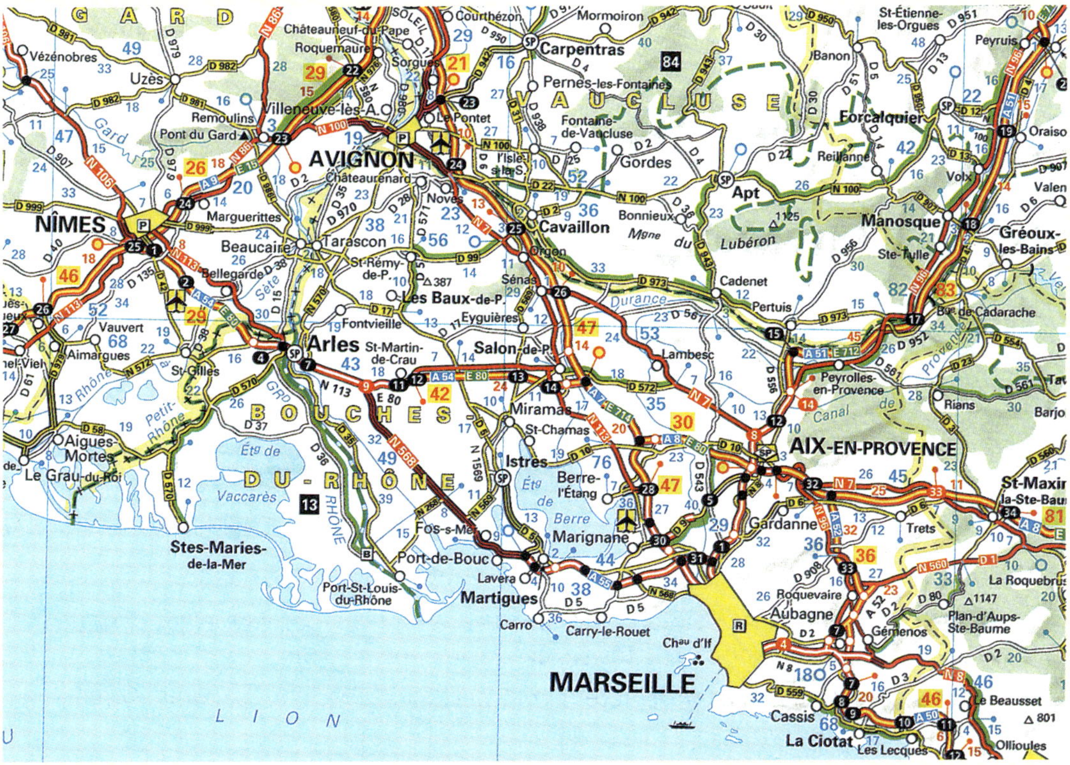

Retrouve les distances, à vol d'oiseau, qui séparent les villes suivantes.

a) Arles – Nîmes
b) La Ciotat – Istres
c) Arles – Avignon
d) Cassis – Gardanne
e) Marseille – Apt
f) Carpentras – Cavaillon

5 Sept français sur dix utilisent un téléphone portable.

a) Écris cette phrase sous forme d'une fraction, puis transforme-la en pourcentage.

b) Sur les 62 702 000 français en 2005, calcule combien d'entre eux utilisent un téléphone portable.

6 La vitesse de la lumière est égale à 300 000 km/s. La lumière met 500 s pour venir du Soleil. Calcule la distance entre la Terre et le Soleil.

Je travaille seul(e) - Corrigés

Page 77

a) **1)** 4 167 **2)** 229 **3)** 9 696

b) (6 × 9,45) + (9 × 12,95) + (2 × 98) = 369,25

Page 79

a) **1)** 627 288 327 **2)** 805 014
3) 110 913 029 **4)** 626 317 023

b) 6 948 + 621 + 858 + 1 103 + 696 + 1 342 = 11 568
Il y a 11 568 exploitations.
68 188 + 35 750 + 71 210 + 133 451 + 119 228 + 393 505 = 821 332
En France, il y a 821 332 chèvres.

Page 81

1,99 + 2,09 + 2,13 + 69,99 = 76,20
39,99 + 17,50 + 23,30 + 5,89 = 86,68

Page 83

31 053 – (80 + 4 000 + 12) = 26 961
On a retranché le nombre 4 092.

Page 85

1) 4,87 – 2,87 = 2
2) 156,08 – 133,08 = 23
3) 23 666,1 – 13 444,1 = 10 222
4) 6 532,3 – 5 232,30 = 1 300

Page 89

27 × 25 = 675 ; 30 × 35 = 1 050
L'agriculteur plantera 675 plants de choux et 1 050 plants de poireaux.

Page 91

(18 × 0,53) + 4,51 + (14 × 0,17) + (15 × 0,19)
= 9,54 + 4,51 + 2,38 + 2,85 = 19,28
Le montant de sa commande s'élève à 19,28 €.

Page 95

a) 157 divisé par 8 ➔ q = 19 et r = 5
2 097 divisé par 37 ➔ q = 56 et r = 25
209 divisé par 13 ➔ q = 16 et r = 1
4 986 divisé par 45 ➔ q = 110 et r = 36

b) 660 divisé par 12 ➔ 55
Le service de maintenance devra intervenir au bout de 55 jours.

Page 97

98 divisé par 4 ➔ 24 et il reste 2
560 divisé par 7 ➔ 80
398 divisé par 5 ➔ 79 et il reste 3
2 347 divisé par 9 ➔ 260 et il reste 7
700 divisé par 8 ➔ 87 et il reste 4
7 834 divisé par 3 ➔ 2 611 et il reste 1

Page 99

a) 4 096 divisé par 14 ➔ 292 et il reste 8
7 921 divisé par 23 ➔ 344 et il reste 9
6 093 divisé par 73 ➔ 83 et il reste 34
4 050 divisé par 61 ➔ 66 et il reste 24

b) 463 000 000 divisé par 732 ➔ 632 513 et il reste 484
632 513 × 732 < 463 000 000 < 632 514 × 732
Un député européen représente 632 513 habitants ou 632 514 habitants.

Page 103

72	24	**48**	400	**120**	**96**	d 8
9	**3**	6	**50**	15	12	

6	1,5	3	45	15	**120**	d 2
3	**0,75**	**1,5**	**22,5**	**7,5**	60	

Page 105

5,70 divisé par 3 ➔ 1,90
1,90 × 4 = 7,60
Amandine aurait payé 7,60 € pour 4 bouteilles de jus d'orange.

Page 107

Masse (en g)	550	**5,5**
Pourcentage (en %)	100	1

1 % du paquet représente 5,5 g.
15 × 5,5 = 82,5
15 % du paquet représentent 82,5 g.
550 + 82,5 = 632,5
Le paquet contient 632,5 g de céréales.

Page 109

Échelle 1/20 ➔ 1 cm sur le plan représente 20 cm
La chambre :
3,60 m = 360 cm ➔ 360 divisé par 20 = 18
3,20 m = 320 cm ➔ 320 divisé par 20 = 16
Le dessin de la chambre devra être un rectangle de 18 cm par 16 cm.
Le lit :
90 divisé par 20 = 4,5 cm
2 m = 200 cm ; 200 divisé par 20 ➔ 10
Le dessin du lit sera un rectangle de 10 cm par 4,5 cm.
Le bureau :
1,40 m = 140 cm ; 140 divisé par 20 ➔ 7
0,60 m = 60 cm ; 60 divisé par 20 ➔ 3
Le bureau sera un rectangle de 7 cm par 3 cm.

Grandeurs et mesure

Des instruments de mesure autour du « mètre »

Tu connais bien sûr certains instruments de mesure utilisant le terme « mètre » : le chronomètre, le thermomètre... mais il en existe beaucoup d'autres...

1 Le **baromètre**, un des outils du météorologue, est un appareil servant à mesurer la pression atmosphérique (unités : pascals ou millibars). La pression atmosphérique « normale », à 15 °C, est de 1 013 millibars au niveau de la mer. Lorsque le baromètre affiche une pression supérieure, il indique la présence d'un anticyclone, signe de beau temps. Lorsqu'il affiche une pression inférieure, il indique la présence d'une dépression, signe de mauvais temps.
Plus on monte en altitude, plus la pression diminue. À partir de ce constat, on a également fabriqué, sur le principe du baromètre, l'**altimètre** pour l'alpiniste.
L'altimètre de l'avion fonctionne, lui, sur le principe du radar : il calcule la distance entre l'avion et le sol.
D'autres outils du météorologue : l'**hygromètre** (mesure l'humidité de l'air), l'**anémomètre** (mesure la vitesse du vent), le **pluviomètre** (mesure la quantité de pluie tombée pendant un intervalle de temps donné)...

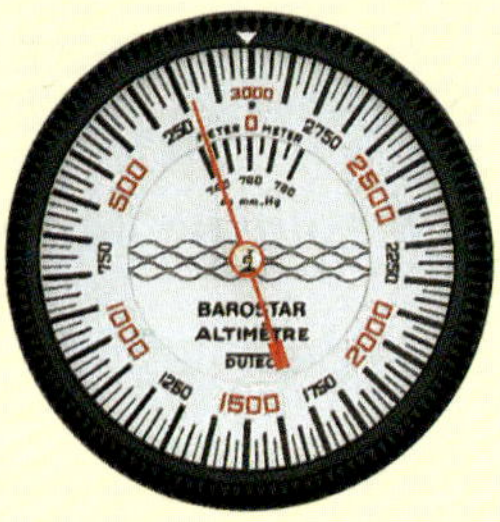
Altimètre à aiguille.

Baromètre et altimètre électronique.

Appareil combinant un thermomètre, un anémomètre, un baromètre, un altimètre et un hygromètre.

2 Le **curvimètre** permet de calculer la distance réelle à parcourir sur le terrain en fonction de la distance sur la carte. Il existe des curvimètres mécaniques (à aiguilles) et des curvimètres électroniques.
On fait « rouler » le curvimètre sur la carte. Il suffit ensuite de lire sur le cadran, en fonction de l'échelle de la carte, la distance réelle sur le terrain.

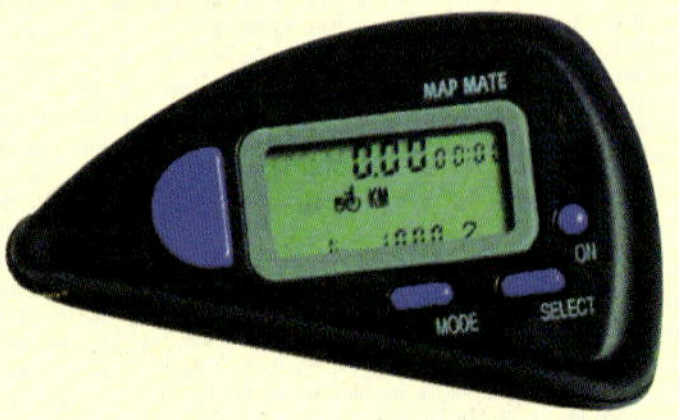

Curvimètre électronique.

3 Le **podomètre** permet de connaître approximativement la distance parcourue lors d'une marche ou d'une course à pied. Après avoir réglé le podomètre en fonction de la longueur moyenne de son pas (par exemple : 90 cm) et placé le compteur à zéro, on fixe l'appareil à sa ceinture.

Celui-ci enregistrera alors la petite secousse produite par le pied qui se pose au sol et la multipliera par la longueur du pas. Au total, sur un terrain peu accidenté, on obtient un résultat proche de la distance réellement parcourue... si la longueur du pas a bien été étalonnée !

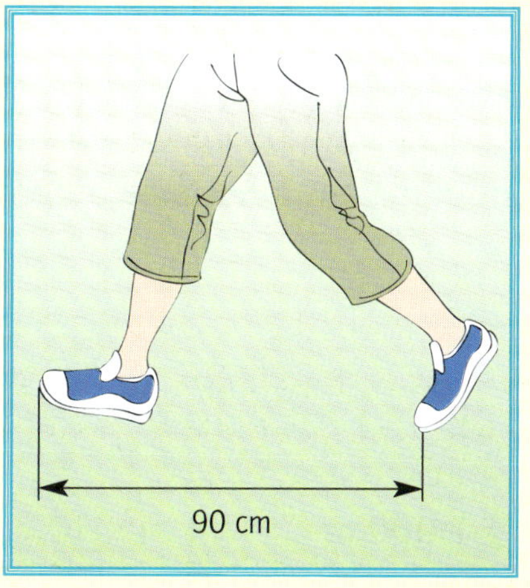

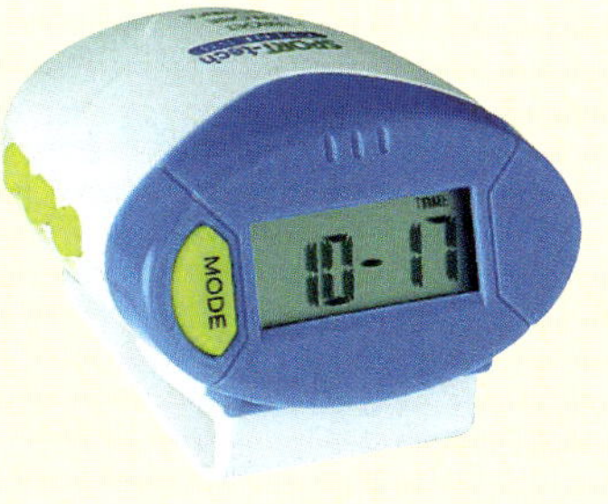

Podomètre électronique.

4 Le **télémètre** est un appareil qui permet de mesurer la distance entre l'utilisateur et la cible vers laquelle il dirige le télémètre.

Dans les métiers du bâtiment, on utilise des télémètres capables de mesurer des distances entre 5 cm et 200 m avec une précision de plus ou moins 2 mm.

Les spéléologues utilisent, pour mesurer les cavités souterraines, des télémètres capables de mesurer des distances entre 15 et 1 000 m avec une précision de plus ou moins 1 m.

Télémètre électronique.

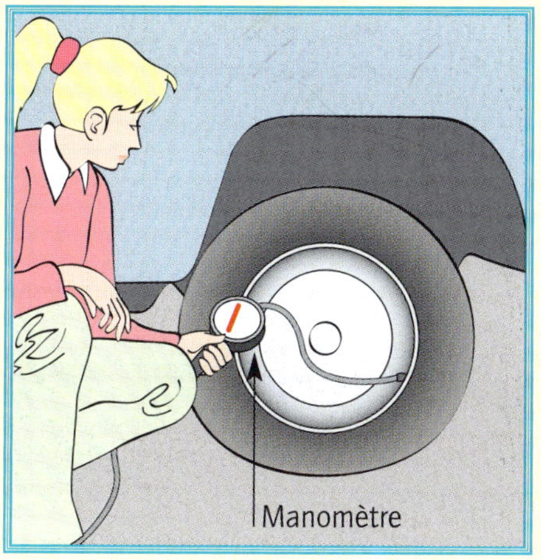

Il existe encore bien d'autres appareils de mesure utilisant le terme « mètre » : dynamomètre, clinomètre, tachymètre, odomètre, micromètre, manomètre, luxmètre, sonomètre...

Odomètre électronique.

1 Mesure de longueurs

CHERCHONS ENSEMBLE

Qui a lancé le javelot le plus loin aux championnats de Lanceville ?

L'unité de mesure des longueurs dans le système métrique est **le mètre** (m).

Multiples du mètre				Sous-multiples du mètre		
kilomètre	hectomètre	décamètre	mètre	décimètre	centimètre	millimètre
km	hm	dam	m	dm	cm	mm
5	0	0	0			
			0	4	5	

1 km = 10 hm = 100 dam = **1 000 m** **1 m** = 10 dm = 100 cm = **1 000 mm**

Exemples : 5 km = 5 000 m 45 cm = 4 dm 5 cm

Pour effectuer des calculs avec des nombres exprimant des mesures de longueurs, il faut que tous les nombres soient exprimés dans la même unité.

1 **Transforme ces données en mètres.**

30 dam – 400 cm – 3 km – 3 252 dam – 459 km – 7 900 hm – 25 000 mm – 2 900 cm – 4 dam – 9 km

2 **Recopie et complète ces égalités.**

39 m = … dm	457 km = … dam
1 000 mm = … m	7 km = … mm
1 780 dm = … mm	796 cm = … dm
75 m = … cm	3 km = … hm
46 dam = … m	36 dm = … mm

3 **Recopie et transforme ces données dans l'unité demandée.**

6 m 9 dm 5 cm = … cm = … mm
10 km 4 dam = … dam = … m
6 dam 9 m 5 dm = … cm = … mm
3 m 4 dm 5 cm = … cm = … mm
48 hm 3 dam = … m = … cm
3 km 7 dam = … m = … dm
9 dam 26 dm = … cm = … mm

4 **Recopie et décompose ces mesures dans les unités demandées.**

256 m = … hm … dam … m
1 047 cm = … m … dm … cm
9 004 mm = … m … mm
1 525 dam = … km … hm … dam
30 260 dm = … hm … dam … m

5 **Range ces longueurs en ordre croissant.**

523 m – 7 302 mm – 7 km – 2 320 dam – 93 hm – 628 cm – 87 654 dm

6 **Effectue les calculs.**

109 m + 25 m	9 m – 27 dm
2 km + 46 km	79 cm + 345 mm
78 dm – 456 cm	6 hm + 457 dam

7 En athlétisme, la mesure du tour de piste est de 4 hectomètres.
Quelle distance a parcourue un athlète qui court 25 fois cette distance ?
Donne cette mesure en m et en km.

8 Les organisateurs d'un triathlon ont prévu ainsi les trois épreuves :
- un parcours de natation de 1 500 m ;
- un parcours de vélo de 15 km 200 m ;
- un cross.

Au total, chaque concurrent aura parcouru 20 km.
Quelle est la longueur du parcours de cross ?

9 Dans un rouleau de grillage de 15 m, on a coupé un morceau de 1 dam et 20 cm et un morceau de 3 m et 75 cm. Quelle longueur de grillage reste-t-il ?

10 **Tour de Corse de cyclotourisme**

Parcours

1re étape : 121 km, 9 cols
AJACCIO – Bastelicaccia – Bastelica – Cauro – OLMETTO

2e étape : 810 hm, 5 cols
OLMETTO – Propriano – Sartène – BONIFACIO

3e étape : 107 km, 8 cols
BONIFACIO – Porto-Vecchio – Zonza – SOLENZARA

4e étape : 9 400 dam, 3 cols
SOLENZARA – Ghisoni – Venaco – CORTE

5e étape : 1 190 hm, 2 cols
CORTE – Calacuccia – Ponte leccia – Piedicroce – FOLLELI

6e étape : 14 200 dam, 2 cols
FOLLELI – Bastia – Macinaggio – Centuri – Nonza – SAINT-FLORENT

7e étape : 100 km, 2 cols
SAINT-FLORENT – L'île Rousse – Cateri – Montegrosso – CALVI

8e étape : 93 000 m, 4 cols
CALVI – Galéria – Porto – PIANA

9e étape : 900 hm, 2 cols
PIANA – Évisa – Vergio – Porto – PIANA

10e étape : 95 000 m, 6 cols
PIANA – Cargèse – Sagone – Îles Sanguinaires – AJACCIO

Quelle sera la distance totale, en km, parcourue pendant ce cyclocross ?

JE TRAVAILLE SEUL(E)

Recopie et complète par le signe qui convient (<, >, =).

250 dam … 2 km 50 dam
4 m 3 dm 7 mm … 43 dm 17 mm
6 004 cm … 6 m 4 cm
98 063 dm … 98 km 6 m 3 dm
7 hm 98 m 7 cm … 79 dam 87 cm

À TOI DE JOUER…

Recopie et relie à la bonne unité.

Taille d'un enfant de 10 ans •	
Hauteur du mont Blanc •	• mm
Longueur d'une piscine •	• m
Taille d'une fourmi •	• cm
Taille d'un écran TV •	• km
Distance entre deux villes •	

2 Périmètre d'un polygone

CHERCHONS ENSEMBLE

Un rectangle de 24 cm de longueur et un carré de 16 cm de côté ont le même périmètre. Quelle est la largeur du rectangle ?

Le périmètre d'un polygone est la somme de la mesure de ses côtés.

Périmètre du rectangle
(longueur + largeur) × 2
$P = (L + \ell) \times 2$

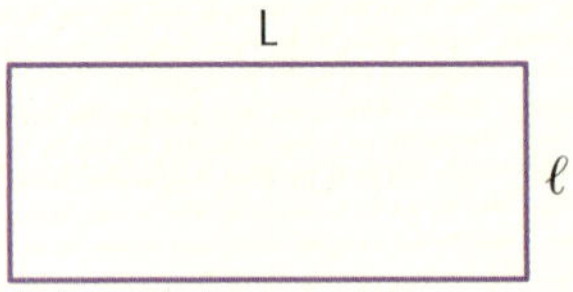

Périmètre du carré
côté × 4
$P = c \times 4$

Périmètre du triangle
côté a + côté b + côté c
$P = a + b + c$

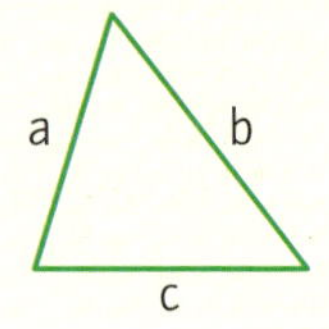

1 **Utilise ta règle pour trouver le périmètre des figures suivantes.**

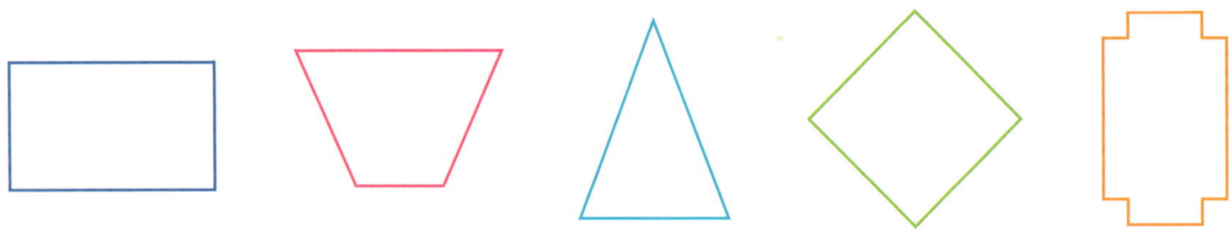

2 **Reproduis et complète ces tableaux.**

	Rectangle			
	a	b	c	d
Longueur	13 cm	75 hm	2 235 dm	… cm
Largeur	90 mm	350 dam	… dm	45 mm
Demi-périmètre	… cm	… hm	369 m	… mm
Périmètre	… mm	… km	… dam … m	2 dm 4 cm

	Carré			
	a	b	c	d
Côté	… m	560 dam	135 mm	… mm
Périmètre	23 dam 2 m	… hm	… cm	3 dm

3 **Trace trois rectangles différents de périmètre 26 cm.**

4 Quel est la largeur d'un terrain rectangulaire ayant 138 m de périmètre et 48 m de longueur ?

5 Une piscine rectangulaire mesure 14 m de large et 2 dam et 5 m de long. On place tout autour du bord de la piscine une barrière avec une porte de 30 dm de large. Combien mesure la barrière ?

6 **Voici le plan du salon de monsieur et madame Carrot. Ils veulent poser une frise au ras du plafond.**

a) Calcule la longueur nécessaire de frise.

b) La frise se vend par rouleaux de 4 mètres. Combien faudra-t-il acheter de rouleaux ?

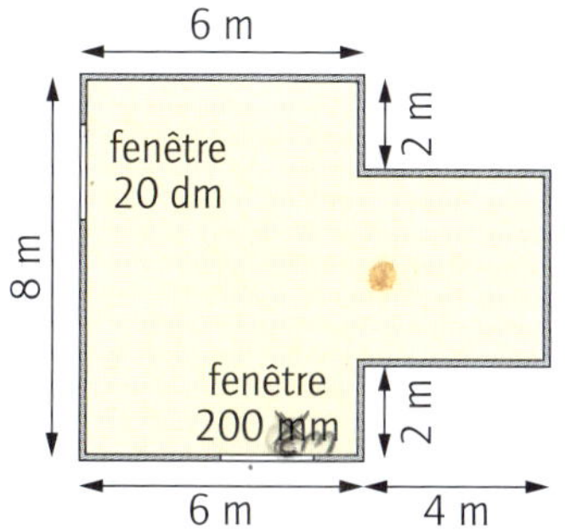

7 **Calcule le périmètre de la pelouse.**

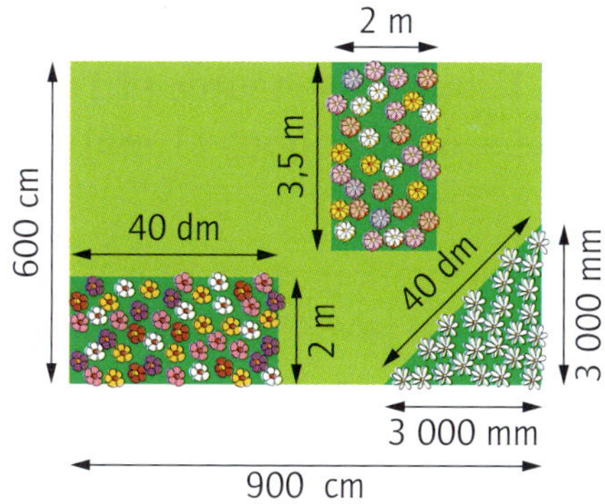

8 La pochette d'un DVD mesure 19 cm de long et son périmètre est de 65 cm.

a) Calcule sa largeur.

b) Calcule le périmètre de la pochette ouverte.

9 **Voici la cour de récréation d'une école.**

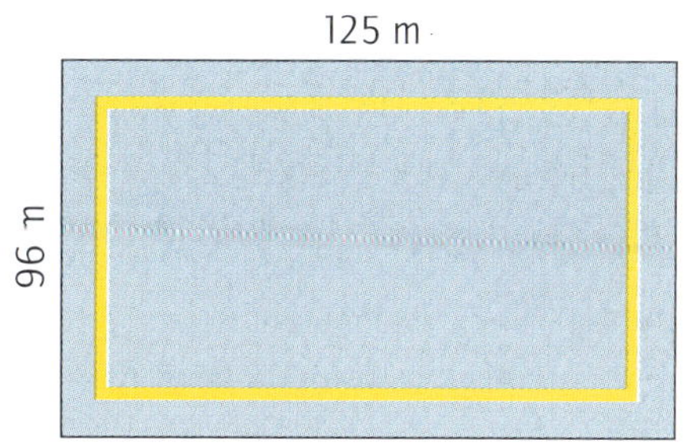

a) Calcule le périmètre de la cour.

b) Pour un tournoi de Balle au prisonnier, le directeur délimite un terrain à 55 dm du pourtour de la cour. Calcule la longueur et la largeur de ce terrain. Calcule son périmètre de deux manières différentes.

10 Claire veut repeindre les boiseries qui entourent les deux fenêtres du salon. Chaque fenêtre mesure 25 dm de longueur et 120 cm de largeur. Avant de commencer les travaux, elle doit border chacune des fenêtres d'un ruban adhésif. Le ruban se vend par rouleau de 5 m au prix de 4 € 05.

a) Quelle longueur de ruban doit-elle utiliser ?

b) Combien de rouleaux doit-elle acheter ?

c) Quelle sera la dépense ?

À TOI DE JOUER...

a) Reproduis ce tangram sur ton cahier.

b) Calcule le périmètre du grand carré.

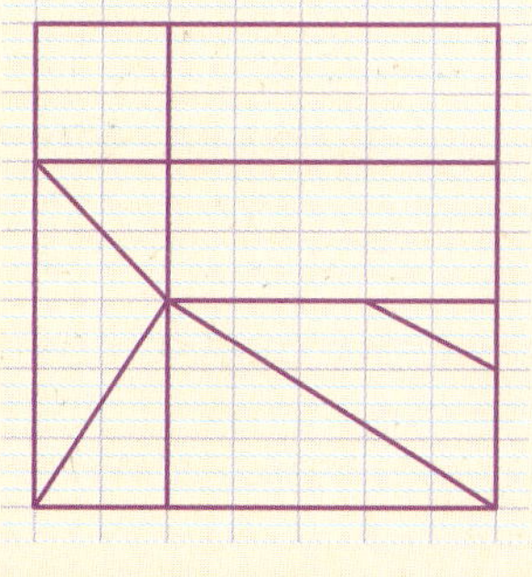

c) Découpe chaque forme et assemble plusieurs formes pour construire un polygone de ton choix. Calcule son périmètre.

JE TRAVAILLE SEUL(E)

Cette figure est construite avec un rectangle de 5 cm sur 30 mm et 4 triangles équilatéraux.
Quel est le périmètre de cette figure ?

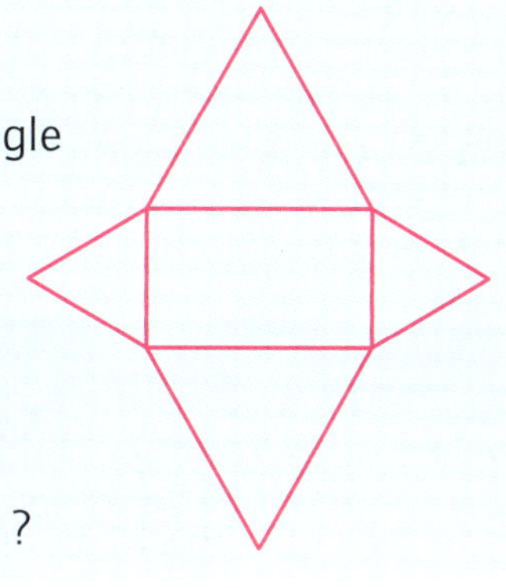

GRANDEURS ET MESURE

ESPACE ET GÉOMÉTRIE

3 Mesure de durées

CHERCHONS ENSEMBLE

Le 1er novembre, le soleil s'est levé à 6 h 38 et s'est couché à 16 h 32.
Quelle est la durée du jour à cette date ?

Une durée est le temps qui s'écoule entre deux instants donnés.

Exemples :

1) Naissance de Beethoven : 1770
Décès : 1827

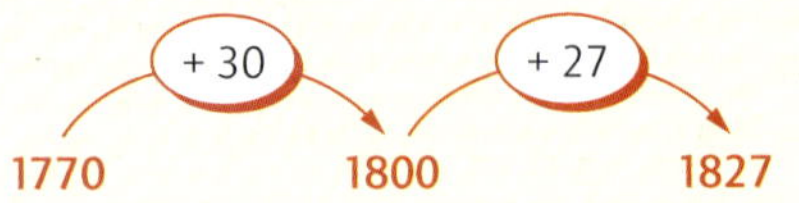

Ludwig van Beethoven a vécu **57 ans**.

2) Départ du train : 9 h 35
Arrivée du train : 14 h 18

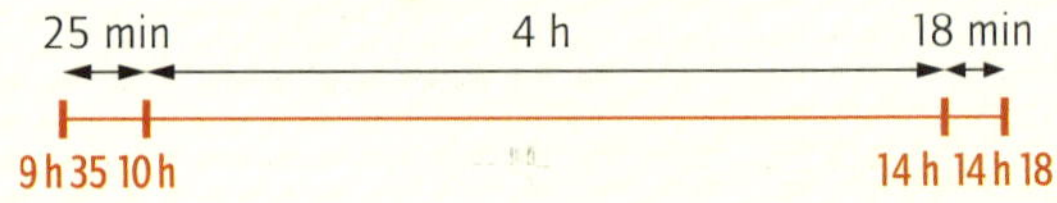

Durée du voyage : **4 h 43 min**

Pour pouvoir calculer des durées, il est nécessaire d'effectuer des conversions et de connaître les unités de durées suivantes :

1 siècle = 100 années   1 année = 365 jours   1 jour = 24 heures (1 j = 24 h)
1 heure = 60 minutes (1 h = 60 min)   1 minute = 60 secondes (1 min = 60 s)

1 **Combien de secondes y a-t-il dans une heure ? Dans un jour ?**

2 **Convertis en minutes les durées suivantes :**
1 h 30 min – 3 h 55min – 13 h 48 min – 1 j 2 h 4 min – 3 j 4 h – 9 h 12 min

3 **Exprime en minutes et en secondes.**
Observe l'exemple :
207 s = 60 s + 60 s + 60 s + 27 s = 3 min 27 s
138 s – 420 s – 670 s – 990 s – 1 324 s – 2 500 s

4 **Range ces durées en ordre croissant.**
140 min – 2 h 15 – 1 h 58 – 9 600 s – 96 min

Pour les problèmes suivants, tu peux utiliser un schéma.

5 Émilie est partie en voyage : elle a quitté sa maison le jeudi à 15 h 10 et est revenue le dimanche à 21 h 40. Combien de temps Émilie s'est-elle absentée de son domicile ?

6 Les Louca sont partis à 13 h 15 pour aller au cirque d'Hiver. Ils sont arrivés à 14 h 05.
Combien de temps ont-ils mis pour aller jusqu'au cirque ?

7 Les élèves de CM2 de l'école *Rousseau* partent en classe de découverte en Haute-Loire au chalet du Mézene.
L'autocar quitte Paris à 6 h 30 du matin. Il s'arrête à Clermont-Ferrand de 11 h 45 à 14 h 10. Il reprend la route à 14 h 10 et arrive au chalet à 17 h 35.

a) Quel temps a-t-il mis pour aller de Paris à Clermont-Ferrand ?

b) Quel temps a-t-il mis pour aller de Clermont-Ferrand au chalet ?

c) Quelle a été la durée totale du voyage ?

8 Un pilote d'avion effectue en moyenne 15 500 heures de vol dans toute sa carrière. Exprime cette durée en jours et heures.

9 Éloi met en moyenne 50 secondes pour lire une page de son livre de bibliothèque. Combien de pages lira-t-il en un quart d'heure ? Combien de pages lira-t-il en une heure ?

10 **Observe cet extrait du programme de télévision.**

TF1	France 2	France 3	Canal +
20 h 50 Les experts *Série policière américaine*	20 h 55 FBI, portés disparus *Série policière américaine*	20 h 45 La reine Sylvie *Documentaire*	21 h 00 Football Marseille – Lyon
23 h 30 Total Recall *Film*	22 h 30 Urgences *Série américaine*	23 h 10 France Europe express *Magazine*	23 h 15 L'équipe du dimanche *Toute l'actualité du football*

Combien de temps ont duré les émissions de la première partie de programme.

Reproduis et complète le tableau.

	Calculs	Durée
Les experts		
FBI, portés disparus		
La reine Sylvie		
Football		

11 Calcule la durée des trajets de Mathieu, Thierry et Katell pour se rendre au collège.
Mathieu part à huit heures moins vingt et arrive à neuf heures.
Thierry part à huit heures moins cinq et arrive à neuf heures quinze.
Katell part à huit heures moins le quart et arrive à neuf heures cinq.

a) Qui part le plus tôt ? b) Qui arrive le plus tard ? c) Qui met le plus longtemps ?

12 Un match de handball féminin de Nationale 1 s'est terminé à 21 h 40.
À quelle heure a-t-il commencé sachant qu'il y a eu deux mi-temps de 30 minutes chacune et une pose de 10 minutes.

JE TRAVAILLE SEUL(E)

Voici les différents records du 200 m nage libre Dames.

Record de France : 1′ 57″81, détenu par Laure Manaudou.

Record d'Europe : 1′56″64, détenu par Franziska van Almsick (Allemagne).

Record du Monde : 1′56″24, détenu par Franziska van Almsick (Allemagne).

a) Que signifie la durée codée 1′57″81 ? Écris-la en secondes à l'aide d'un nombre décimal ?

b) Calcule les écarts des records de France et d'Europe par rapport au record du Monde.

À TOI DE JOUER...

Observe le tableau suivant.

Date	Jour
1er janvier 2000	samedi
1er janvier 2001	lundi
1er janvier 2002	mardi
1er janvier 2003	mercredi
1er janvier 2004	jeudi
1er janvier 2005	samedi
1er janvier 2006	dimanche

a) Que remarques-tu ? Pourquoi ?

b) À quel jour de la semaine correspondra le 1er janvier des années : 2007, 2008, 2009, 2010 ?

4 Mesure de masses

CHERCHONS ENSEMBLE

Ce pot de miel a une masse de 450 g.
Exprime cette masse en hg et g, puis en dg.

L'unité de mesure des masses dans le système métrique est **le gramme** (g).

Multiples du gramme							Sous-multiples du gramme		
tonne	quintal	dizaine de kilogramme	kilogramme	hectogramme	décagramme	gramme	décigramme	centigramme	milligramme
t	q		kg	hg	dag	g	dg	cg	mg
1	2	7	5						
				9	6	3			

Une tonne = 1 000 kg **1 quintal = 100 kg**

Exemples : 1 275 kg = 1 t et 275 kg = 1,275 t
963 g = 9 hg 6 dag et 3 g = 9,63 hg = 0,963 kg

Pour effectuer des calculs avec des nombres exprimant des mesures de masses, il faut que tous les nombres soient exprimés dans la même unité.

1 **Quelle unité choisir pour exprimer la masse des objets suivants (t, kg ou g) ?**
– un tracteur ;
– un livre ;
– un seau rempli d'eau ;
– un stylo ;
– une boîte de médicaments ;
– une bibliothèque avec 4 étagères.

2 **Range ces mesures de masse en ordre décroissant.**
7 000 g – 7 t – 700 kg – 700 hg

3 **Range ces mesures de masse en ordre croissant.**
0,75 kg – 27 hg – 1 350g – 800 dag

4 **Recopie et écris les nombres ou les unités qui manquent.**
1 422 cg = 14,220 …
0,8 hg = … g
… dag = 0,0381 kg
7,50 … = 7 500 kg
35 dag + … hg = 1 kg

5 **Donne le prix d'un kilogramme de chaque aliment.**

6 **Effectue les opérations.**
7,8 kg + 2,5 hg + 7 dag = … g
6 cg + 0,888 g + 2 mg = … dg
6,8 t + 450 kg + 1,9 t = … kg

7 Un camionneur doit transporter 24 caisses qui pèsent chacune 925 kg.
La charge maximale que son camion peut contenir est de 5 tonnes. Combien de voyages devra-t-il effectuer ?

8 Pour Noël, un grand-père envoie, à son petit-fils, un colis contenant un dictionnaire pesant 1, 353 kg, une boîte de bonbons de 520 g et une petite moto de 850 g. L'emballage vide pèse 1,95 hg. Quelle est la masse totale du colis ?

9 **Voici la production de déchets ménagers par habitant et par an de quelques pays.**
France : 520 kg
Belgique : 5 300 hg
Grèce : 37 000 dag
États-Unis : 7 q 50 kg
Luxembourg : 620 kg
Italie : 0,47 t
Portugal : 4 300 hg

a) Range ces pays dans l'ordre croissant de leur production de déchets ménagers.

b) Calcule, pour le premier et le dernier pays, la production de déchets ménagers en un an pour une ville de 15 000 habitants. Choisis l'unité adéquate pour exprimer les résultats.

10

Quelle est la masse de la graisse contenue dans la boîte ?

JE TRAVAILLE SEUL(E)

Recopie et complète par le signe qui convient (<, > ou =).

260 g ... 1,5 kg	16 t ... 1 600 kg
3,2 g ... 320 cg	616 g ... 70 hg
4 200 mg ... 5 g	12 dg ... 0,3 g
360 dg ... 36 g	19 q ... 190 kg
6 010 g ... 61 dag	7 340 g ... 734 dg

11 Ces quatre produits composent le *Colis de la mer* préparé par la société « Gwenn Armor ».

– Salicorne au naturel (poids net : 350 g ; poids net égoutté : 160 g).

– Rillettes de sardine (poids net : 150 g).

– Terrine de maquereaux au cœur d'artichauts (poids net : 115 g).

– Soupe de l'Iroise (poids net : 850 g).

L'emballage pèse 360 g. Quelle est la masse totale d'un colis ?
Ce vendredi, la société « Gwenn Armor » charge une camionnette de 134 colis pour livrer quelques distributeurs locaux. Quelle est la masse totale transportée (exprime le résultat dans trois unités différentes).

À TOI DE JOUER...

L'*Emma Mœrsk* le plus grand porte-conteneurs au monde, possède deux ancres pesant 29 tonnes chacune, soit le poids de cinq éléphants.
Quelle est la masse d'un éléphant ? Arrondis ton résultat au nombre entier le plus proche.
Ce porte-conteneurs peut transporter 11 000 conteneurs d'environ 14 tonnes chacun.
S'il pouvait transporter des éléphants, combien d'éléphants pourraient prendre place à son bord ? Arrondis ton résultat au nombre entier le plus proche.

5 Mesure de contenances

CHERCHONS ENSEMBLE

Pour son goûter d'anniversaire, Camille a acheté plusieurs boissons :
- 8 bouteilles de 33 cL de jus d'orange ;
- 6 bouteilles de 25 cL de thé à la pêche ;
- 3 bouteilles de soda de 1,25 L ;
- 4 bouteilles de jus de fruits de 2 L ;
- 5 bouteilles de 1,5 L d'eau pétillante.

Calcule, en litres, la quantité de liquide achetée. Exprime ensuite cette quantité en centilitres.

L'unité de mesure des contenances dans le système métrique est **le litre** (L).

Multiples du litre			Sous-multiples du litre		
hectolitre	décalitre	litre	décilitre	centilitre	millilitre
hL	daL	L	dL	cL	mL
4	0	0			
		0	4	5	
		0	0	1	

1 hL = 10 daL = 100 L

1 L = 10 dL = 100 cL = 1 000 mL

Exemples : 4 hL = 400 L ; 45 cL = 0,45 L ; 1 cL = 0,01 L = $\frac{1}{100}$ L

Pour **effectuer des calculs** avec des nombres exprimant des mesures de contenances ou pour comparer des mesures, il faut que celles-ci soient toutes **exprimées dans la même unité**.

1 Retrouve la réponse qui te semble la plus proche de la réalité.

a) Une baignoire a une capacité de : 250 L 25 L 2 500 L

b) Un seau a une capacité de : 10 L 10 dL 100 L

c) Une bouteille d'eau contient : 1,5 hL 1,5 L 1,5 dL

d) Un cubitainer de vin contient : 5 dL 5 L 5 daL

2 Recopie et complète.

Tu peux t'aider d'un tableau comme dans l'encadré.

1 hL = … L	0,1 daL = … L	$\frac{1}{100}$ L = … cL
1 L = $\frac{1}{100}$ …	$\frac{1}{10}$ L = … dL	1 daL = … L
1 mL = … L	100 dL = … L	100 cL = 1 …

3 Convertis à chaque fois en litres.

9,4 daL – 72 dL – 270 cL – 376 daL – 4 500 mL – 124 dL – 0,75 hL – 7,94 dL

4 **Exprime, en litres, les contenances suivantes à l'aide de nombres décimaux.**

$\frac{1}{4}$ L $\frac{1}{5}$ L $\frac{3}{4}$ L $\frac{1}{10}$ L $\frac{1}{2}$ L

$\frac{1}{100}$ L $\frac{1}{1\,000}$ L

5 **Exprime les fractions dans l'unité demandée.**

$\frac{1}{2}$ L = … cL	… cL = $\frac{1}{4}$ L
$\frac{1}{4}$ L = … dL	$\frac{1}{5}$ L = … dL
$\frac{1}{8}$ L = … mL	… mL = $\frac{1}{2}$ L

6 **Recopie et complète avec le signe qui convient (<, > ou =)**

3 dL … 0,3 L	14 daL … 1,4 L
12 hL … 120 L	745 L … 7,45 dL
15 cL … 150 mL	56 mL … 5,6 dL
108 dL … 18 L	70 daL … 7 L

7 **Observe les graduations du verre doseur.**

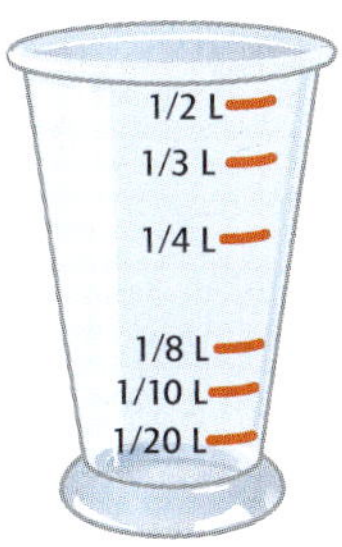

a) Exprime, en centilitres, les indications portées sur le verre doseur.

b) À ton avis, pourquoi les graduations ne sont-elles pas régulières ?

8 Pour soigner son rhume, Chloé doit prendre 4 cuillerées de sirop par jour pendant 10 jours.
Sachant qu'une cuillère contient 5 mL et que le sirop est vendu par flacons de 150 mL, combien faudra-t-il de flacons à Chloé pour prendre son traitement jusqu'au bout ?

9 Combien faut-il de seaux de 5 L pour remplir un tonneau de 80 L aux trois quarts de sa contenance ?

10 Pour faire une lessive, M. Leblanc verse 2 bouchons de lessive liquide de 10 cL chacun dans son lave-linge. La lessive est vendue en bidons de 5 litres au prix de 12 € le bidon.

a) Combien de lessives M. Leblanc pourra-t-il faire avec un bidon ?

b) M. Leblanc fait 4 lessives par semaine. Combien de bidons devra-t-il acheter en un an et quelle sera sa dépense ?
(1 an = 52 semaines)

JE TRAVAILLE SEUL(E)

a) **Recopie et complète avec le signe qui convient (<, > ou =).**

5 L … 50 dL	3 hL … 30 L
25 cL … 2,5 L	7,8 L … 780 cL
15 dL … 1,5 L	1 000 mL … 10 L
723 daL … 72,3 L	70 cL … 7 L

b) **Résous le problème.**

Pour faire une menthe à l'eau, il faut diluer le sirop avec sept fois son volume d'eau.
Si l'on verse 2 cL de menthe et l'eau, quelle quantité de boisson obtient-on ?
Quelle quantité de liquide peut-on obtenir avec 1 litre de sirop de menthe ?

À TOI DE JOUER…

Contenance 100 L Contenance 240 L

Retrouve la quantité d'eau de chaque cuve.

6 Mesures : nombres décimaux et fractions

CHERCHONS ENSEMBLE

Plusieurs enfants veulent comparer la distance qui sépare leur domicile de l'école. Aide-les à ranger ces distances de la plus proche à la plus lointaine.

Les **unités de mesure** ont des **similitudes** ; il est donc important de connaître la **signification des préfixes**.

kilo → 1 000 fois plus grand que l'unité
hecto → 100 fois plus grand que l'unité
déca → 10 fois plus grand que l'unité

milli → 1 000 fois plus petit que l'unité
centi → 100 fois plus petit que l'unité
déci → 10 fois plus petit que l'unité

Multiples			Unité	Sous-multiples		
kilo...	hecto...	déca...	m g L	déci...	centi...	milli...
k...	h...	da...		d...	c...	m...
1 000 unités	100 unités	10 unités	1	1/10 de l'unité	1/100 de l'unité	1/1 000 de l'unité
1 000	100	10	1	0,1	0,01	0,001

Pour écrire des mesures, on peut utiliser l'écriture décimale.
Exemples : 3 km 570 m = 3,57 km ; 6 L 7 dL = 6,7 L

Pour **transformer une mesure** d'une unité dans une autre, on **multiplie ou** on **divise** par 10, 100... Il suffit de déplacer la virgule en n'oubliant pas de mettre des zéros quand c'est nécessaire.

Exemples : 56,79 m → 5,679 dam : on divise par 10 ;
12,467 L → 1 246,7 cL : on multiplie par 100 ;
78 cg → 0,078 dag : on divise par 1 000.

1 Observe l'exemple et fait de même pour les autres mesures.

1,69 hm, c'est 1 hm + $\frac{6}{10}$ de hm (6 dam) + $\frac{9}{100}$ de hm (9 m)

6,8 g – 7,56 km – 6,93 L – 12,6 cm – 2,893 hg – 7,4 cL – 9,741 dam – 34,78 hg

2 **Mesure chaque segment et complète le tableau.**

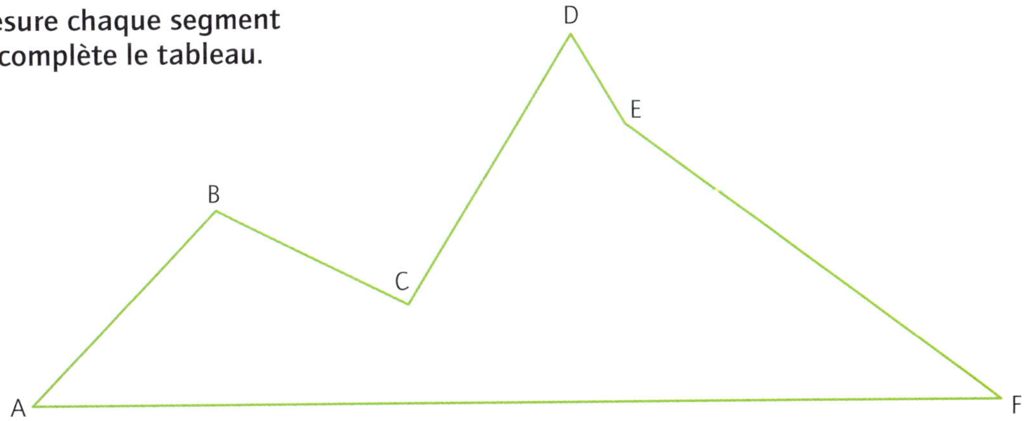

Mesure [AB]	Mesure [BC]	Mesure [CD]	Mesure [DE]	Mesure [EF]	Mesure [FA]
3 cm 6 mm					
3,6 cm					
36 mm					
3 cm 6/10 cm					

3 a) Le sommet de l'Everest est à 8 848 m au-dessus du niveau de la mer. Exprime cette hauteur en km.

b) Pour remplir une piscine, il faut 645 780 dL d'eau. Exprime cette contenance en hL.

c) Le poids d'un monospace est de 1 645 000 g. Exprime cette masse en tonnes.

4 **Retrouve pour chacun de ces cinq lanceurs de poids son meilleur essai.**

	Phil	Igor	Samuel	Medhi	Boubacar
1er essai	19 m 56 cm	1 980 cm	1 dam 9 m 67 cm	19 m 7 dm	197 dm 8 cm
2e essai	20,05 m	0,1945 hm	200,8 dm	2 000 cm	19,67 m
3e essai	2,045 dam	20,46 m	2,009 dam	198,9 dm	0,2002 hm

Les trois meilleurs ont le droit de faire trois lancers supplémentaires. Quels sont-ils ?

JE TRAVAILLE SEUL(E)

Les biologistes utilisent des unités de mesure plus petites que le millimètre pour mesurer des êtres microscopiques comme les bactéries ou les virus.
Le micromètre est 1 000 fois plus petit que le millimètre.
Le nanomètre est 1 000 fois plus petit que le micromètre.

a) Combien y a-t-il de micromètres dans un millimètre ? et dans un mètre ?

b) Combien y a-t-il de nanomètres dans un millimètre ?

c) La taille d'un virus est d'environ 20 nanomètres. Exprime cette dimension en millimètres.

À TOI DE JOUER...

Voici quelques mesures anglaises :

1 inch = 2,54 cm = $\frac{1}{12}$ foot (pied)

1 thou = $\frac{1}{1\ 000}$ de pouce

Quelles sont les mesures, en mm, d'un foot et d'un thou ?

1 livre = 0,454 kg

1 once = $\frac{1}{16}$ de livre

Quelle est la masse, en g, d'une once ?

RÉCAPITULONS 1

1 **Recopie et complète ces égalités.**

67 m = ... cm	7 L = ... cL	2 304 g = ... kg	0,12 L = ... mL
9,87 m = ... dam	4 000 mg = ... dag	79,03 dL = ... mL	23 m = ... km
45,008 kg = ... g	56,3 dm = ... dam	3,7 dm = ... mm	78 cL = ... L

2 **Quel est l'enfant le plus proche du point de rencontre ?**

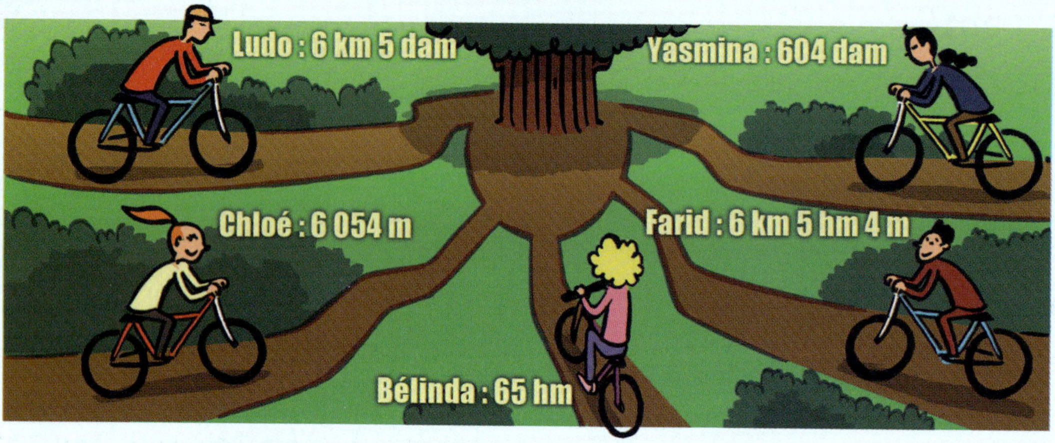

3 **Observe ce document représentant une coupe de notre planète.**

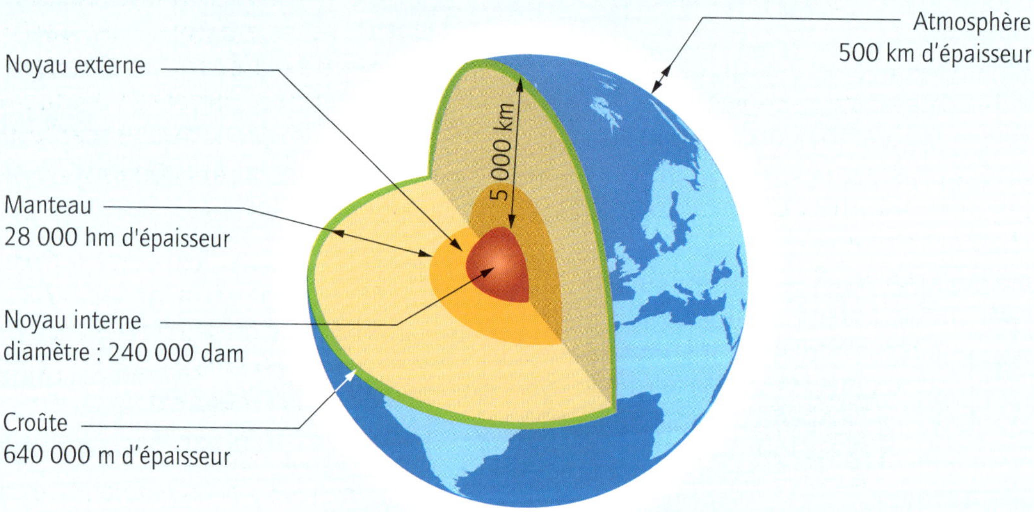

a) Calcule l'épaisseur du noyau externe.

b) Calcule la distance du centre à la surface de la Terre.

4 **Choisis à chaque fois une unité qui convient et écris ces mesures sous forme décimale.**

6 m 9 dm	5 L 57 mL	45 dag 8 g	12 km 98 m
7 g 12 cg	56 dm 8 cm	90 hL 7 L	40 dam 700 cm
1 200 L 8 cL	98 kg 78 cg	12 dam 7 dm	45 g 24 mg

5 **Recopie et complète les égalités.**

Observe l'exemple :

10 m = ... hm = ... hm

→ 10 m = 0,1 hm = $\frac{1}{10}$ hm

100 cm = ... dam = ... dam

1 L = ... hL = ... hL

1 g = 0,01 ... = ...

100 mm = 0,0001 ... = ...

1 000 cm = ... dam = ... dam

1 dg = 0,001 ... = ...

1 daL = ... hL = ... hL

100 cg = 0,01 ... = ...

6 **Reproduis et complète ces tableaux.**

	Rectangle			
	a	b	c	d
Longueur	12 m	23 dm	... hm	39 mm
Largeur	6,8 m	156 cm	120 dam	... cm
Périmètre	... m	... cm	57 hm	14,6 cm

	Carré			
	a	b	c	d
Côté	2 hm 6 m		75 m	... cm
Périmètre	... m	13,6 cm	... hm	8,24 m

7 Robert veut construire un garage pour y loger, côte à côte, deux voitures mesurant respectivement 1,82 m et 1,69 m de large. Il veut laisser un espace de 90 cm entre les deux voitures et de 1,25 m entre chaque voiture et le mur.
Sachant que la longueur sera de 8,60 m, quel sera le périmètre de ce garage ?

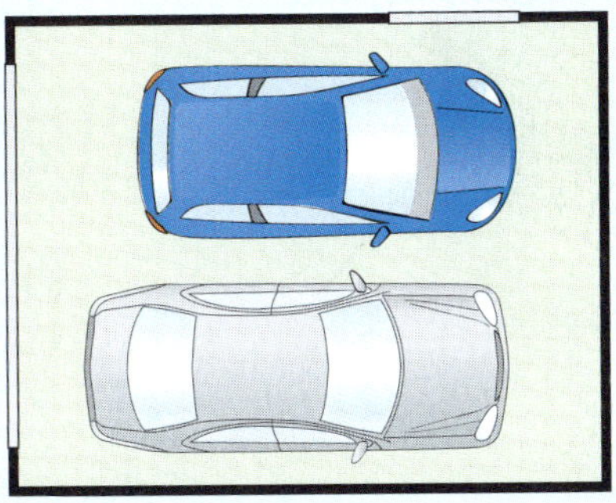

8 **Exprime en minutes et en secondes les durées suivantes.**

125 s – 312 s – 647 s – 380 s – 600 s – 99 s – 349 s – 590 s

9 Lorsqu'un avion vole à « mach 2 », sa vitesse est le double de celle du son.
La vitesse du son étant de 340 mètres par seconde (m/s), indique en kilomètres par heure (km/h) ce que représente « mach 2 ».

10 Retrouve la durée totale de ce CD audio.

11 Un TGV parti de Paris passe à Lyon à 16 h 27 min après 1 h 42 de trajet. Il roule encore 1 h 25 avant d'arriver à Marseille. Calcule :

a) la durée du trajet Paris-Marseille ;

b) l'heure d'arrivée à Marseille ;

c) l'heure de départ de Paris.

12 Un hôtelier présente sa confiture des petits-déjeuners en pots de 28 g. Il reçoit ce matin sa commande : un carton de pots de confiture d'abricots, un carton de confiture de fraises et un carton de marmelade d'oranges. Sachant que chaque carton comprend 3 couches de 96 pots chacune, quelle masse totale de confiture, en kilogrammes, l'hôtelier reçoit-il ce matin ?

13 Les muletiers de l'expédition *Cordillère 2006* doivent répartir les 574 kg de matériel entre les sept mules chargées du portage. Quelle masse a-t-on prévue de faire porter à chaque mule ?

14 Un vigneron a produit 23 500 bouteilles de 75 cL. De combien d'hectolitres de vin dispose-t-il ?

15 Avec un fût de 3 hL plein d'huile d'olive, le producteur a déjà rempli 346 bouteilles de 0,5 L.

a) Combien de litres d'huile d'olive reste-t-il dans le fût ?

b) Combien peut-il encore remplir de bouteille de 0,5 L ?

7 Mesure d'angles

CHERCHONS ENSEMBLE

Range ces angles du plus petit au plus grand.

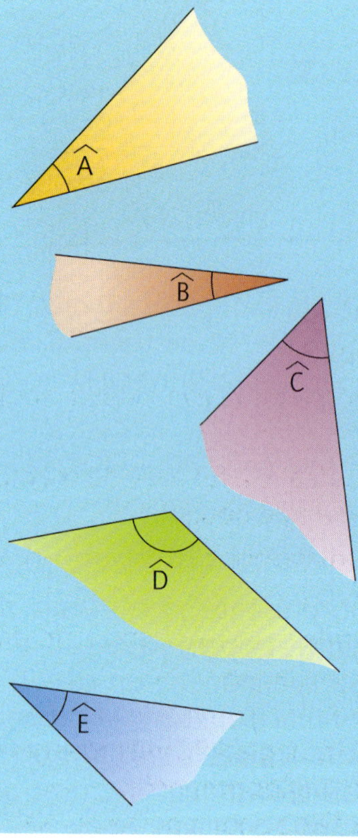

Deux **demi-droites perpendiculaires** forment un **angle droit**.

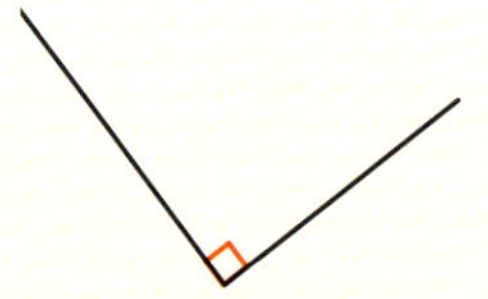

On peut comparer des angles en les découpant et en les superposant ou en utilisant un gabarit ou un calque.

Un angle **plus petit que l'angle droit** est un **angle aigu**.

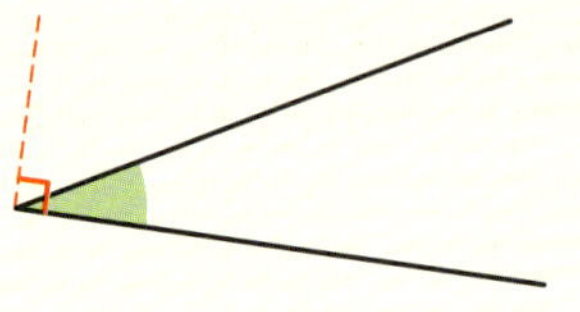

Un angle **plus grand que l'angle droit** est un **angle obtus**.

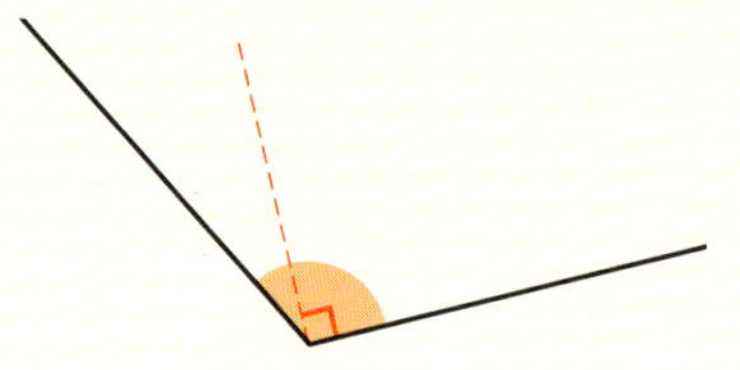

1 a) **Observe les angles, puis complète le tableau.**

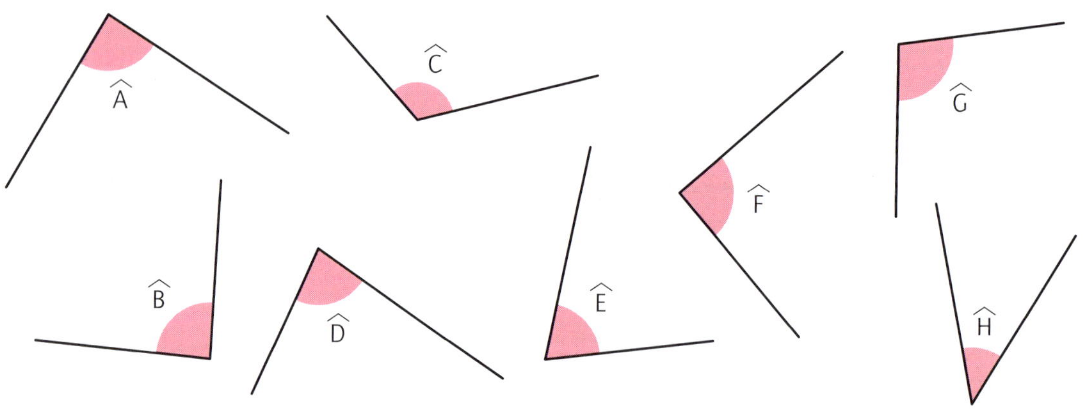

Angle…	$\widehat{A}$	$\widehat{B}$	$\widehat{C}$	$\widehat{D}$	$\widehat{E}$	$\widehat{F}$	$\widehat{G}$	$\widehat{H}$
droit								
aigu								
obtus								

b) **Range ces angles du plus obtus au plus aigu.**

2 **Observe ces polygones. Recopie puis complète le tableau.**

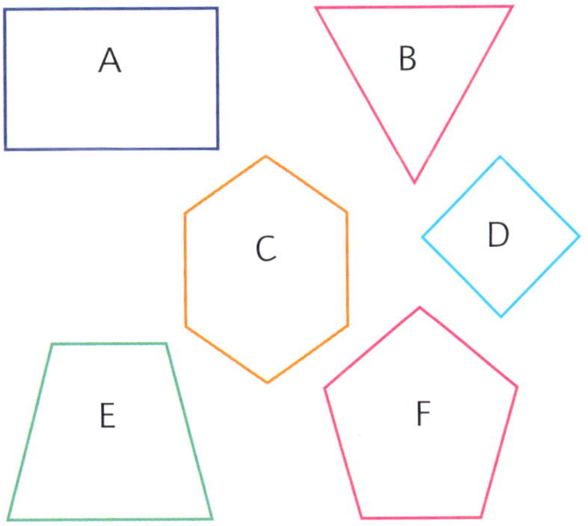

Polygone	Nombre d'angles droits	Nombre d'angles aigus	Nombre d'angles obtus
A			
B			
C			
D			
E			
F			

3 **Sur une feuille blanche, trace trois angles droits, puis découpe-les.**

a) Plie le premier angle en deux parts égales. Repasse le pli en rouge.
Que constates-tu ?

b) Plie le deuxième en deux parts égales, puis à nouveau en deux parts égales. Repasse les plis en rouge.
Que constates-tu ?

c) Plie le dernier angle en trois parts égales. Repasse les plis en rouge.
Que constates-tu ?

d) Exprime ce que tu viens de trouver sous la forme de fractions.

4 **Trace trois droites qui se coupent en trois points différents. Colorie les angles aigus en rouge et les angles obtus en bleu.**

5 **Vrai ou faux ?**

a) Un triangle peut avoir deux angles droits.

b) Un quadrilatère peut avoir deux angles droits et un angle obtus.

c) Un quadrilatère peut avoir quatre angles aigus.

d) Un triangle peut avoir un angle droit et deux angles aigus.

6 **Construis le triangle ABC avec le segment et les deux angles proposés.**
Utilise un calque pour reporter les angles.

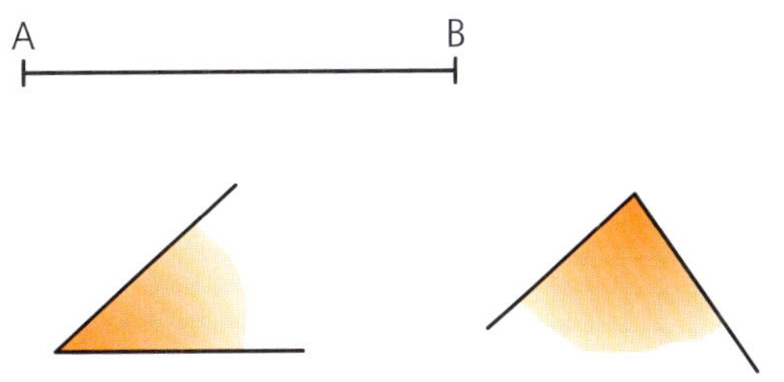

JE TRAVAILLE SEUL(E)

Range les angles du plus petit au plus grand.

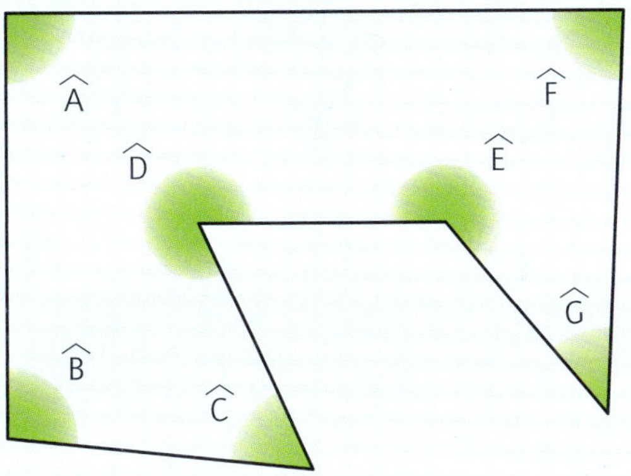

À TOI DE JOUER...

Quel angle (aigu, droit ou obtus) forme les aiguilles d'une pendule lorsqu'il est :
20 heures ? 10 heures ? 13 heures ? 9 heures ? 5 heures 30 minutes ?

8 Mesure d'aires (1)

CHERCHONS ENSEMBLE

Range ces polygones dans l'ordre croissant de leur étendue.

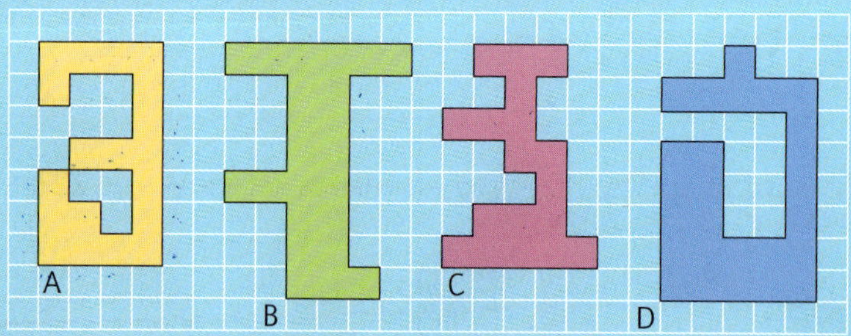

L'aire d'une figure est l'étendue de sa surface.

1) L'aire peut s'exprimer **à l'aide d'une unité d'aire**.

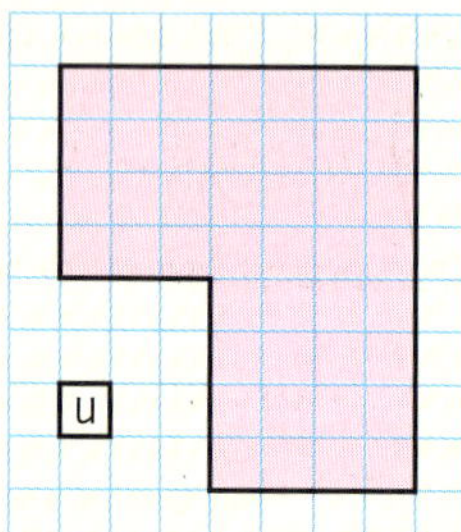

L'aire de cette figure est 44 unités.

Des figures de formes différentes peuvent avoir la même aire.

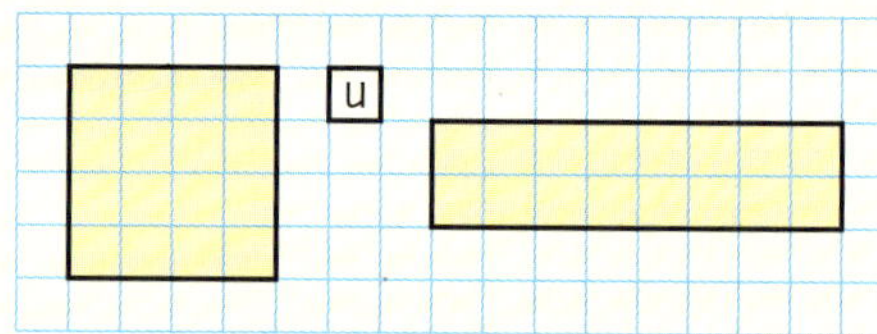

Le carré et le rectangle ont la même aire : 16 unités.

2) On peut également exprimer l'aire d'une figure **en réalisant un encadrement**.

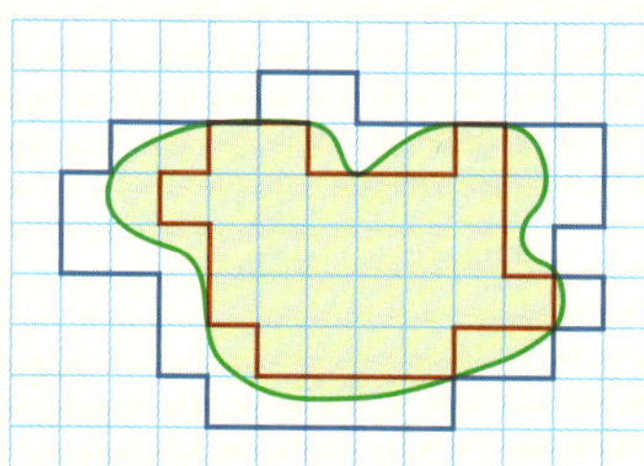

27 u < aire de la figure verte < 55 u

1 **Mesure les aires des surfaces colorées à l'aide des unités données.**

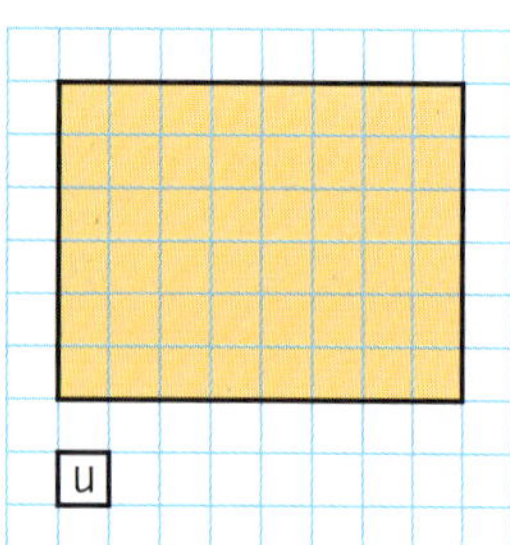

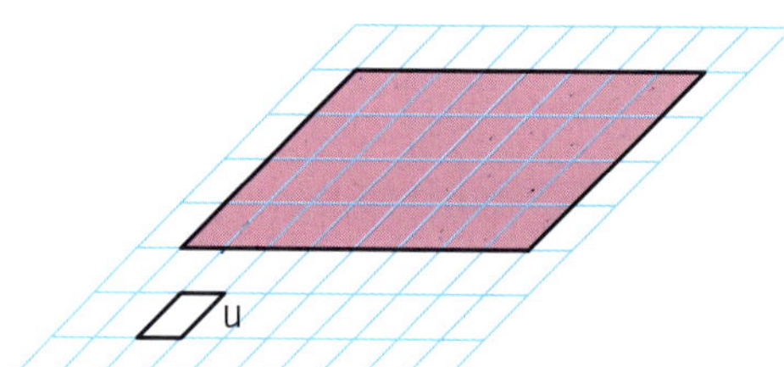

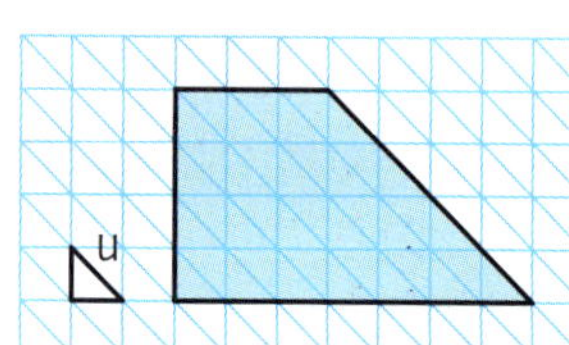

2 Exprime l'aire de ces deux figures sous la forme d'un encadrement en utilisant u comme unité d'aire.

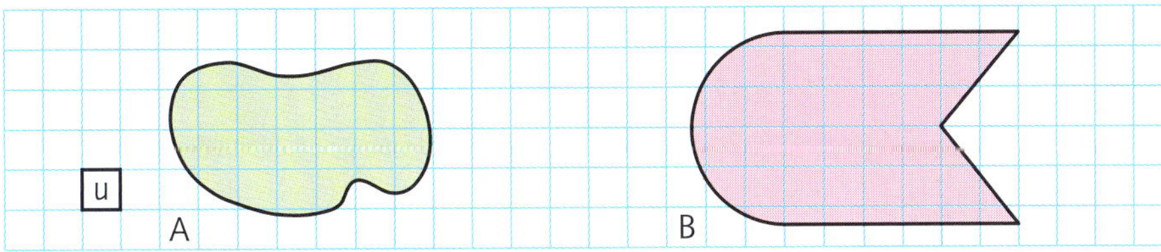

3 Trouve l'aire de chaque surface colorée en faisant le moins de calculs possible. Exprime les aires à l'aide de l'unité.

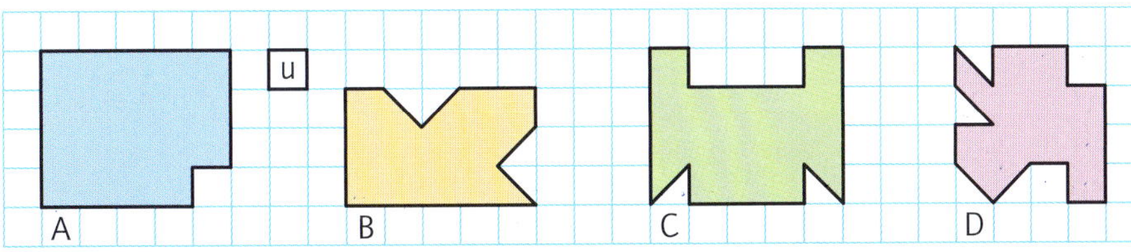

4 Donne la mesure de l'aire de la figure sous la forme d'encadrements, en utilisant les unités données.

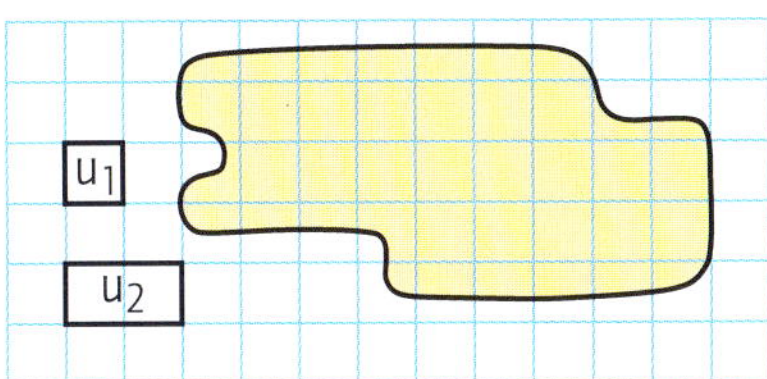

5 a) Trace un rectangle ayant pour aire 12 u.

b) Trace un carré ayant pour aire 18 u.

c) Trace une figure ayant pour aire 7 u.

d) Trace une figure ayant pour aire 8 u.

e) Trace une figure ayant pour aire 10 u.

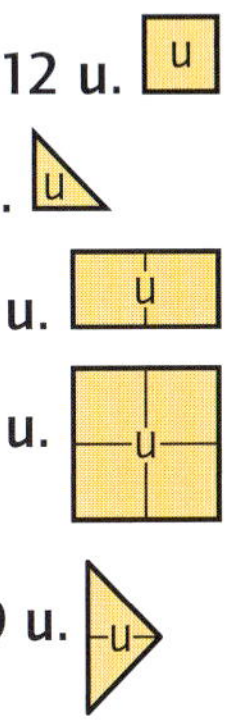

JE TRAVAILLE SEUL(E)

a) En utilisant l'unité d'aire, compare les aires des deux figures.

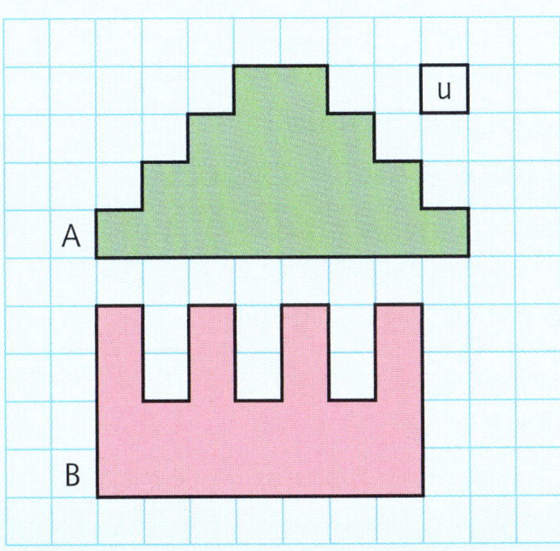

b) Construis une figure dont l'aire sera comprise entre les aires des deux figures.

À TOI DE JOUER...

Exprime l'aire de ce panneau de sécurité routière sous la forme d'un encadrement en utilisant le carreau de ton cahier comme unité.

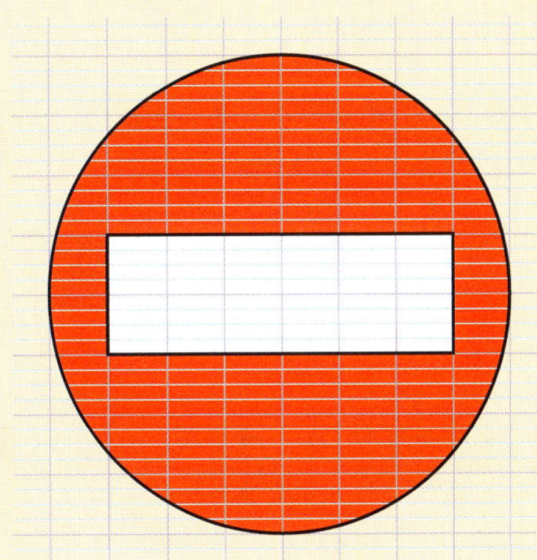

9 Mesure d'aires (2)

CHERCHONS ENSEMBLE

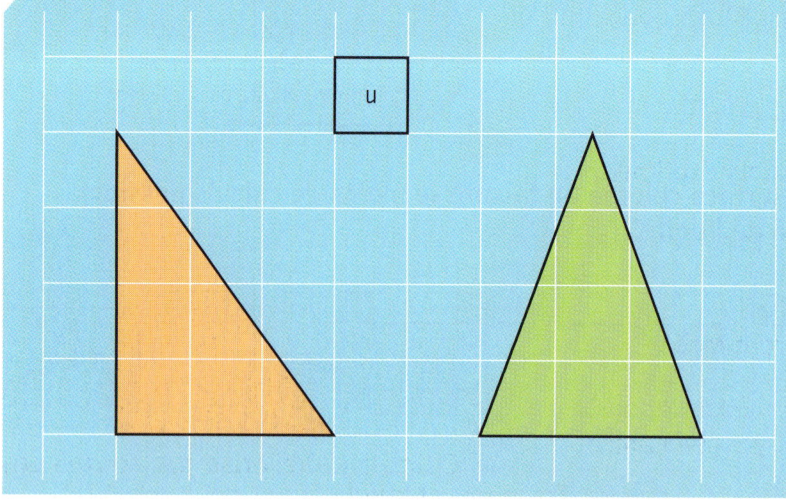

Louis affirme que ces deux triangles ont la même aire.
A-t-il raison ?
Quelle est l'aire de ces deux triangles ?
Que constates-tu ?

Dans un **carré de 1 cm de côté**, il y **100 petits carrés de 1 mm de côté**.

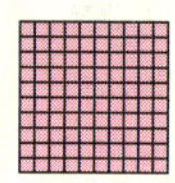

L'aire d'un carré de 1 cm de côté mesure **1 cm²** (on lit : un centimètre carré).
L'aire d'un carré de 5 cm de côté mesure 25 cm² (5×5).

km²		hm²		dam²		m²		dm²		cm²		mm²	
							5	0	0	0	0		
							0	2	5				

Exemples : 5 m² = 500 dm² = 50 000 cm²   25 dm² = 0,25 m²

Attention ! Contrairement aux unités simples (m, g, L), on passe **d'une unité à l'autre** en **multipliant par 100** ou en **divisant par 100**.

Pour les exercices 1 à 4, tu peux t'aider d'un tableau.

1 Recopie et complète ces égalités.
Observe l'exemple :
1 cm = 10 mm ➜ 1 cm² = 100 mm²

cm²		mm²	
	1	0	0

1 dm = 10 cm ➜ 1 dm² = … cm²
1 m = 100 cm ➜ 1 m² = … cm²
1 km = 100 dam ➜ 1 km² = … dam²
1 km = 1 000 m ➜ 1 km² = … m²
1 hm = 10 dam ➜ 1 hm² = … dam²

2 Recopie et complète ces égalités.
Observe l'exemple :
1 m² 25 dm² = 125 dm²

1 cm² 5 mm² = … mm²
65 dm² 46 cm² = … cm²
1 km² 76 m² = … m²
29 dam² 90 dm² = … dm²

3 Recopie et complète ces égalités.
Observe l'exemple : **15 m² = 1 500 dm²**

6 hm² = … m²
6 789 dm² = … cm²
708 cm² = … mm²
123 m² = … cm²
45 km² = … dam²
1 200 m² = … dm²

4 **Recopie et complète ces égalités.**

Observe l'exemple : $123\ m^2 = 1{,}23\ dam^2$

$67\ hm^2 = \ldots\ km^2$

$1\ m^2 = \ldots\ dam^2$

$23\ 456\ cm^2 = \ldots\ m^2$

$908\ cm^2 = \ldots\ dm^2$

$12\ 700\ mm^2 = \ldots\ dm^2$

$9\ m^2 = \ldots\ hm^2$

5 **Quelle unité choisirais-tu pour exprimer :**

- l'aire de la France ?
- l'aire de la page de ton livre de mathématiques ?
- l'aire de la salle de classe ?
- l'aire d'une pièce de 5 centimes ?

6 La piscine de Nathan a une aire de $32\ m^2$. Exprime cette aire en dm^2 puis en dam^2.

7 Un timbre a une aire de $5\ cm^2$.
Calcule l'aire d'un carnet de 10 timbres.
Calcule l'aire d'une planche de 100 timbres.
Exprime ces mesures en dm^2 puis en m^2.

8 Il faut $13\ dm^2$ de papier transparent pour couvrir ton livre de mathématiques.
Quelle sera, en m^2, l'aire de papier nécessaire pour couvrir les 30 livres de la classe ?

9 Un terrain de $1{,}96\ hm^2$ est divisé en parcelles de $560\ m^2$ pour construire des maisons.
Combien de parcelles pourront être vendues ?

10

Complexe Nautica

un centre de soins : $2\ 600\ m^2$

une piscine : $15\ dam^2$

un parcours de golf : $103\ hm^2$

un complexe résidentiel : $250\ 000\ m^2$

a) Calcule l'aire prise par toutes ces installations.

b) Les espaces de circulation entre les différentes installations occupent une aire de $156\ dam^2\ 56\ m^2$. Quelle est l'aire totale du complexe Nautica ?

JE TRAVAILLE SEUL(E)

Résous le problème.

Pour construire la nouvelle caserne des pompiers, la municipalité achète, à des particuliers, trois terrains ayant les superficies suivantes :
$58\ dam^2$, $10\ 600\ m^2$ et $1\ hm^2\ 36\ dam^2$.
Quelle sera l'aire, en hm^2, de la nouvelle caserne des pompiers ?
Le terrain s'est vendu 5 € le m^2.
Quel sera le prix que devra payer la municipalité ?

À TOI DE JOUER...

10 Aires du carré et du rectangle

CHERCHONS ENSEMBLE

Calcule l'aire de ces deux massifs de fleurs en utilisant l'unité proposée, puis en m^2.

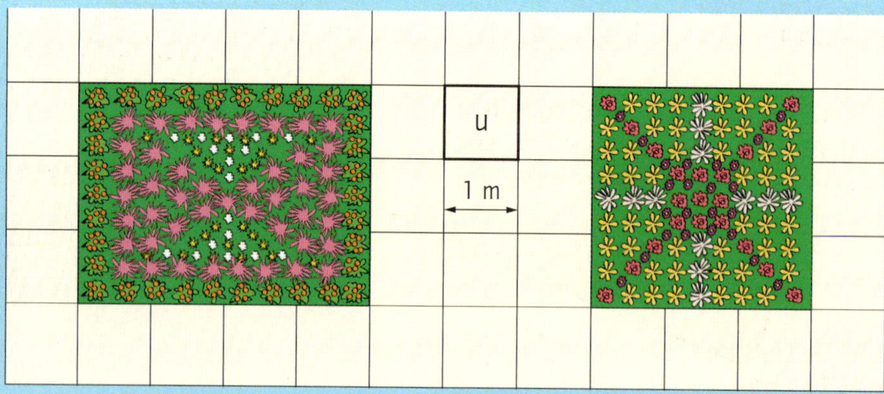

Aire du rectangle :
longueur × largeur (L × ℓ)
Exemple : 5 × 2 = 10

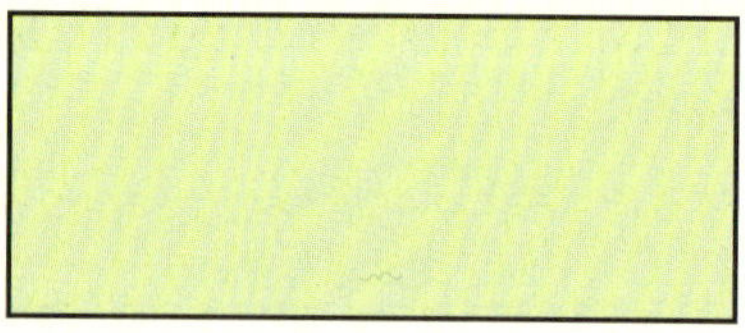

Ce rectangle a une aire de 10 cm^2.

Aire du carré :
côté × côté (c × c)
Exemple : 2 × 2 = 4

Ce carré a une aire de 4 cm^2.

1 **Reproduis et complète les tableaux.**

	Longueur	Largeur	Aire
Rectangle 1	45 cm	12,5 cm	
Rectangle 2		15 dm	555 dm^2

	Côté	Aire
Carré 1	25 cm	
Carré 2	21 hm	

2 **Trouve l'aire de ces figures en prenant le carré pour unité.**
Tu peux reproduire et découper le carré pour t'aider.

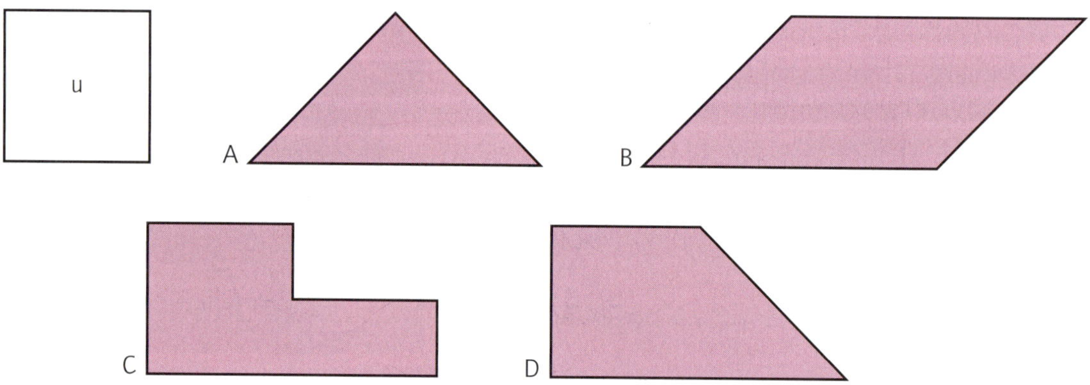

3 Calcule l'aire de ces deux figures en cm².

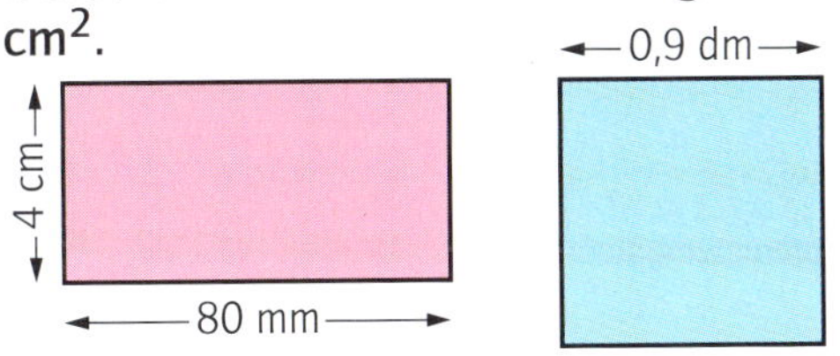

4 Observe ces figures. Quelles mesures dois-tu connaître pour calculer l'aire de ces triangles ? Calcule leurs aires.

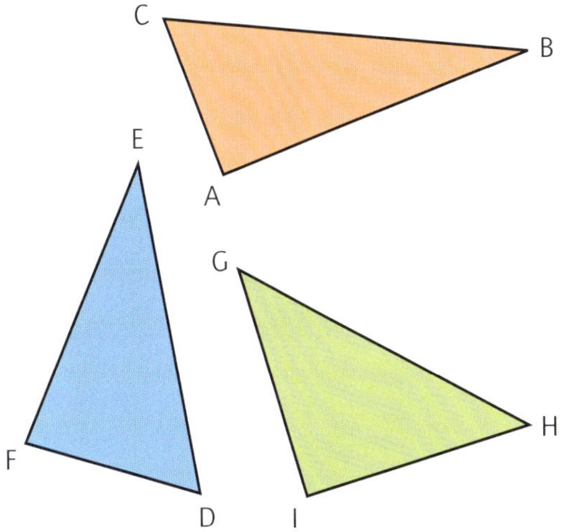

5 Trace, pour chaque mesure d'aire, deux rectangles différents.

a) 30 cm² b) 1 800 mm² c) 0,4 dm²

6 Trace un rectangle et un carré ayant pour aire :

a) 64 cm² b) 0,36 dm² c) 1 600 mm²

7 Une piscine rectangulaire mesure 12 m de long et a une aire de 72 m². Quelle est sa largeur ?

JE TRAVAILLE SEUL(E)

a) Quelle est l'aire d'un échiquier composé de 64 cases de 3 cm de côté ?

b) Calcule les aires de ces terrains de jeu.

Terrain...	Longueur (en m)	Largeur (en m)
de polo	275	180
d'ultimate	60	40
de tchoukball	20	12
de jorkyball	10	5
de squash	9,75	6,4

À TOI DE JOUER...

a) Calcule l'aire représentée par les figures rouges.

b) Calcule l'aire représentée par les figures bleues.

c) Calcule l'aire représentée par les figures vertes.

d) Calcule l'aire représentée par les figures jaunes.

e) Quelle est l'aire totale de cette frise ?

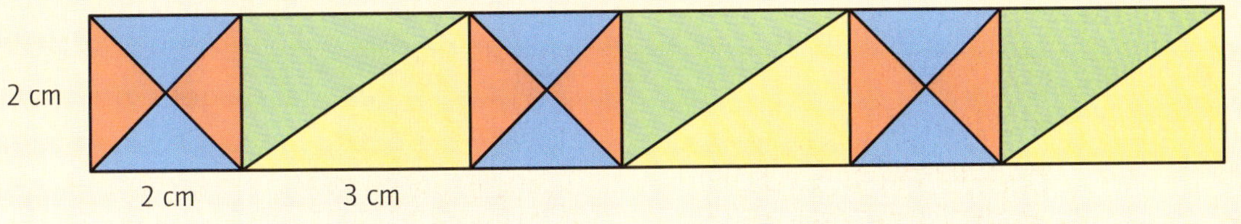

11 Aires et périmètres

CHERCHONS ENSEMBLE

Trace un rectangle dont le périmètre est égal à 33 cm et dont la longueur est égale à 10,5 cm. Quelle est sa largeur ? Quelle est son aire, en cm^2 ?

Le **périmètre** d'un polygone correspond à la somme des longueurs de ses côtés.

L'**aire** d'un polygone correspond à la mesure de sa surface.

Deux polygones ayant la même aire n'ont pas forcément le même périmètre.

Deux polygones ayant le même périmètre n'ont pas forcément la même aire.

Exemple :

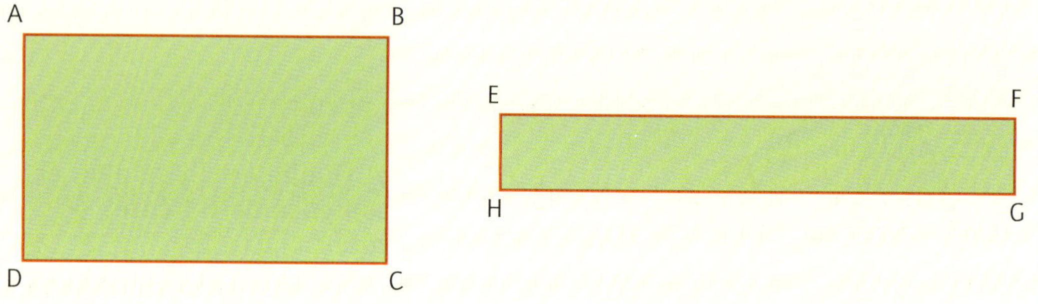

Périmètre = $(5 + 3) \times 2 = 16$
Aire = $5 \times 3 = 15$
Le rectangle ABCD a un périmètre de 16 cm et une aire de 15 cm^2.

Périmètre = $(1 + 7) \times 2 = 16$
Aire = $1 \times 7 = 7$
Le rectangle EFGH a un périmètre de 16 cm et une aire de 7 cm^2.

Le rectangle ABCD et le rectangle EFGH ont le même périmètre mais une aire différente.

1 Calcule le périmètre et l'aire de ces figures.

a) Un carré de 5,2 cm de côté.

b) Un rectangle de 23 cm de longueur sur 54 mm de largeur.

2 Construis deux rectangles non superposables d'aire 24 cm^2. Calcule leurs périmètres.

3 La longueur d'un terrain rectangulaire mesure 75 m. Sa largeur mesure $\frac{2}{3}$ de sa longueur.

a) Calcule la largeur de ce terrain.

b) Calcule le périmètre de ce terrain.

c) Calcule l'aire de ce terrain.

4 Un salon rectangulaire mesure 7 m de long sur 5,50 m de large.

a) Calcule l'aire de parquet qu'il faudra acheter pour refaire le sol du salon.

b) Calcule la longueur de plinthe nécessaire sachant que ce salon à deux portes de largeur 83 cm chacune.

5 Un terrain rectangulaire de 45 m de longueur a un périmètre qui correspond à la moitié de celui d'un terrain carré de 76 m de côté.

a) Quelle est la largeur du terrain rectangulaire ?

b) Quelles sont les aires des deux terrains ?

6 Voici le plan d'un jardin public.

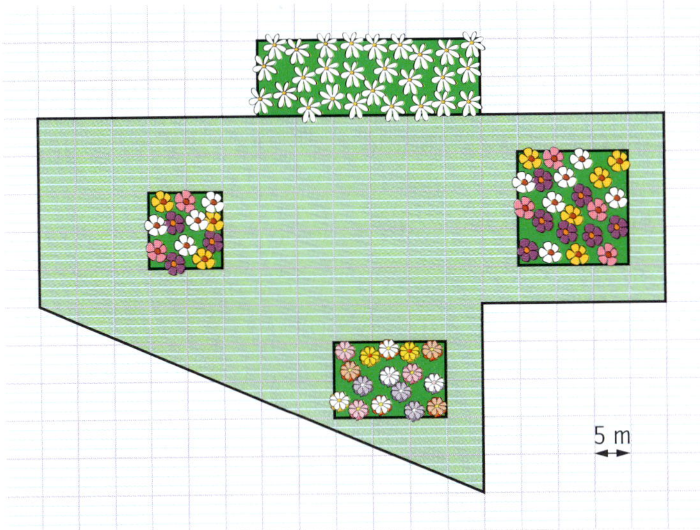

a) Calcule l'aire de ce jardin public avec les espaces fleuris.

b) Calcule l'aire des espaces fleuris.

c) On veut entourer ces espaces fleuris d'une petite bordure à 9 € 50 le mètre linéaire. Quelle sera la dépense ?

7 a) Calcule l'aire des trois lettres de cette enseigne.
a = 1,25 m ; b = 75 cm et c = 25 cm.

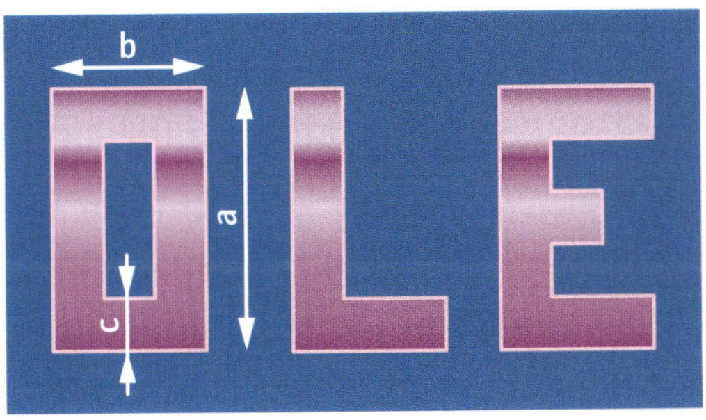

b) Pour les fêtes, le propriétaire veut entourer chaque lettre d'une guirlande d'ampoules lumineuses. Quelle longueur de guirlande lui faudra-t-il ?

8 **Construis trois rectangles non superposables de périmètre 28 cm.**

a) Calcule leurs aires.

b) Quel est celui que tu as dessiné qui a la plus grande aire ?

À TOI DE JOUER...

Cyril veut peindre son cerf-volant en forme de navette spatiale avec une peinture spéciale. Calcule l'aire qu'il aura à peindre. Attention, le cerf-volant a deux faces !

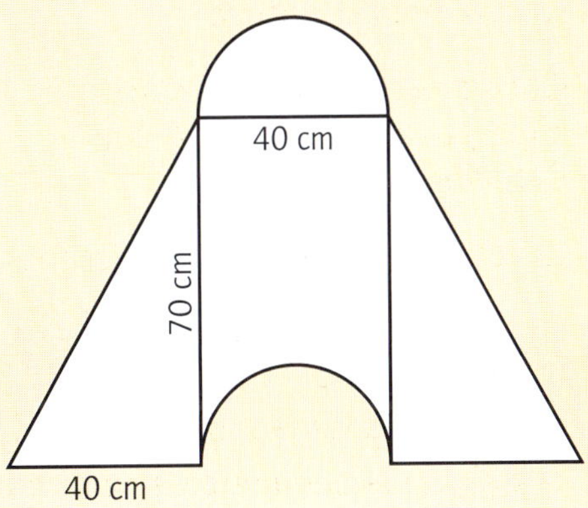

JE TRAVAILLE SEUL(E)

a) Dessine un rectangle d'aire 30 cm^2 et de périmètre 22 cm.

b) Construis un rectangle d'aire inférieure à 30 cm^2 et de périmètre supérieur à 22 cm.

RÉCAPITULONS 2

1 À l'aide de ton équerre, identifie sur cette figure les angles égaux à l'angle droit.
Quels sont les angles aigus ? les angles obtus ?

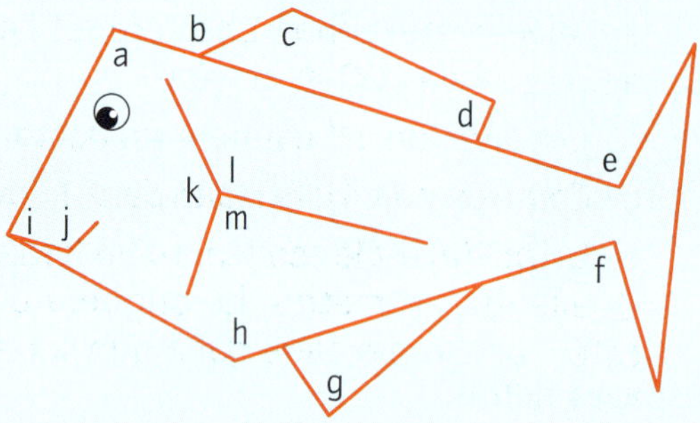

2 Mesure l'aire de ce losange en utilisant u comme unité d'aire.

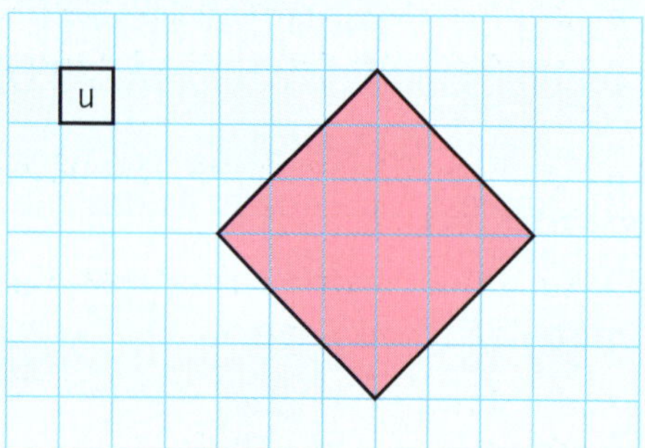

3 Reproduis cette figure sur une feuille quadrillée.

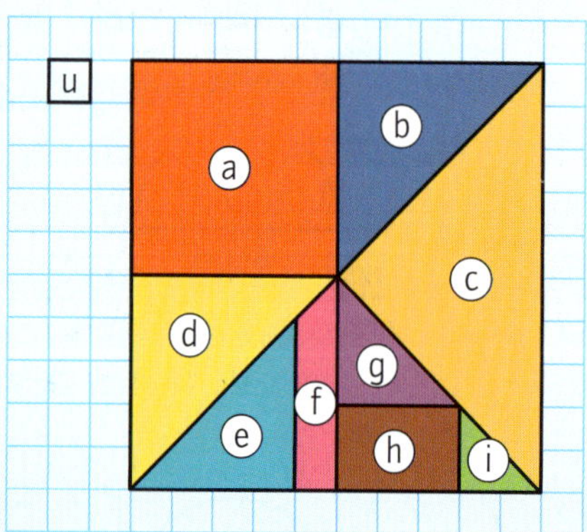

Retrouve l'aire de chaque partie et indique quelle fraction de l'aire totale elle représente.

4 Écris le meilleur encadrement possible de l'aire de la figure rose.

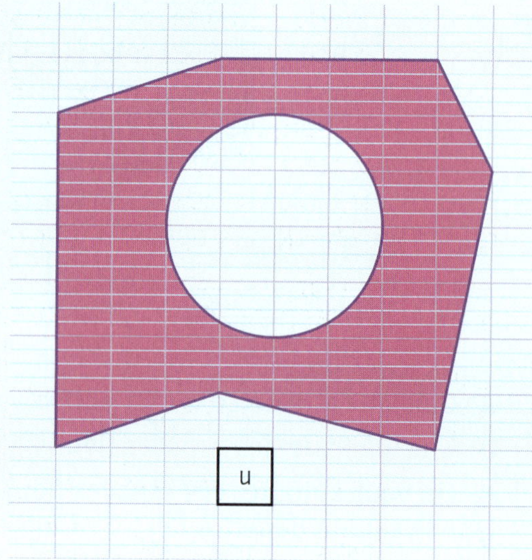

5 Exprime l'aire de ces deux figures sous la forme d'un encadrement en utilisant u comme unité d'aire.

6 Recopie et complète ces égalités.

12 m^2 = … dm^2
987 hm^2 = … dam^2
13,8 dam^2 = … dm^2
7,345 dm^2 = … mm^2
932 km^2 = … hm^2

13,6 cm^2 = … mm^2
2 347 dm^2 = … m^2
1 m^2 = … hm^2
0,06 m^2 = … cm^2
0,34 cm^2 = … mm^2

7 **Calcule le périmètre et l'aire de ces figures.**

a) Un carré de 0,8 dm de côté.

b) Un rectangle de 6,7 dm de longueur sur 32 mm de largeur.

8 Monsieur Pierre souhaite refaire les sols de son appartement. Pour cela, il achète de la moquette pour les chambres à 18 € le m^2 et du parquet pour le salon et la salle à manger à 24,50 € le m^2.
Quel sera le montant de sa dépense pour refaire les sols de son appartement ?

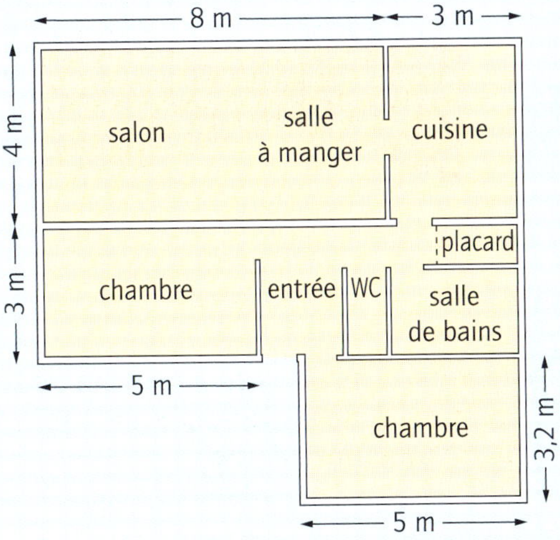

9 Deux champs, l'un carré et l'autre rectangulaire, ont le même périmètre. Le champ rectangulaire a une aire de 8 925 m^2 et un largeur de 85 m.
Calcule :

a) la longueur du champ rectangulaire ;

b) le périmètre des deux champs ;

c) la mesure du côté du champ carré ;

d) l'aire du champ carré.

10 **Calcule l'aire de cette cour d'école.**

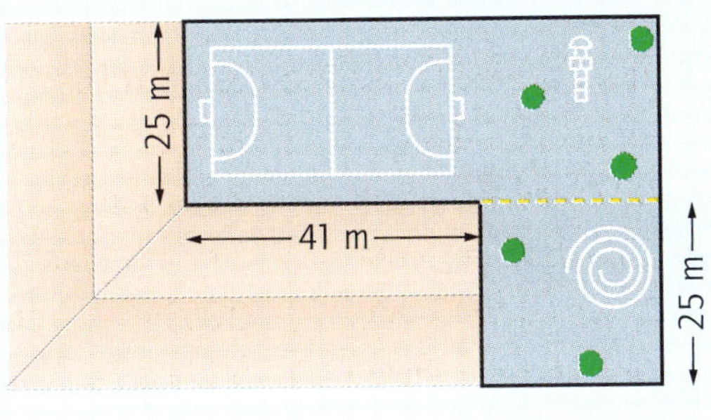

11 Sur une feuille cartonnée mesurant 29,7 cm × 21 cm (format A4), on place quatre photographies : deux carrées, de 8,4 cm de côté et les deux autres rectangulaires, de 13,5 cm de long sur 9 cm de large. Calcule, en cm^2, l'aire non occupée par les photographies.

12 Pour mesurer les aires des champs et des terrains, on utilise une autre unité d'aire appelée **hectare** (ha). L'hectare est l'aire d'un carré de 100 m de côté.

a) Combien de m^2 contient un hectare ?

b) Combien y a-t-il d'hectares dans 1 km^2 ?

c) Un are (a) est le centième d'un hectare. Quelle est, en mètres, la longueur d'un côté d'un champ carré qui a une surface de 1 a ?

13 La tapisserie de Bayeux est une broderie de laine sur une toile de lin réalisée au XIe siècle.
Elle mesure soixante-dix mètres de long pour une hauteur de cinquante centimètres.

a) Quel est le périmètre, en mètres, de cette tapisserie ?

b) Calcule en cm^2, puis en m^2, l'aire de la tapisserie de Bayeux.

Un détail de la tapisserie.

SYNTHÈSE

1 Les félins ou félidés (*felidae* en latin) constituent une famille de l'ordre des carnivores dans la classe des mammifères. Parmi leurs traits caractéristiques figurent leur tête ronde, leur mâchoire dotée d'environ 30 dents et leurs griffes rétractiles (sauf pour le guépard). En voici quelques exemples.

le lynx : 68 cm de long

le guépard : 2,3 m de long

le léopard : 15,7 dm de long

le lion : 245 cm de long

le chat tigré : 0,57 m de long

le serval : 850 mm de long

Range ces félins par ordre de taille, du plus long au plus court.

2 **Range ces anciennes unités de mesure romaines en ordre croissant.**

Un stade	(*stadium*)	185,25 m
Une paume	(*palmus*)	7,41 cm
Une lieue	(*leuga*)	2,223 km
Un double pas	(*passus*)	1,482 m
Une perche	(*pertica*)	2,964 m
Un doigt	(*digitus*)	18,525 mm
Un mille	(*milliarium*)	1,482 km
Un pied	(*pes*)	29,64 cm
Un (simple) pas	(*gradus*)	0,741 m
Une longueur d'arpent	(*actus*)	35,568 m
Une coudée	(*cubitus*)	44,46 cm

3 Sur la terre, il y a l'eau visible : les océans, l'eau contenue dans les calottes polaires, les lacs, les rivières, les nuages et la pluie ; et l'eau invisible : les eaux souterraines.
Observe et complète la case vide du tableau.

Réserves d'eau	Volume (en km^3)
Océans	1,35 milliard
Glaces	27,5 millions
Eaux souterraines	
Mers, lacs, rivières	207 000
Humidité du sol	70 000
Eau des cellules vivantes	1 100
Humidité de l'air	13 000
Total	**1,4 milliard**

4 **Observe ce tableau te présentant les records successifs pour la traversée ouest-est de l'Atlantique.**

Le sens ouest-est est le plus rapide, c'est celui qui rencontre le plus d'intérêt parmi les skippeurs.
La traversée doit être effectuée en partant du phare d'Ambrose (New York) à une ligne allant du cap Lizard à Ouessant, soit une traversée de 2 980 milles nautiques.

Année	Temps	Skipper	Bateau	Type de Bateau
1905	12 j 4 h 1 min 19 s	Charlie Barr	*Atlantic*	Goélette
1980	10 j 5 h 14 min 20 s	Éric Tabarly	*Paul Ricard*	Trimaran
1981	9 j 10 h 6 min 34 s	Marc Pajot	*Elf Aquitaine 1*	Catamaran
1984	8 j 16 h 36 min	Serge Madec	*Jet Services 2*	Catamaran
1985	7 j 21 h 5 min 42 s	Loïc Caradec	*Royale 2*	Catamaran
1987	7 j 12 h 49 min 34 s	Philippe Poupon	*Fleury Michon VIII*	Trimaran
1988	7 j 6 h 32 min	Serge Madec	*Jet Services 5*	Catamaran
1990	6 j 13 h 3 min 32 s	Serge Madec	*Jet Services 5*	Catamaran
2001	4 j 17 h 28 min 6 s	Steve Fosset	*PlayStation*	Catamaran
2006	4 j 8 h 23 min 54 s	Bruno Perron	*Orange II*	Catamaran

a) Calcule les écarts entre chaque record.

b) De combien de jours, heures, minutes, secondes le record a-t-il progressé entre 1905 et 2006 ?

5 **Mesures de masse à bord de la station spatiale *Skylab***

La plus grande fusée de la NASA fut le géant *Saturne V*, développé par la NASA pour les missions lunaires du projet *Apollo*. Après plusieurs alunissages réussis, la NASA a décidé d'utiliser le dernier *Saturne V* non plus vers la lune, mais pour placer sur une orbite terrestre basse une grande station spatiale nommée *Skylab*.

Les mesures de masse à bord de *Skylab* faisaient partie des expériences médicales. Avant la mission *Skylab*, on avait constaté que les astronautes américains ou russes revenant de mission avaient perdu du poids dans l'espace, et la NASA se demandait si cela n'impliquait pas une détérioration physique pouvant s'aggraver lors de vols plus longs.

Les astronautes de *Skylab* avaient perdu 3 à 6 livres pendant leur séjour d'un mois, et les mesures des apports montraient qu'ils n'avaient pas assez mangé.

En sachant qu'une livre = 0,4535 kg, calcule le poids perdu des astronautes (réponds par un encadrement).

JE TRAVAILLE SEUL(E) - CORRIGÉS

Page 117

250 dam = 2 km 50 dam
4 m 3 dm 7 mm < 43 dm 17 mm
6 004 cm > 6 m 4 cm
98 063 dm < 98 km 6 m 3 dm
7 hm 98 m 7 cm > 79 dam 87 cm

Page 119

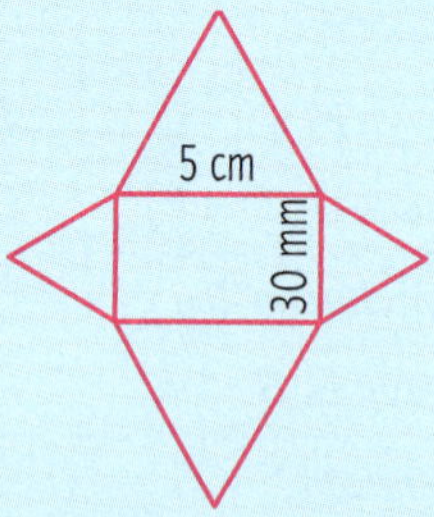

Périmètre = $(4 \times 5) + (4 \times 3) = 20 + 12 = 32$
Le périmètre de cette figure est de 32 cm.

Page 121

a) La durée codée 1'57''81 signifie 1 minute 57 secondes et 81 centièmes (de secondes). 1 minute = 60 secondes.
60 + 57 = 117 secondes
1'57''81, c'est 117,81 secondes.

b) 1' 57''81 – 1'56''24 ➜ 1 seconde et 57 centièmes entre le record de France et le record du Monde.
1'56''64 – 1'56''24 ➜ 40 centièmes entre le record d'Europe et le record du Monde.

Page 123

260 g < 1,5 kg	16 t > 1 600 kg
3,2 g = 320 cg	616 g < 70 hg
4 200 mg < 5 g	12 dg > 0,3 g
360 dg = 36 g	19 q > 190 kg
6 010 g < 61 dag	7 340 g > 734 dg

Page 125

a) 5 L = 50 dL — 3 hL > 30 L
25 cL < 2,5 L — 7,8 L = 780 cL
15 dL = 1,5 L — 1 000 mL < 10 L
723 daL > 72,3 L — 70 cL < 7 L

b) Avec 2 cL de menthe, on obtient 16 cL de boisson : $(2 \times 7) + 2$.
Avec 1 litre de sirop de menthe, on obtient 8 L de boisson : $(1 \times 7) + 1$.

Page 127

a) Dans un millimètre, il y a 1 000 micromètres ; dans un mètre, il y a 1 000 000 de micromètres.

b) Dans un millimètre, il y a 1 000 000 de nanomètres.

c) 20 nanomètres = 0,00002 mm.

Page 131

$\widehat{G} < \widehat{C} < \widehat{F} < \widehat{A} < \widehat{B} < \widehat{E} < \widehat{D}$

Page 133

a) La figure A a une aire de 20 u ;
la figure B a une aire de 22 u.

b) Construire une figure qui aura 21 carreaux d'unité.

Page 135

58 dam^2 = 5 800 m^2
1 hm^2 36 dam^2 = 13 600 m^2
5 800 + 10 600 + 13 600 = 30 000
La nouvelle caserne aura une aire de 30 000 m^2, soit 3 hm^2.
$30\ 000 \times 5 = 150\ 000$
La municipalité devra payer 150 000 €.

Page 137

a) Aire d'une case : $3 \times 3 = 9$, soit 9 cm^2.
$9 \times 64 = 576$
Cet échiquier a une aire de 576 cm^2.

b) Terrain de polo : 275×180 ➜ 49 500 m^2
Terrain d'ultimate : 60×40 ➜ 2 400 m^2
Terrain de tchoukball : 20×12 ➜ 240 m^2
Terrain de jorkyball : 10×5 ➜ 50 m^2
Terrain de squash : $9,75 \times 6,4$ ➜ 62,4 m^2

Page 139

a) Dessin d'un rectangle de 6 cm par 5 cm.
$6 \times 5 = 30$ — $(6 + 5) \times 2 = 22$

b) Dessin d'un rectangle de 14 cm par 2 cm, par exemple.
$14 \times 2 = 28$ — $(14 + 2) \times 2 = 32$

Espace et géométrie

Géométrie et poésie

Triangles

TRIANGLE SCALÈNE

Bon pour danser,
Virevolter

Sur ma base, sur mon sommet,
Sur mes côtés, mes autres angles.

C'est que je suis toujours
Agité, tiraillé,

Par des angles, par des côtés
Assemblés au hasard
Et sans égalité.

TRIANGLE ISOCÈLE

J'ai réussi à mettre
Un peu d'ordre en moi-même.

J'ai tendance à me plaire.

TRIANGLE ÉQUILATÉRAL

Je suis allé trop loin
Avec mon souci d'ordre.

Rien ne peut plus venir.

EUGÈNE GUILLEVIC in *Euclidiennes*,

Par un point situé sur un plan...

Par un point situé sur un plan
On ne peut faire passer
qu'une perpendiculaire à ce plan.
On dit ça...
Mais par tous les points de mon plan
à moi
On peut faire passer tous les hommes,
tous les animaux de la terre
Alors votre perpendiculaire
me fait rire.
Et pas seulement les hommes
et les bêtes
Mais encore beaucoup de choses
Des cailloux
Des fleurs
Des nuages
Mon père et ma mère
Un bateau à voiles
Un tuyau de poêle
Et si cela me plaît
Quatre cents millions
de perpendiculaires.

ROBERT DESNOS in « La géométrie de Daniel »
recueilli dans *Destinée arbitraire*,

Géométrie

Deux droites parallèles
depuis longtemps s'aimaient :
– Nous toucher, disaient-elles,
le pourrons-nous jamais ?
Messieurs les géomètres
nous parlent d'infini ;
c'est bien beau de promettre,
mais tant de kilomètres,
ça donne le tournis !...

– Si le sort vous accable,
leur répondis-je alors,
rapprochez-vous, que diable,
rapprochez-vous encor !

Ma remarque, opportune,
leur fut d'un grand secours :
il n'en reste plus qu'une.
Quel beau roman d'amour !

JEAN-LUC MOREAU, *Poèmes de la souris verte*,
coll. « Le livre de poche jeunesse »,
Hachette Jeunesse.

Le carré de l'hypoténuse

Le carré de l'hypoténuse
Ne fut jamais de mes amis.
Bien que souvent je m'y sois mis
(Car le diable a plus d'une ruse !)

Non, jamais ma tête confuse
N'y trouva le bonheur promis.
Le carré de l'hypoténuse
Ne fut jamais de mes amis.

Mais que chante la cornemuse,
Alors debout les endormis !
J'ai dans les jambes des fourmis...
Et plus que jamais je récuse
Le carré de l'hypoténuse.

JEAN-LUC MOREAU, *Poèmes de la souris verte*,
coll. « Le livre de poche jeunesse »,
Hachette Jeunesse.

1 Quadrillages, plans et cartes

Le plan et la carte représentent une portion de terrain vue de dessus.
Ils sont souvent tracés sur un **quadrillage** pour faciliter le repérage.

1 **Observe cet extrait du plan de Londres et réponds aux questions.**

a) Indique, à l'aide du plan, les coordonnées de Westminster Abbey, de la Nelson's Column, de Saint James's Palace et de Buckingham Palace.

b) Indique les coordonnées des cases traversées par le Saint James's Park Lake.

c) Arthur arrive à Victoria Station. Il décide aussitôt de se rendre à la Caserne des horse-guards. Quelles rues va-t-il devoir emprunter ?

d) Que peuvent indiquer les ronds rouges barrés en bleu ?

2 Observe cette carte routière des alentours de Limoges et réponds aux questions.

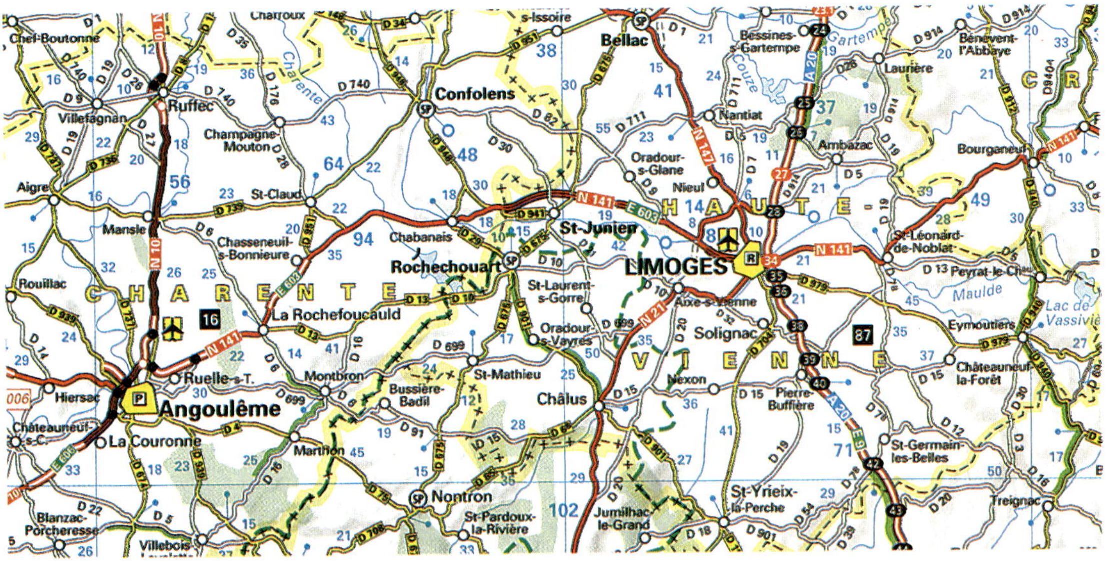

a) Que représentent les nombres dans les rectangles rouges sur cette carte ?

b) Quelle distance sépare les villes de Limoges et de Confolens ?

c) Que représentent les signes + – + – + – ?

d) Quelles routes emprunterais-tu pour aller de Limoges à Nontron ?

e) Quelle serait la distance parcourue par des coureurs cyclistes s'ils effectuaient le parcours : Chabanais – La Rochefoucauld – Rochechouart – Chabanais.

3 Observe ce planisphère et réponds aux questions.

a) Pour se repérer sur le planisphère, on utilise des lignes verticales et des lignes horizontales. Sais-tu comment se nomment ces lignes imaginaires ?

b) Pour repérer la ville d'Oslo, on indique d'abord la ligne horizontale (60° N), puis la ligne verticale (10° E).
Trouve les villes situées à : 0°, 10° E   30° N, 90° O   30° N, 120° E.

c) Donne les coordonnées des villes suivantes : Saint-Pétersbourg, Panamá et Pôrto Alegre.

d) Quelle île s'étend de 10° S à 40° S et de 110° E à 150° E ?

2 Droites perpendiculaires et parallèles

CHERCHONS ENSEMBLE

Observe ce plan.
Que remarques-tu dans la disposition des rues de New York ?

a) À l'aide d'un calque et sur le même dessin :
– reproduis, en rouge, deux rues perpendiculaires entre elles ;
– reproduis, en bleu, deux rues parallèles entre elles.

b) Prolonge les droites obtenues. Que constates-tu ?

1) Des droites perpendiculaires sont des droites qui se coupent en formant quatre angles droits.

On note $d_1 \perp d_2$.

Pour tracer des droites perpendiculaires, on utilise l'équerre ou un gabarit d'angle droit.

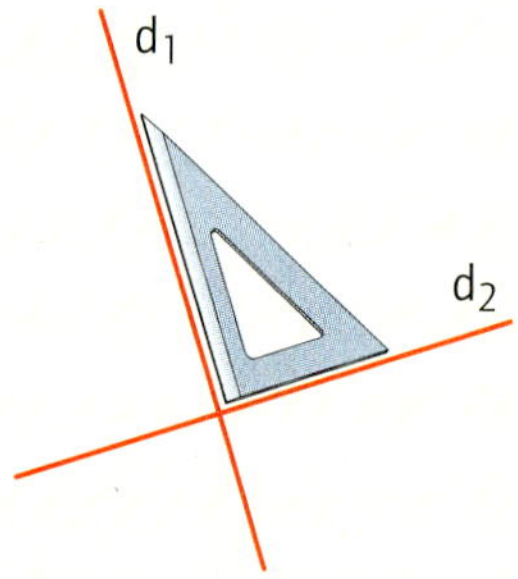

2) Des droites parallèles sont des droites dont l'écartement est constant : elles ne se coupent jamais.

Comment tracer deux droites parallèles ?

a) Trace une droite d_1. Puis à l'aide de ton équerre et de ton crayon à papier, trace deux droites perpendiculaires à d_1.

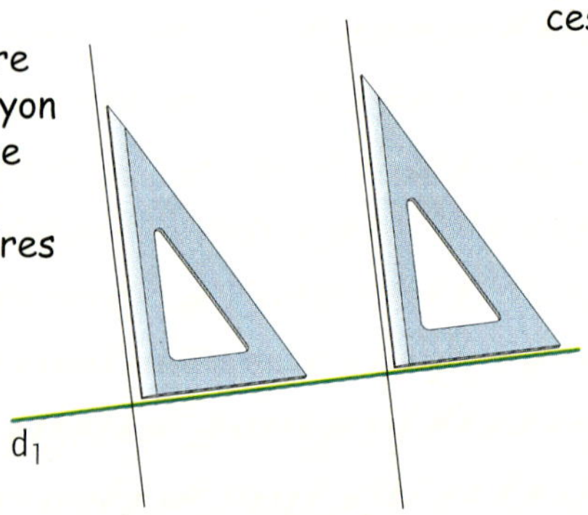

b) En utilisant ta règle graduée, marque sur ces deux droites un point situé à 2 cm de d_1.

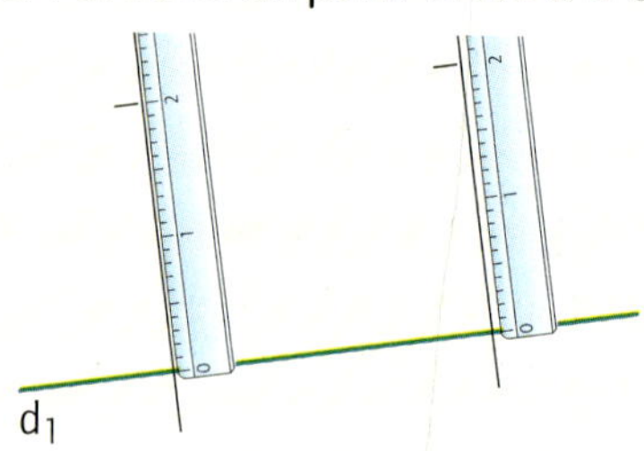

c) Avec ta règle, trace la droite d_2 passant par les deux points marqués.
d_1 et d_2 sont deux droites parallèles distantes de 2 cm l'une de l'autre. On note $d_1 // d_2$.

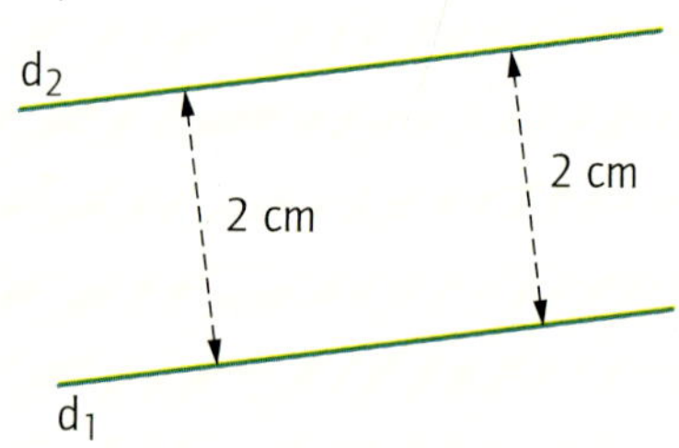

1 Observe et nomme les droites parallèles et les droites perpendiculaires.

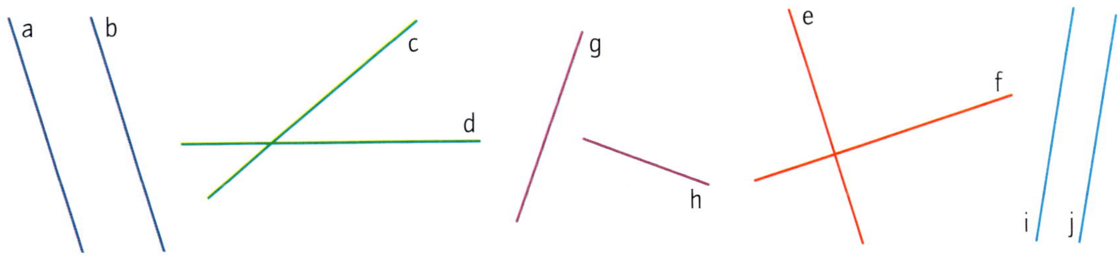

2 a) Sur une feuille blanche, trace une droite d et place un point A.

b) En bleu, trace une droite passant par le point A et perpendiculaire à d.

c) En rouge, trace une droite passant par le point A et parallèle à d.

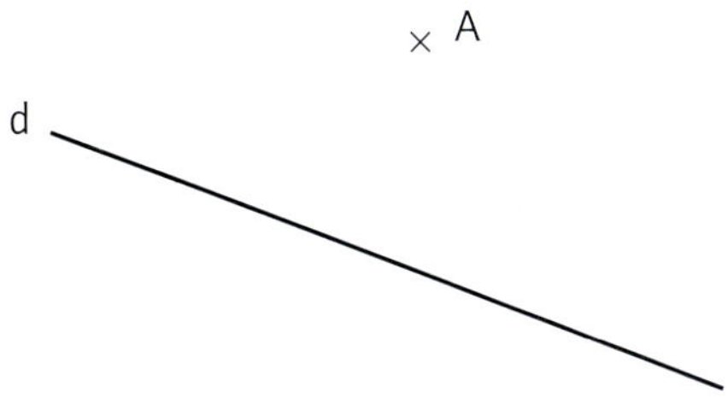

3 Sur une feuille blanche, trace deux droites parallèles distantes de 4,5 cm.

4 Parmi ces droites, nomme celles qui sont perpendiculaires et celles qui sont parallèles.
Vérifie avec ton équerre.

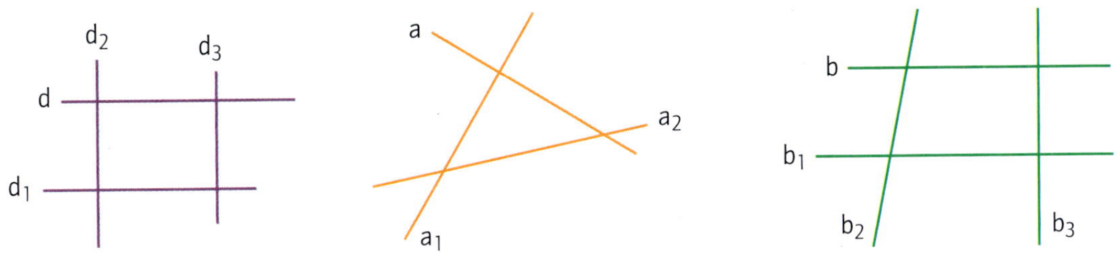

5 Reproduis deux fois la figure ci-contre sur ton cahier. Sur la première figure, repasse les segments parallèles entre eux de la même couleur. Sur la seconde, repasse les segments perpendiculaires entre eux en rouge.

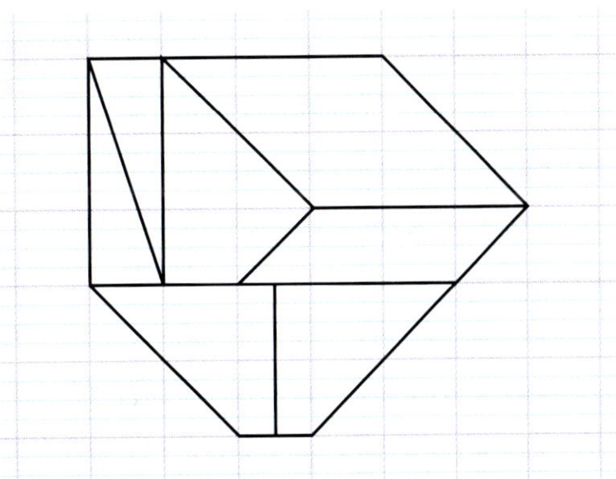

JE TRAVAILLE SEUL(E)

Reproduis cette figure en l'agrandissant. Trace le segment CD passant par O et perpendiculaire au segment AB. Les points C et D sont sur le cercle. Relie les points A, C, B et D. Que peux-tu dire de cette nouvelle figure ?

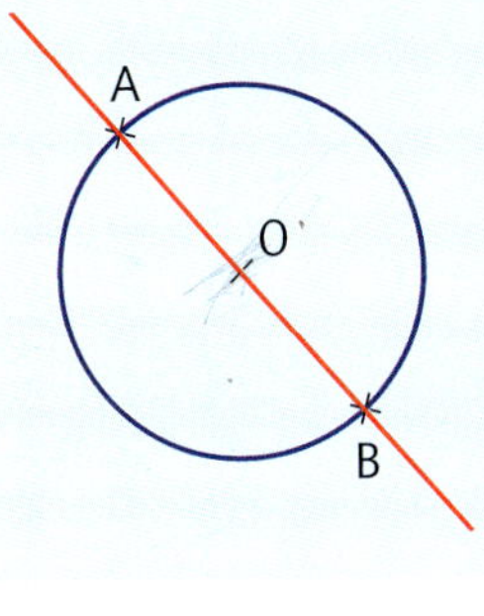

À TOI DE JOUER...

Reproduis cette frise sur une feuille blanche. Colorie comme tu veux.

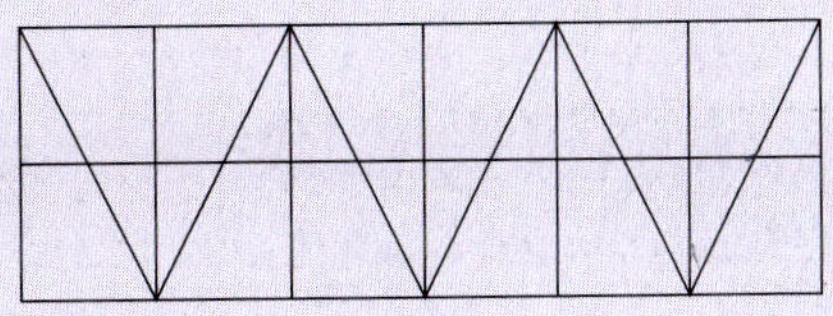

3 Les polygones

CHERCHONS ENSEMBLE

Observe ces figures. Quels sont les points communs ? Quelles sont les différences ?

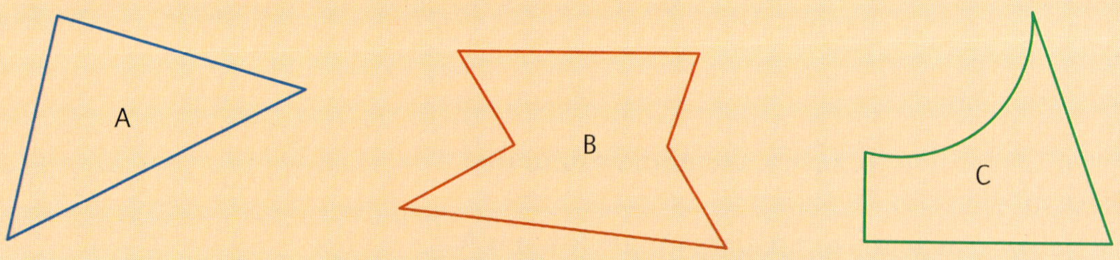

Un polygone est une surface plane délimitée par des segments de droites.
Le nom du polygone est défini en fonction du nombre de côtés qu'il possède.

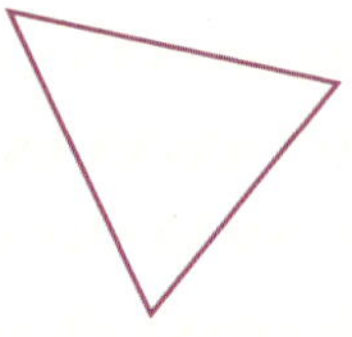	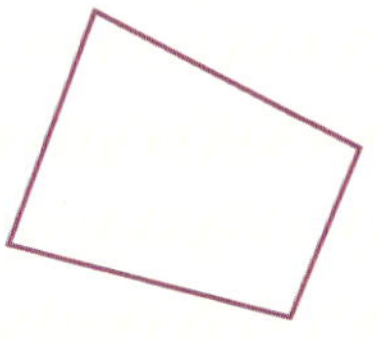	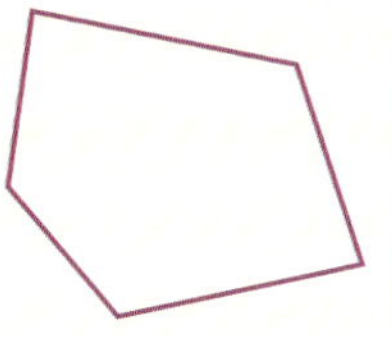	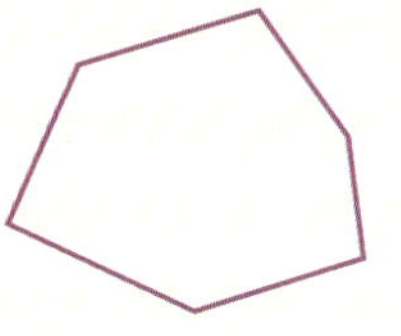	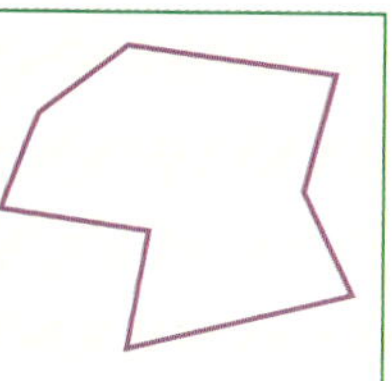
3 côtés	4 côtés	5 côtés	6 côtés	8 côtés
Triangle	Quadrilatère	Pentagone	Hexagone	Octogone

On appelle **diagonale** la droite qui **relie deux sommets** non consécutifs.

Exemple :

AC et BD sont les diagonales du quadrilatère ABCD.

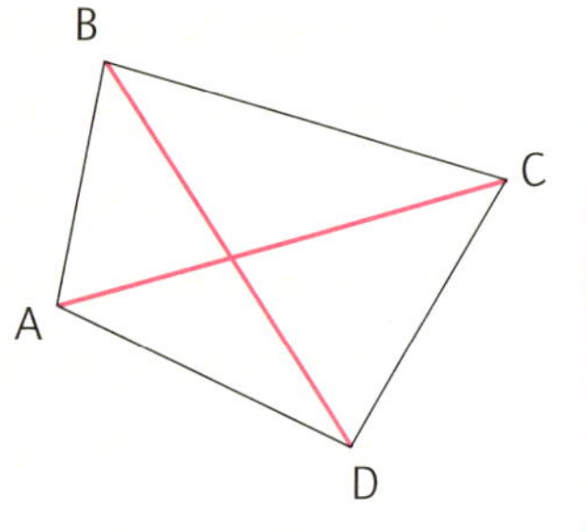

1 **Observe ces figures. Lesquelles sont des polygones ?** Justifie tes réponses.

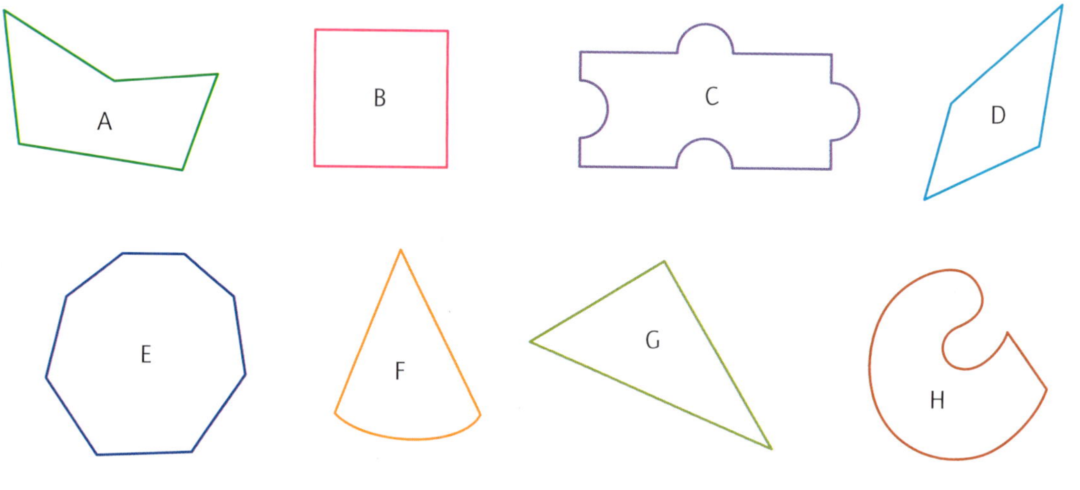

2 **Observe ces polygones. Reproduis et complète le tableau.**

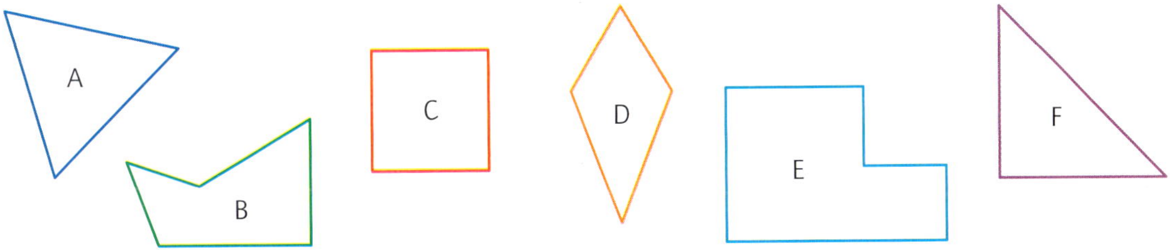

Polygone	Nombre de côtés	Côtés perpendiculaires	Deux côtés de même mesure	Côtés parallèles	Nombre de sommets
A					
B					
C					
D					
E					
F					

3 **Construis les polygones suivants.**

a) Un triangle possédant un angle droit et dont les mesures sont : 6 cm, 3 cm et 6,8 cm.

b) Un quadrilatère dont les mesures des côtés sont 8 cm, 6 cm, 5 cm et 4 cm.

c) Un quadrilatère dont deux côtés mesurent 7 cm et deux côtés mesurent 2,5 cm.

4 **Dessine un polygone qui a le plus petit nombre de côtés. A-t-il des diagonales ?**

5 **Construis un pentagone dont le périmètre mesure 20 cm et dont l'un des côtés mesure 7 cm.**

6 **Reproduis ce polygone. Le segment AC est une diagonale de ce polygone. Trace les autres diagonales.**

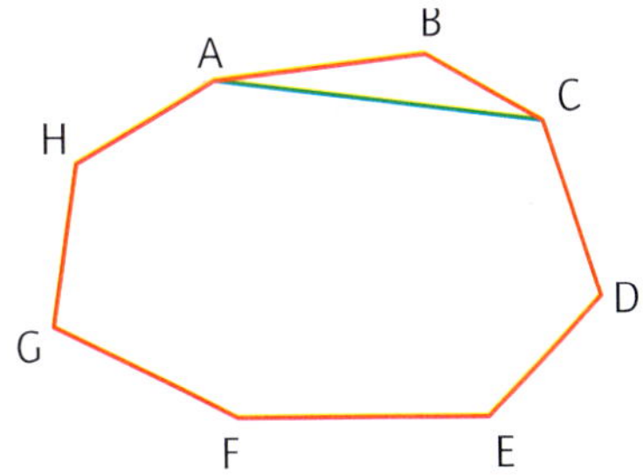

À TOI DE JOUER...

Reproduis cette figure à l'aide d'un papier calque.
Colorie de couleurs différentes un triangle, un quadrilatère, un pentagone et un hexagone.
Compare avec ton voisin.

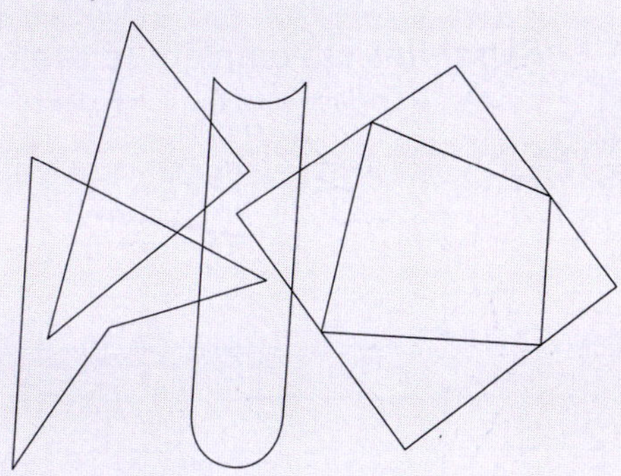

JE TRAVAILLE SEUL(E)

a) Trace un hexagone à l'intérieur d'un cercle de 5 cm de rayon.

b) Construis un pentagone. Trace les diagonales. Combien de triangles obtient-on ?

4 Les triangles

CHERCHONS ENSEMBLE

Observe ces triangles.
Nomme les points communs et les différences.

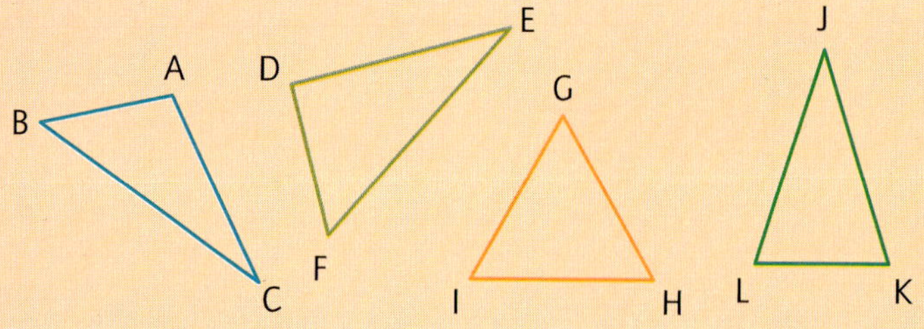

Un triangle est un polygone à trois côtés.

Un triangle quelconque n'a pas de particularité : il a trois côtés, trois angles et trois sommets.

Un triangle rectangle est un triangle qui a un angle droit.

Un triangle équilatéral a trois angles égaux et trois côtés égaux.

Un triangle isocèle a deux angles égaux et deux côtés égaux.

Pour construire un triangle avec des mesures précises, il faut utiliser le compas.

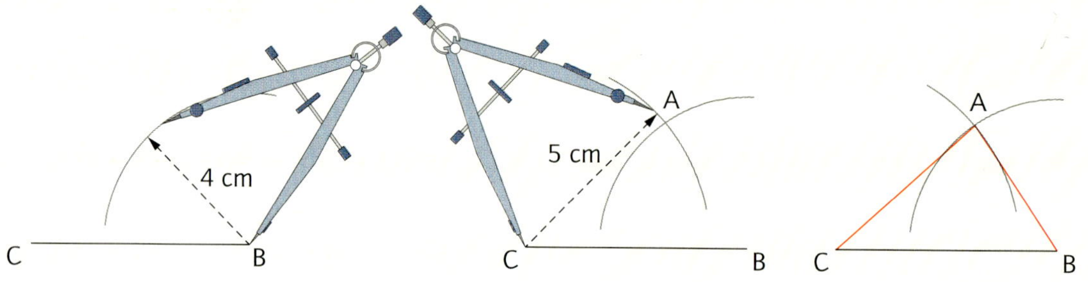

1 a) **Observe ces différents triangles. Donne leur nom.**

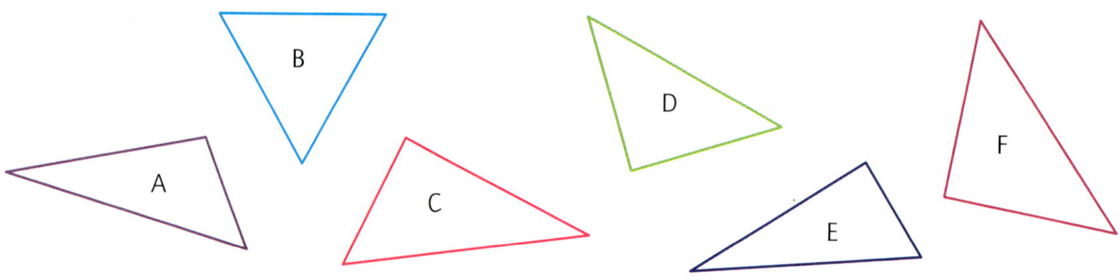

b) **Reproduis et complète le tableau.**

Triangle	Angle droit	Côtés de même longueur	Angles égaux	Aucune particularité
A				
B				
C				
D				
E				
F				

2 **Observe et construis le triangle en respectant les mesures.**
AC = 4 cm   BC = 6 cm

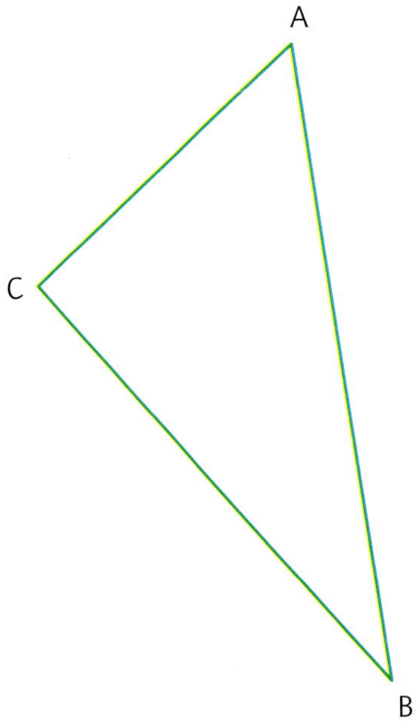

a) Comment s'appelle ce triangle ? Quelle est la mesure de AB ?

b) Construis un nouveau triangle en enlevant 1 cm à la mesure de AB.

c) Que remarques-tu ? Comment s'appelle ce nouveau triangle ?

3 **Construis un triangle équilatéral de 12 cm de périmètre.**

4 **Construis un triangle isocèle de 20 cm de périmètre.**

5 **Construis deux triangles rectangles ABC et DEF identiques.**
Découpe-les. Quelles nouvelles figures peux-tu réaliser en les assemblant ?

6 **Construis les triangles suivants et indique leur nom.**

a) AB = 7 cm   BC = 3cm   AC = 7 cm

b) AB = BC = AC = 6 cm

c) AB = 4 cm   BC = 2 cm   AC = 3 cm

7 **Reproduis cette figure.**
Trace d'abord le segment AB.
Combien y a-t-il de triangles ?

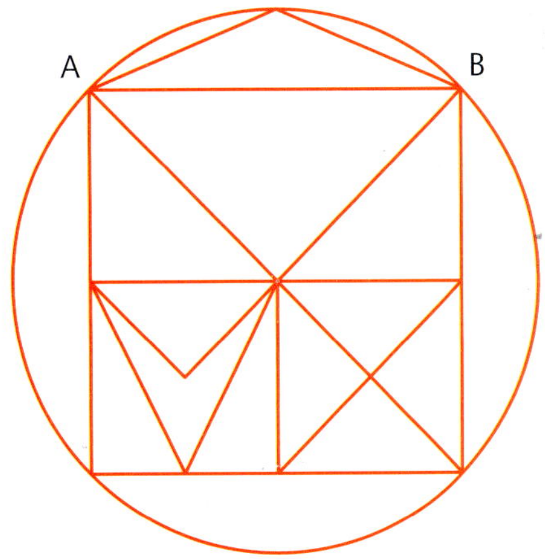

À TOI DE JOUER...

Reproduis cette figure sur une feuille blanche et complète-la pour qu'il y ait six triangles équilatéraux à l'intérieur du cercle.

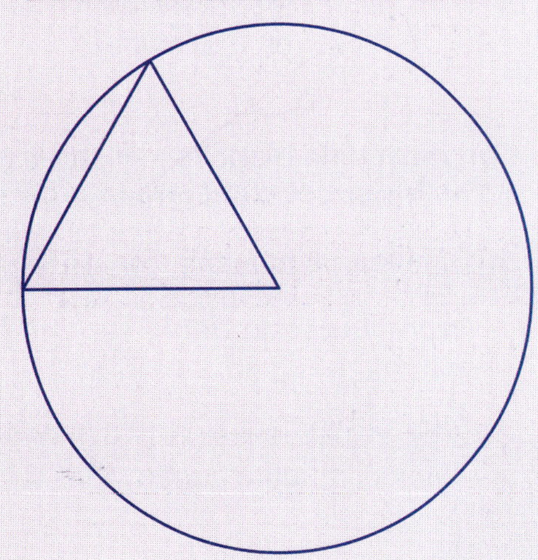

JE TRAVAILLE SEUL(E)

Utilise les indications données dans le tableau pour construire ces triangles sur une feuille blanche.

	AB	BC	AC
Triangle 1	5 cm	6 cm	4 cm
Triangle 2	36 mm	36 mm	17 mm
Triangle 3	55 mm	55 mm	55 mm
Triangle 4	7,3 cm	4,8 cm	6 cm

5 Des quadrilatères particuliers

CHERCHONS ENSEMBLE

Voici cinq quadrilatères. Leurs diagonales ont été tracées en bleu.

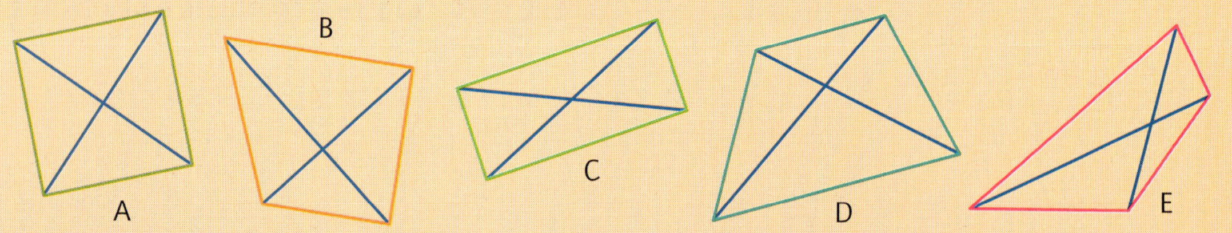

a) Complète le tableau par oui ou non.

	A	B	C	D	E
Les côtés opposés sont parallèles.					
Les côtés ont même longueur.					
Les diagonales se coupent en leur milieu.					
Les diagonales ont même longueur.					
Les diagonales sont perpendiculaires.					

b) Parmi ces quadrilatères, lesquels sont des parallélogrammes ?

Un parallélogramme est un quadrilatère dont les côtés opposés sont parallèles.
Un rectangle est un parallélogramme qui a ses côtés consécutifs perpendiculaires.
Un carré est un parallélogramme qui a ses côtés consécutifs perpendiculaires et égaux.

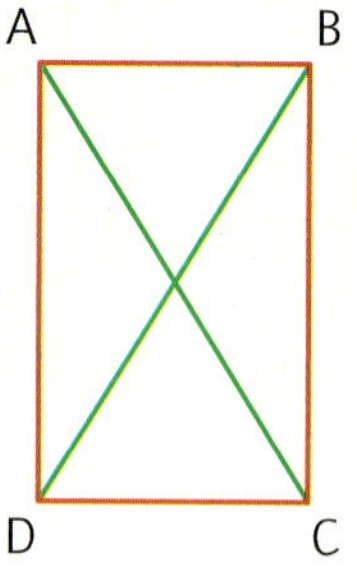

Le rectangle

4 angles droits
AB // CD et BC // AD
AB = CD et BC = AD
2 diagonales
de longueurs égales
qui se coupent
en leur milieu.

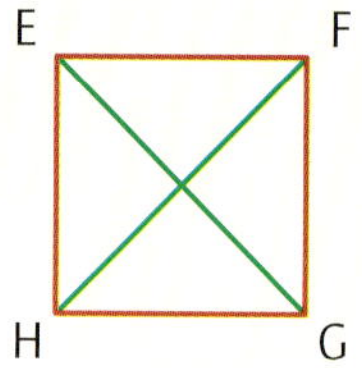

Le carré

4 angles droits
EF // GH et FG // EH
EF = FG = GH = HE
2 diagonales
de longueurs égales
qui se coupent en leur milieu
et forment un angle droit.

1 **Sur une feuille blanche, construis un rectangle LMNO de longueur 6 cm et de largeur 3 cm. Nomme les diagonales.**

2 **Sur une feuille blanche, construis un carré IJKL de côtés 7 cm. Nomme les diagonales.**

3 a) **Reproduis cette figure sur une feuille blanche.**
b) Place les points I et J tels que IG = JH = 3,5 cm.
c) Trace le segment IJ parallèle au segment GH.
d) Nomme la figure que tu viens d'obtenir.

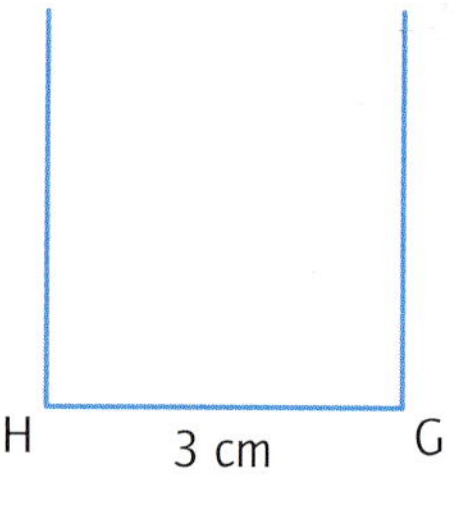

4 **En utilisant les propriétés des diagonales, trace le rectangle EFGH.**

OE = OF = OG = OH = 4 cm

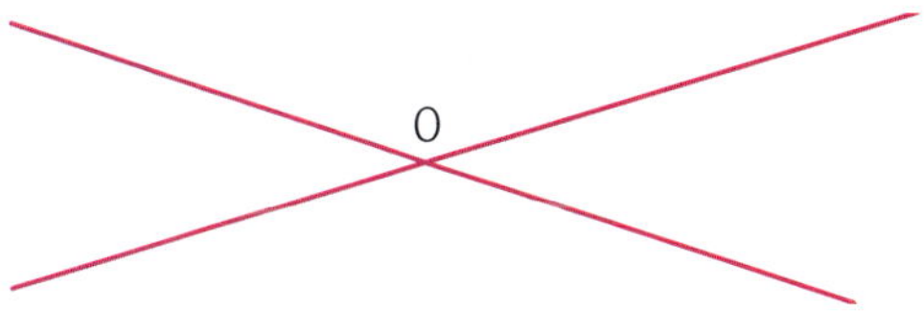

5 **En utilisant les propriétés des diagonales, trace un carré dont les diagonales mesurent 6 cm.**

6 **Trace un segment AB de longueur 9 cm.**

a) Construis un carré dont le segment AB sera un côté.

b) Construis un carré dont le segment AB sera une diagonale.

7 **Trace un rectangle MNOP tel que : MN = OP = 8 cm et NO = MP = 4 cm.**

a) Marque les points S milieu de MN et T milieu de OP, puis les points V milieu de NO et W milieu de MP.

b) Trace le quadrilatère SVTW. Comment s'appelle cette figure ?

c) Trace le segment ST. Comment s'appelle la figure correspondant au quadrilatère MSTP ?

d) Quelle est la particularité du triangle SVT ?

8 **Construis la figure correspondant à ce programme. Utilise ta règle, ton équerre et ton compas.**

a) Dessine un rectangle KLMN de dimensions 6 cm et 3 cm.

b) Marque le milieu I du segment KL et le milieu J du segment NM. Trace le segment IJ.

c) Que peux-tu dire des figures KIJN et ILMJ ?

d) Trace les diagonales de KIJN. Elles se coupent en O.

e) Trace le cercle de centre O et de rayon OK.

f) Que remarques-tu ?

JE TRAVAILLE SEUL(E)

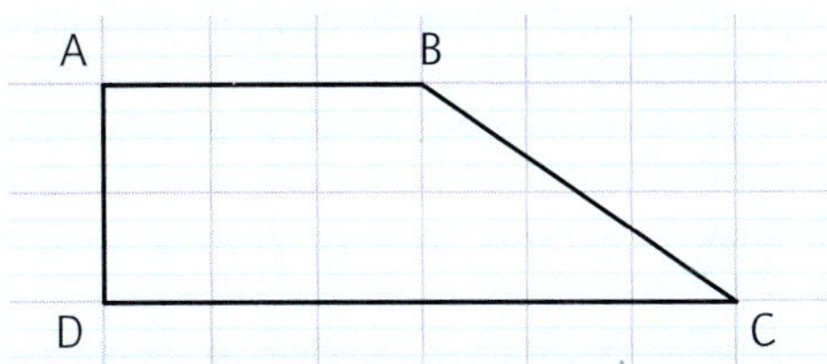

1) Reproduis cette figure sur ton cahier.

2) À partir de cette figure, trace le carré ABEF dont un côté passera par le point D.

3) Trace ensuite le rectangle AGCD.

4) Trace enfin un segment AH de façon à obtenir un parallélogramme ABCH.

À TOI DE JOUER...

Observe, reproduis et continue cette frise. Colorie-la comme tu veux.

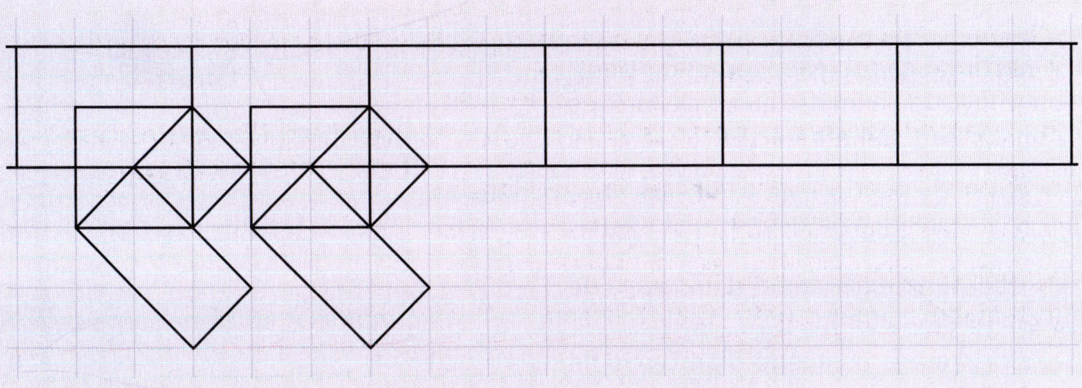

6 Le cercle

CHERCHONS ENSEMBLE

Dans son pré, la chèvre Blanquette est attachée à un piquet par une corde qui mesure 3 mètres. Essaie de reproduire la situation sur ton cahier (remplace les mètres par des centimètres), puis colorie la zone que Blanquette peut brouter en tirant au maximum sur sa corde.

Un cercle est une ligne courbe fermée dont tous les points sont à égale distance d'un point appelé centre.

Cette distance est égale à celle du **rayon** du cercle (OA).

Le segment BC coupe le cercle en passant par le centre O : c'est un **diamètre** de ce cercle.

Mesure du diamètre = 2 × mesure du rayon

Le disque est la surface intérieure au cercle colorée ici en bleu.

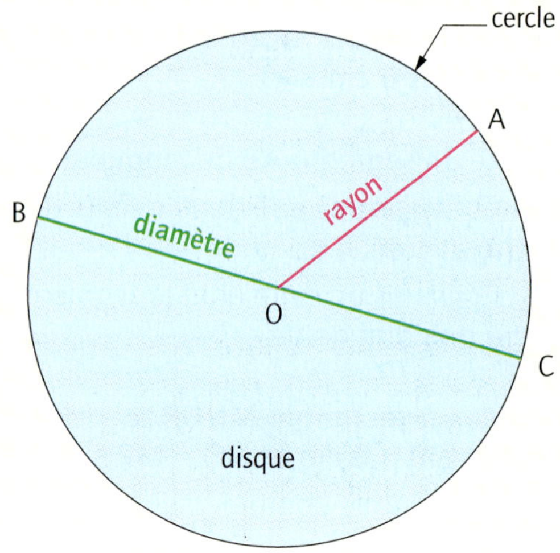

1 **Marque un point O sur ton cahier. Dessine 15 points qui sont situés à 3 cm de O.**

Comment appelle-t-on l'ensemble de tous les points qui se trouvent à 3 cm de O ?

2 **Marque un point O sur ton cahier. Trace le cercle de centre O et de rayon 4 cm.**

3 **Marque un point O sur ton cahier. Trace le cercle de centre O et de diamètre 6 cm.**

4 **À partir de ce tableau, comment peut-on trouver le périmètre du cercle lorsque l'on connaît son diamètre ?**

Diamètre	2	3	4	10	6
Périmètre	6,28	9,42	12,56	31,4	18,84

a) Quel sera le périmètre d'un cercle de 5 cm de diamètre ?

b) Quel sera le périmètre d'un cercle de 6 cm de rayon ?

5 **Trace une droite sur ton cahier. Marque un point A sur cette droite.**
Trace un cercle de rayon 3 cm qui passe par A et dont le centre O est sur la droite.

Y a-t-il plusieurs solutions ?

6 **Nomme tous les diamètres et tous les rayons de cette figure.**

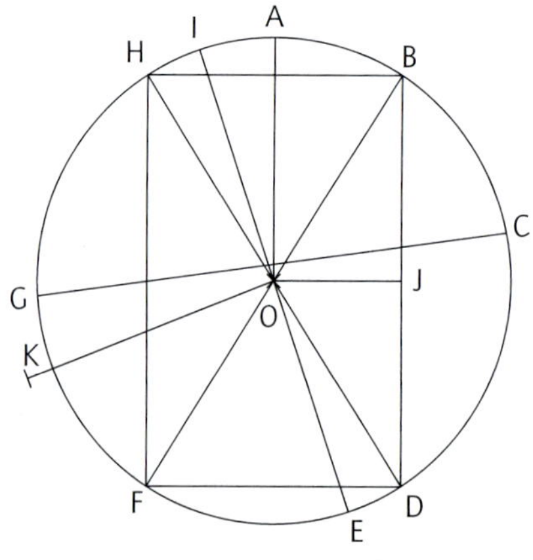

a) Pourquoi OJ et OK ne sont-ils pas des rayons ?

b) Pourquoi CG n'est-il pas un diamètre ?

7 **Sur une feuille blanche, trace une droite d sur laquelle tu placeras les points A, B, C et D tels que :**
AB = 3 cm ; BC = 5 cm et CD = 7 cm.

a) Trace le cercle de centre A et de rayon 1 cm.

b) Trace le cercle de centre B et de rayon 2 cm.

c) Trace le cercle de centre C et de rayon 3 cm.

d) Trace le cercle de centre D et de rayon 4 cm.

e) Que constates-tu ?

8 **Réalise ce programme de construction.**

a) Trace un cercle de 3 cm de rayon.

b) Trace un diamètre AB de ce cercle.

c) Marque sur ce diamètre un point C situé à 2 cm de A et un point D situé à 2 cm de B.

d) Trace le cercle de centre C et de rayon AC.

e) Trace le cercle de centre D et de rayon BD.

JE TRAVAILLE SEUL(E)

a) **Combien peut-on tracer de diamètres et de rayons dans un cercle ?**

b) **Combien mesure le diamètre d'un cercle de 5,5 cm de rayon ?**

c) **Combien mesure le rayon d'un cercle de 90 mm de diamètre ?**

9 **Reproduis cette figure sur ton cahier.**

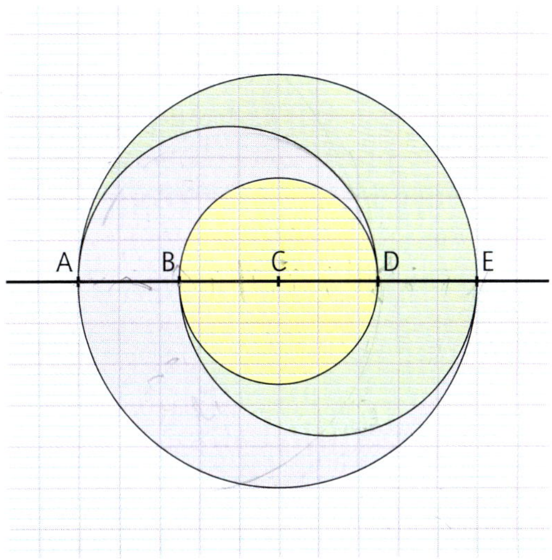

10 **Reproduis cette figure sur ton cahier et colorie-la.**

À TOI DE JOUER...

Reproduis cette frise sur ton cahier.

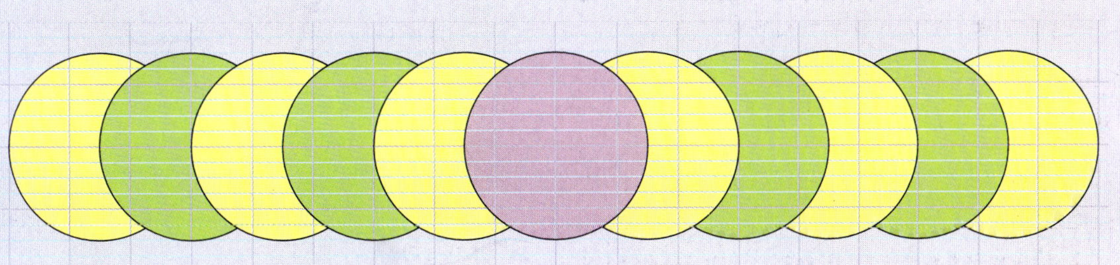

ESPACE ET GÉOMÉTRIE

7 La symétrie (1)

CHERCHONS ENSEMBLE

Reproduis cette figure sur du papier calque.
Plie la figure pour obtenir deux parties qui se superposent. Trace en rouge la ligne obtenue par pliage.
Que peux-tu dire ?

Un axe de symétrie est une ligne droite qui partage une figure en deux parties que l'on peut superposer par pliage.

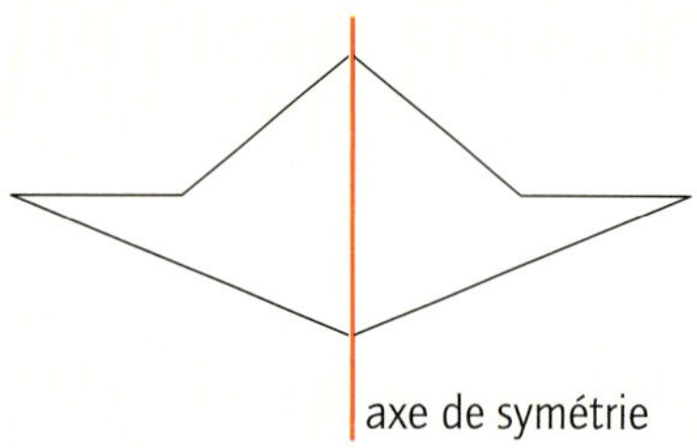

Une figure peut avoir plusieurs axes de symétrie.
Exemple :

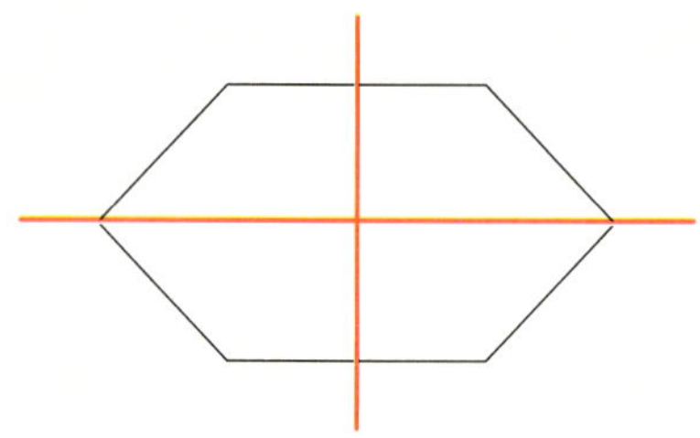

1 **Reproduis ces figures sur une feuille blanche. Trouve le ou les axes de symétrie par pliage, puis trace-les en rouge.**

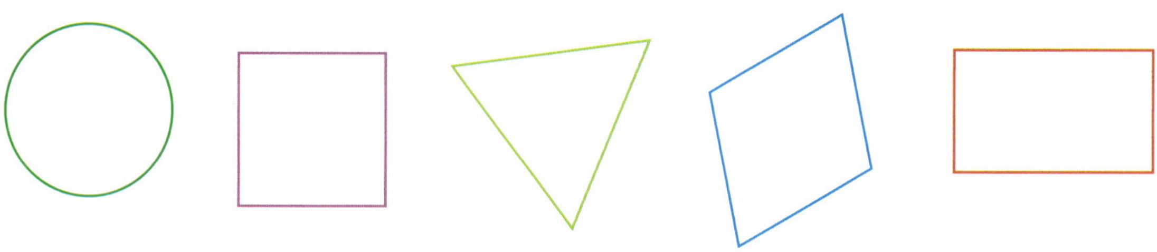

2 **Sur ton cahier, trace deux figures ayant chacune deux axes de symétrie.**

3 **Observe ces figures. Ont-elles un ou plusieurs axes de symétrie ?** Justifie tes réponses.

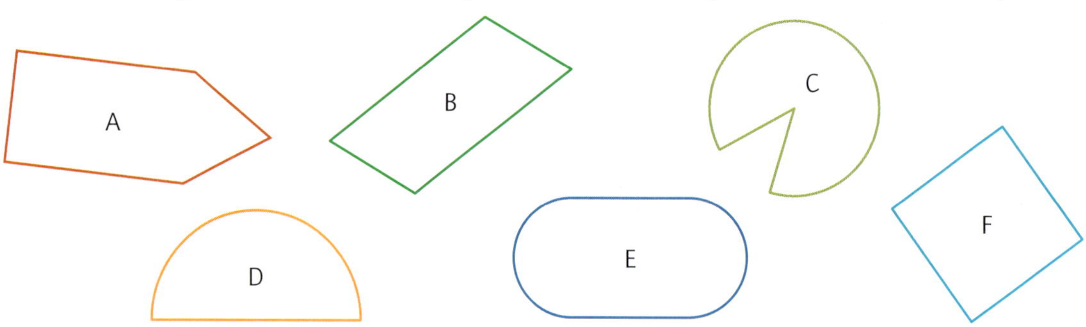

4 **Observe ces figures. Sont-elles symétriques par rapport à l'axe rouge ?**
Justifie tes réponses.

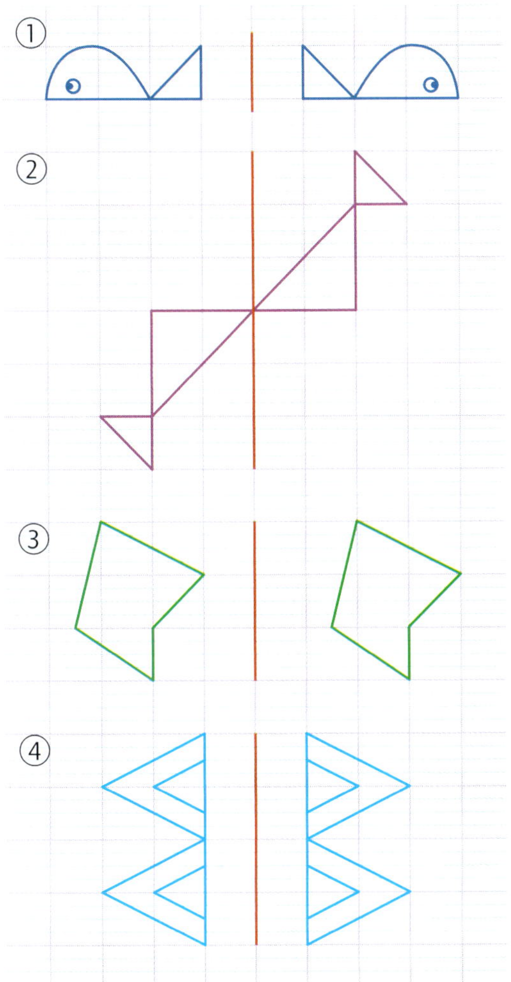

5 **Reproduis cette figure et construis le symétrique par rapport à la droite rouge.**

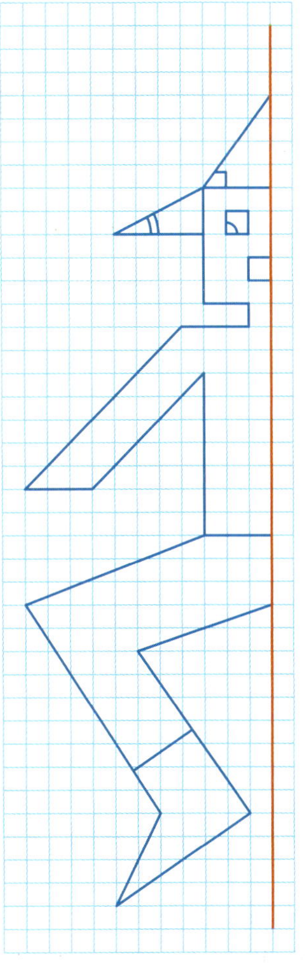

JE TRAVAILLE SEUL(E)

Reproduis ces figures sur ton cahier et trace leurs axes de symétrie.

À TOI DE JOUER...

À l'aide d'un papier calque, reproduis la figure. Par pliage sur l'axe rouge, réalise le symétrique de cette figure. Inverse les couleurs (ce qui est noir devient blanc, ce qui est blanc devient noir).

8 La symétrie (2)

CHERCHONS ENSEMBLE

Reproduis cette figure, puis trace la figure symétrique par rapport à l'axe rouge.

On peut **construire le symétrique** d'une figure à l'aide d'un **papier calque**, par **pliage et découpage** ou en prenant des **repères** par rapport à l'axe de symétrie, par exemple **sur un quadrillage**.

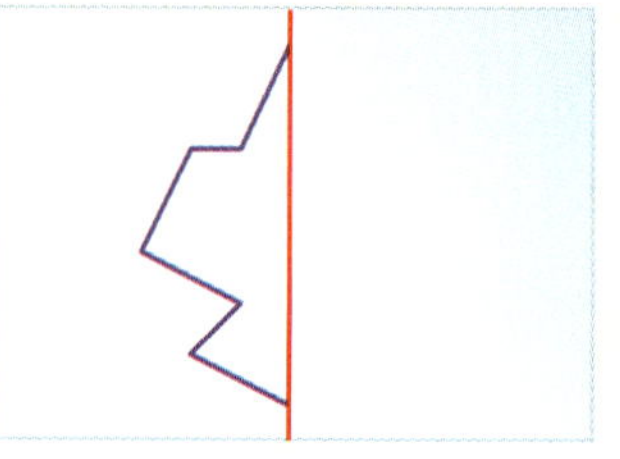

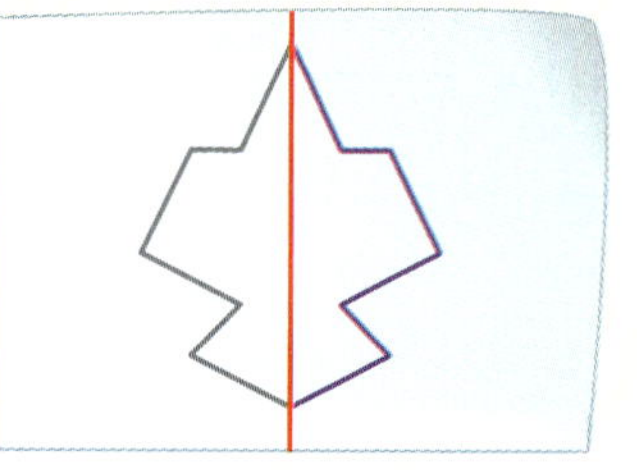

Je décalque la figure et je retourne mon calque pour reproduire la figure.

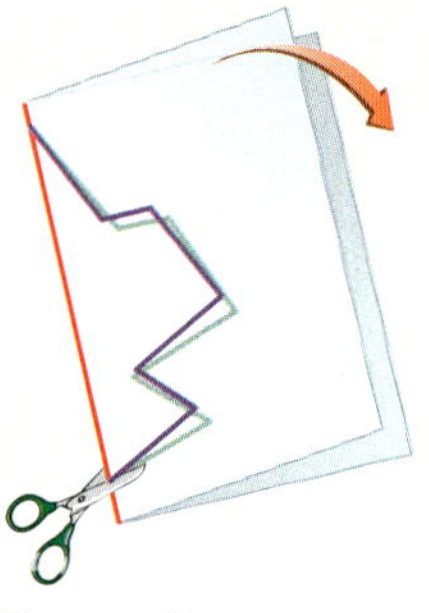

Je plie ma figure autour de son axe de symétrie, puis je découpe.

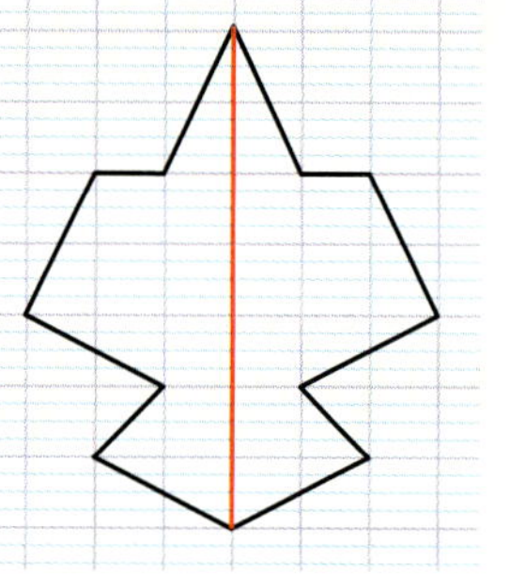

Je prends des repères sur un quadrillage.

1 Reproduis ces figures. Trace les figures symétriques par rapport à l'axe rouge.

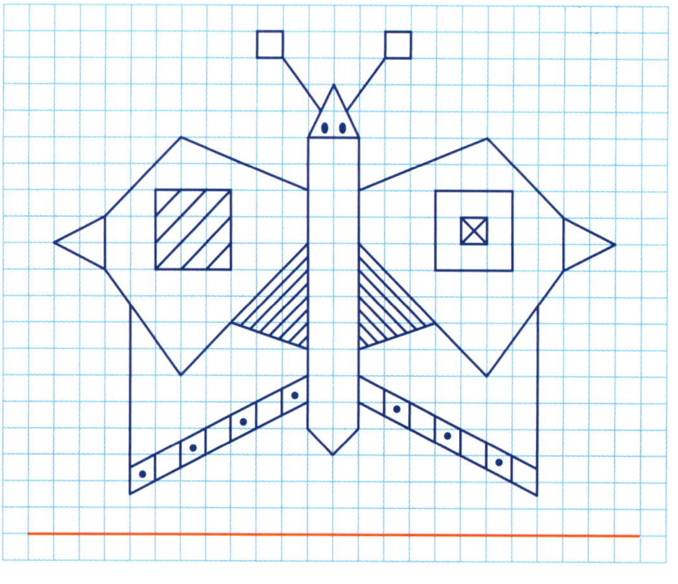

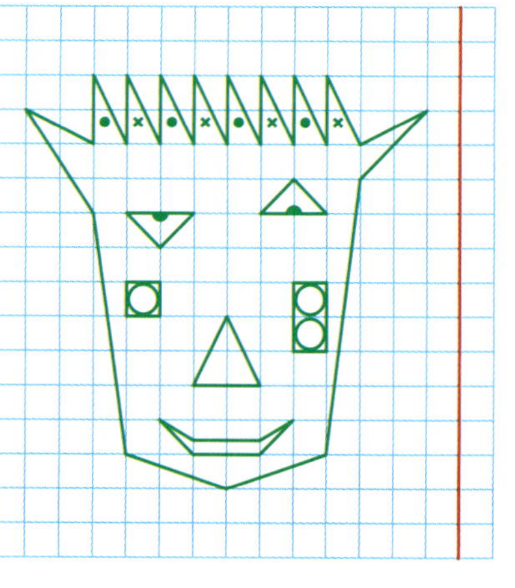

2 a) Reproduis ce dessin A sur une feuille quadrillée.

b) Construis le symétrique B du dessin A par rapport à d_1.

c) Construis le symétrique C du dessin A par rapport à d_2.

d) Puis construis le symétrique D du dessin C par rapport à d_1.
Que constates-tu ?

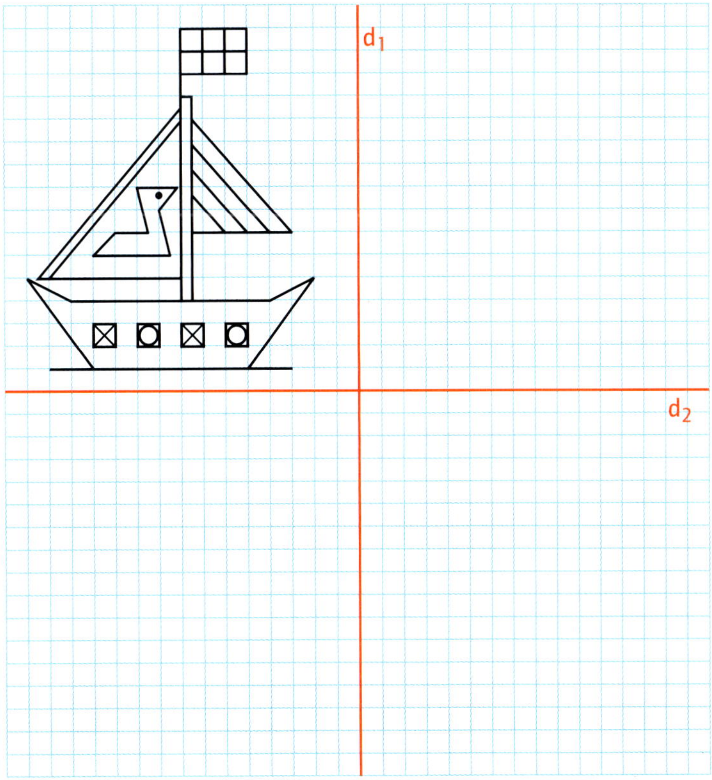

3 Déchiffre ce qui est écrit ci-dessous.
Explique comment tu as trouvé.

4 Reproduis la figure et construis la figure symétrique par rapport à la droite d.

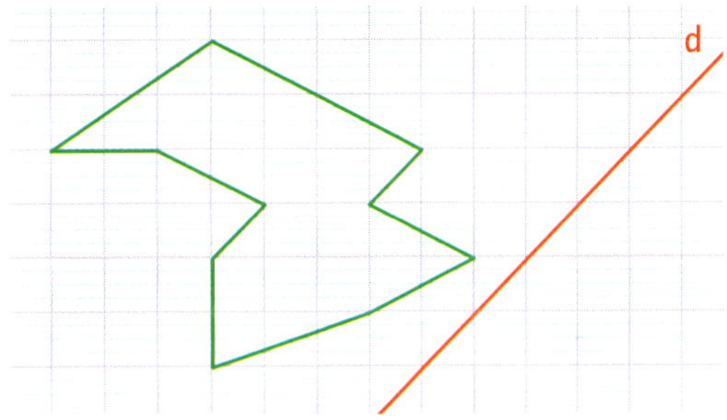

JE TRAVAILLE SEUL(E)

À l'aide de papier calque, reproduis cette figure, puis construis la figure symétrique par rapport à la droite d.

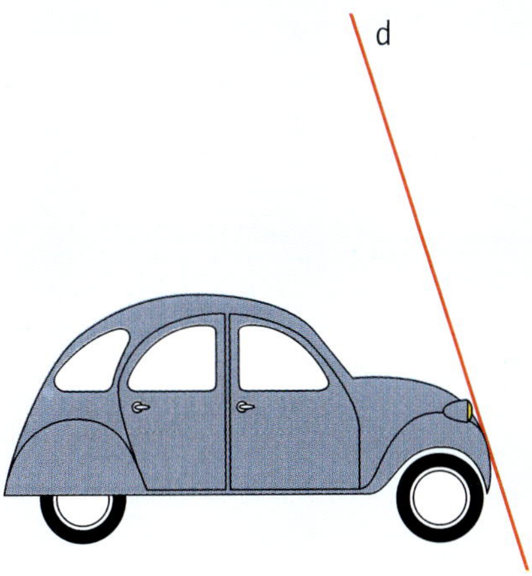

À TOI DE JOUER…

Reproduis et continue cette frise. Colorie-la de façon à ce que les couleurs choisies soient symétriques par rapport à l'axe rouge.

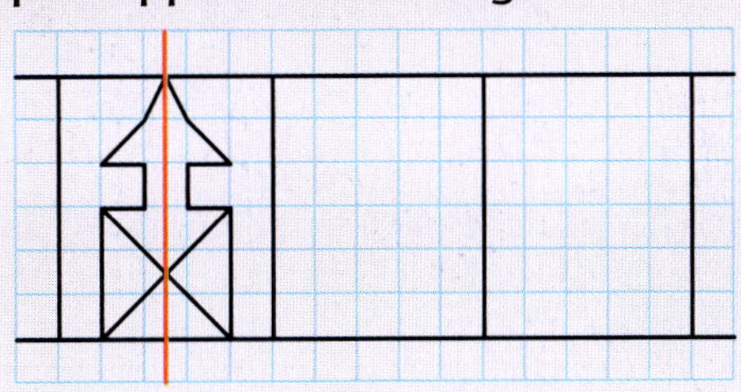

9 Les solides (1)

CHERCHONS ENSEMBLE

Associe chaque objet à son type de patron.

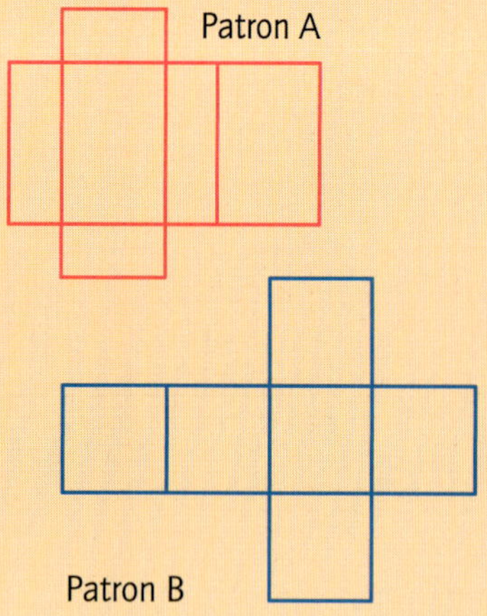

Parallélépipède rectangle (ou pavé)

Un parallélépipède rectangle est un solide qui a 6 faces rectangulaires.

Dans un parallélépipède rectangle :
- il y a 8 sommets et 12 arêtes ;
- les arêtes issues d'un même sommet sont perpendiculaires deux à deux ;
- les arêtes parallèles ont même longueur.

Cube

Un cube est un parallélépipède rectangle dont les 6 faces sont des carrés.

Dans un cube, les 12 arêtes ont même longueur.

Le cube possède les mêmes propriétés que le parallélépipède rectangle.

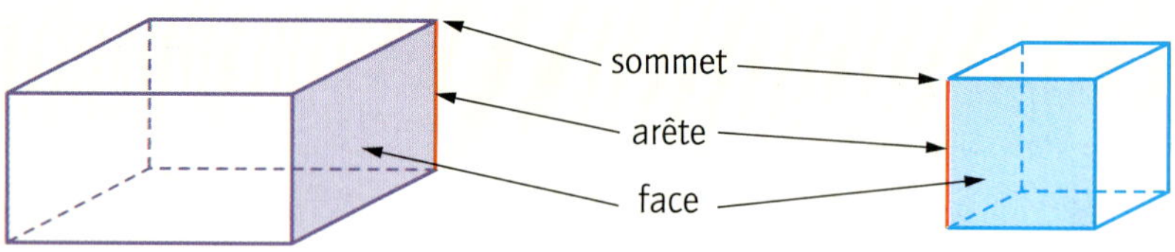

1 **Reproduis ce cube sur ton cahier, puis réduis-le en diminuant toutes ses dimensions de moitié.**

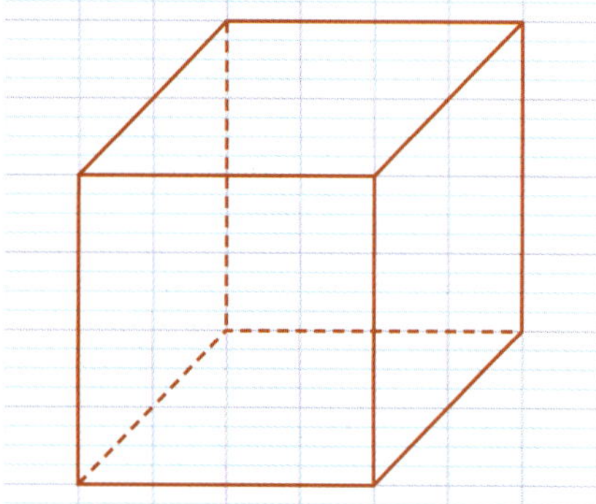

2 **Reproduis cette figure sur ton cahier en multipliant par trois ses dimensions.**

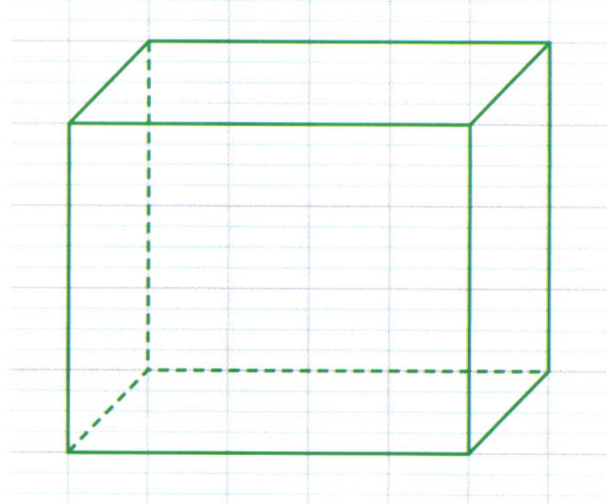

3 Un cube en bois a été entièrement peint en bleu. Il a ensuite été fractionné en 64 petits cubes. Ces 64 cubes n'ont pas tous le même nombre de faces peintes en bleu.

a) Recherche les différentes possibilités.

b) Combien de cubes de chaque catégorie obtient-on ?

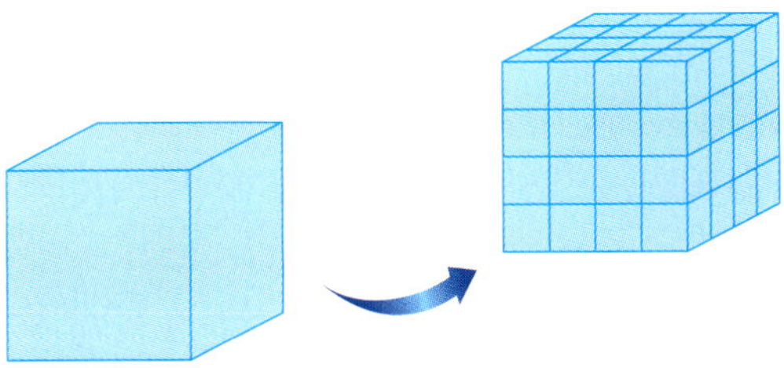

4 **Observe le cube ABCDEFGH.**

a) Quelle arête est commune aux faces orange et bleu ?

b) Quel est le sommet commun aux faces orange, bleu et verte ?

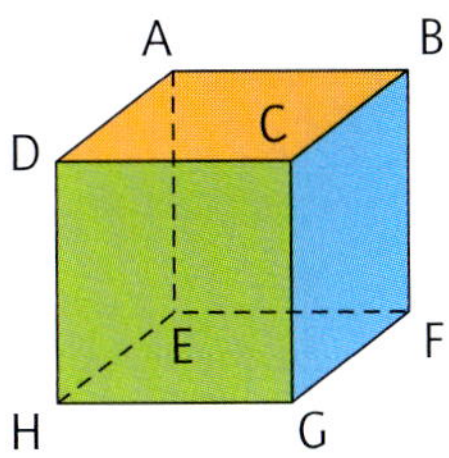

c) Nomme les sommets de la face sur laquelle est posé le cube.

d) Nomme les arêtes opposées à la face orange.

JE TRAVAILLE SEUL(E)

Reproduis et complète ce patron de parallélépipède rectangle.

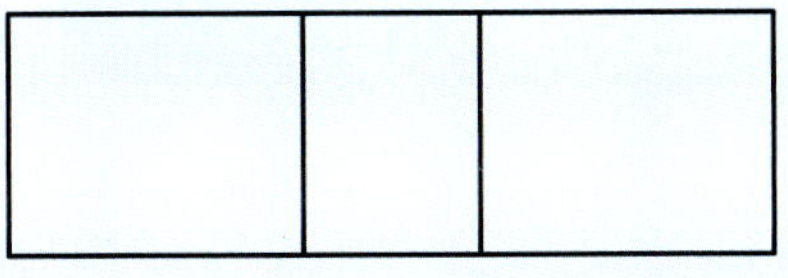

5 a) **Dessine ce pavé avec les faces ABCD, AEFD et ABGE aux dimensions réelles.**

b) **Réalise ensuite le patron aux dimensions réelles.**

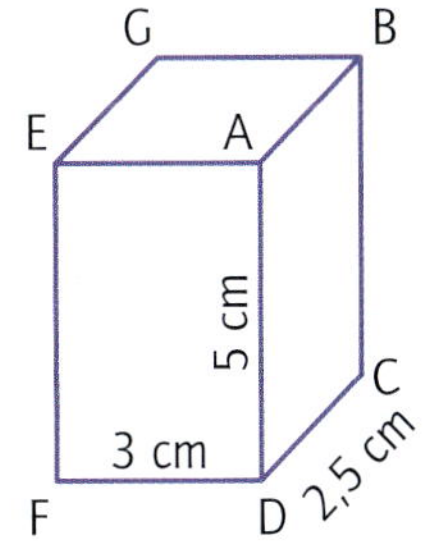

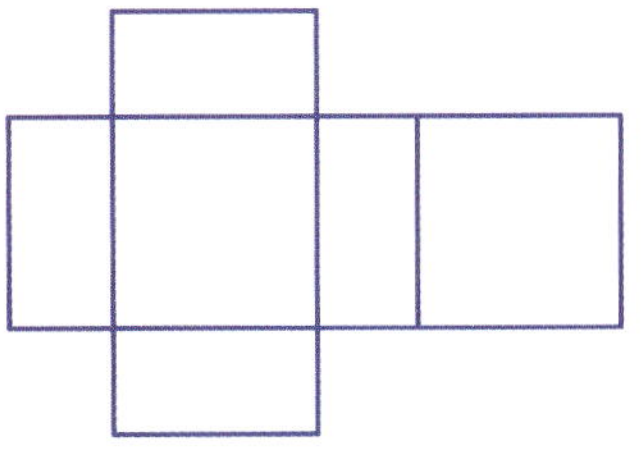

6 Les dimensions d'un parallélépipède rectangle sont 6 cm, 4,5 cm et 2 cm. Construis un patron de ce parallélépipède et fais apparaître les mesures sur ta construction.

7 Calcule la longueur de ruban qui a été nécessaire pour emballer ce cadeau (il a fallu 45 cm de ruban pour faire le nœud).

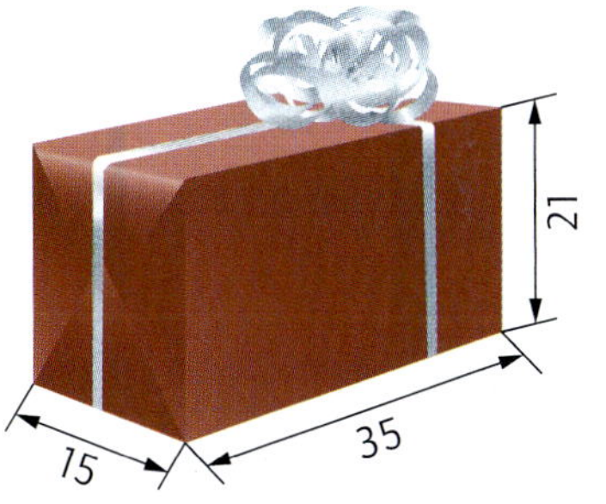

À TOI DE JOUER...

Observe ces quatre dessins du même cube. Sauras-tu trouver, pour chacun d'eux, la couleur de la face sur laquelle il repose ?

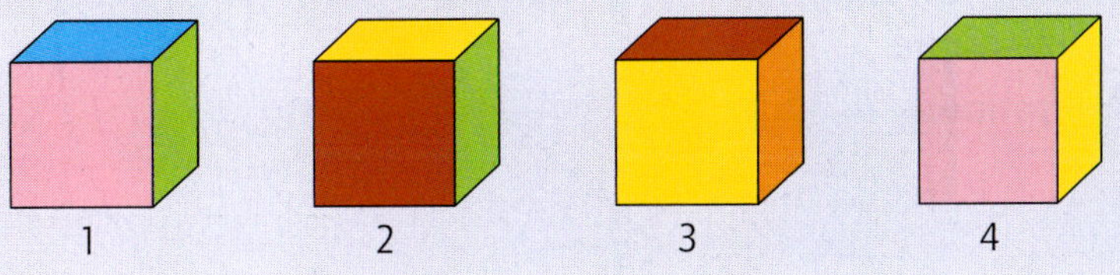

10 Les solides (2)

CHERCHONS ENSEMBLE

Décris ces solides. L'un d'eux a, par rapport aux trois autres, une particularité. Quelle est-elle ?

Un solide dont toutes les faces sont des polygones est un polyèdre.

Exemples :

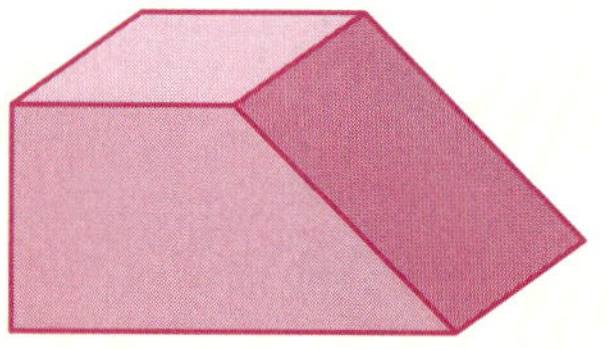

un polyèdre quelconque

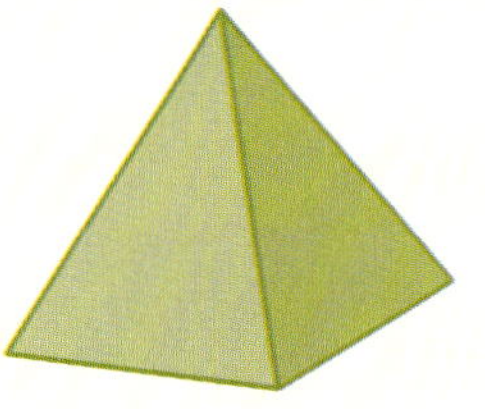

une pyramide

Il existe aussi des **solides** composés de **surfaces courbes.**

Exemples : le cône, le cylindre, la sphère

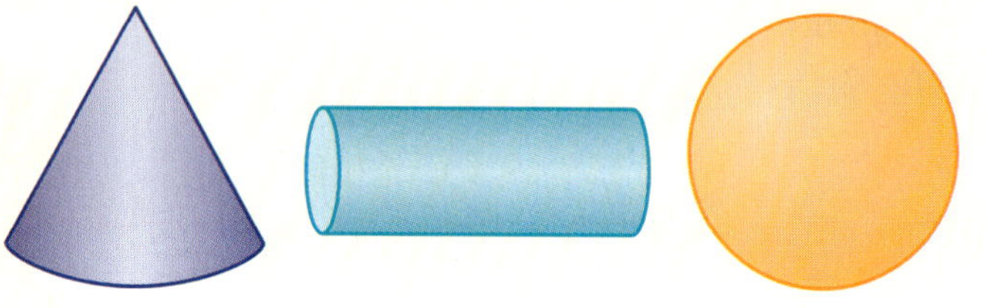

1 **Observe les polyèdres ci-contre, puis reproduis et complète le tableau.**

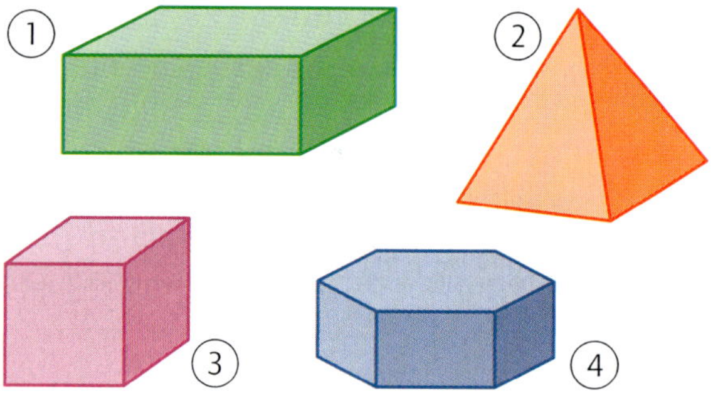

Solide	1	2	3	4
Nombre de faces				
Nombre de sommets				
Nombre d'arêtes				

2 **Construis une pyramide, sur une feuille blanche, en suivant ces différentes étapes.**

a) Trace un carré de 5 cm de côté.

b) À partir de chaque côté du carré, trace un triangle équilatéral.

c) Tu viens de dessiner le patron de ta pyramide. Découpe-le et construis la pyramide avec du ruban adhésif.

3 a) **Écris le programme de construction de ce patron.**

b) **Reproduis ce patron sur une feuille de carton souple.**

c) **Construis le solide.**

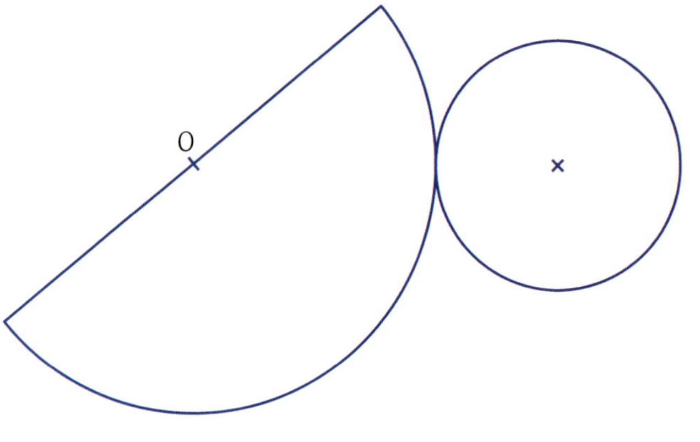

4 **Reproduis le patron de ce polyèdre (un tétraèdre) avec un calque. Puis découpe-le et réalise la construction.**

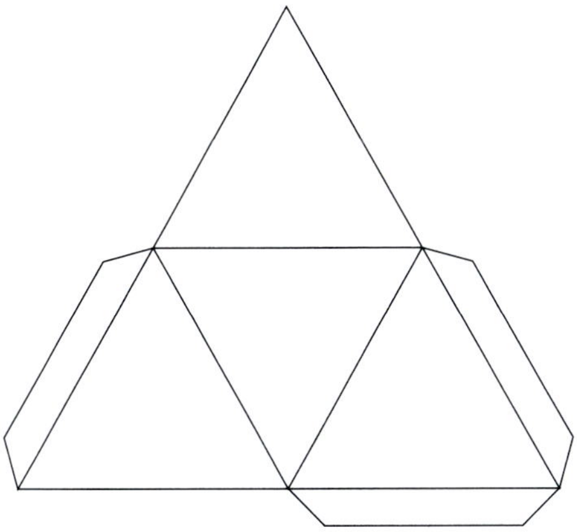

5 a) **Reproduis, sur ton cahier, ces trois solides.**

b) **Trace ensuite, en pointillés, les arêtes invisibles.**

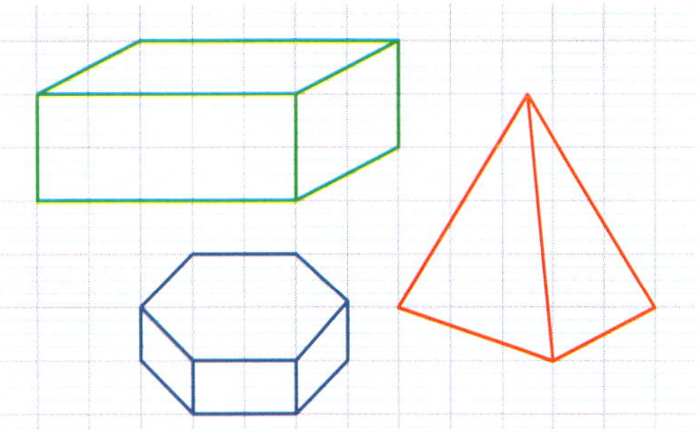

6 **Observe cette construction. Pour la réaliser, on a utilisé cinq grands pavés orange et des petits cubes verts. Combien de cubes verts a-t-on utilisés ?**

JE TRAVAILLE SEUL(E)

Indique la réponse juste.

a) Pour construire le patron de ce cylindre, je dois représenter :

1) le rectangle, le cercle noir et le cercle rose ;

2) le rectangle, le cercle noir et le cercle vert ;

3) le rectangle, le cercle noir et le cercle rouge ;

4) le rectangle, le cercle noir et n'importe lequel des autres cercles.

b) Lorsque tu construis le patron d'un cylindre, comment vas-tu déterminer la longueur du rectangle ?

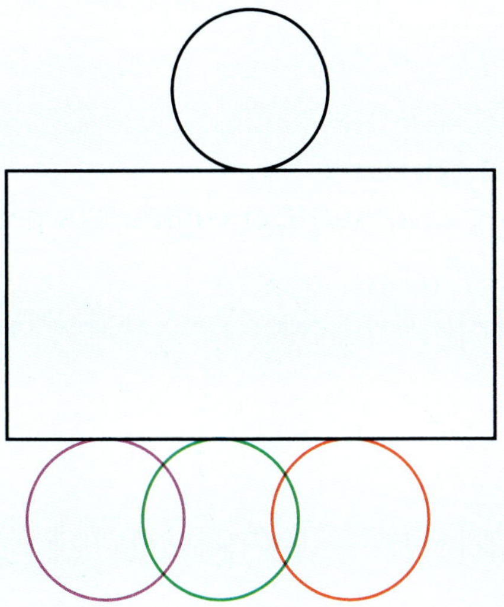

À TOI DE JOUER...

Observe cette frise, puis reproduis-la sur ton cahier en la terminant avec une troisième tour.

Attention au coloriage de cette troisième tour ! Observe bien comment sont coloriées les deux premières tours et utilise le même principe pour la dernière : on n'a utilisé que quatre couleurs : rose, jaune, vert et orange, mais pas dans n'importe quel ordre !

11 Agrandissement ou réduction de figures

CHERCHONS ENSEMBLE

Observe ces trois figures. Que constates-tu ?

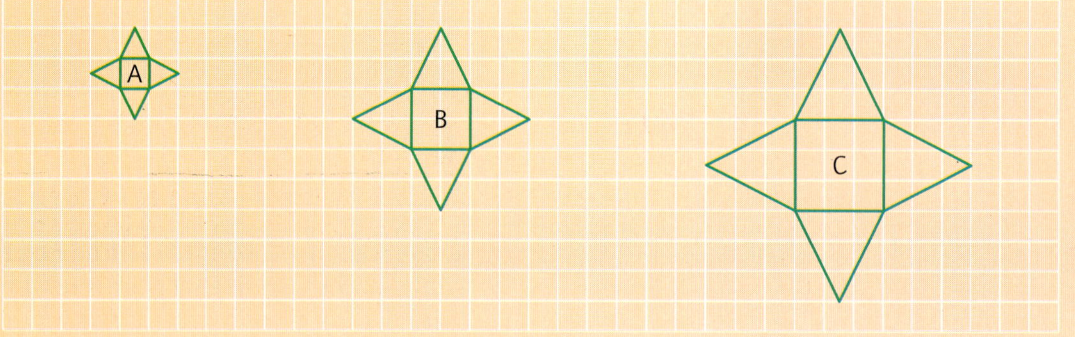

Quand on agrandit ou que l'on réduit une figure, toutes les mesures de longueurs sont multipliées ou divisées par le même nombre.

Exemple :

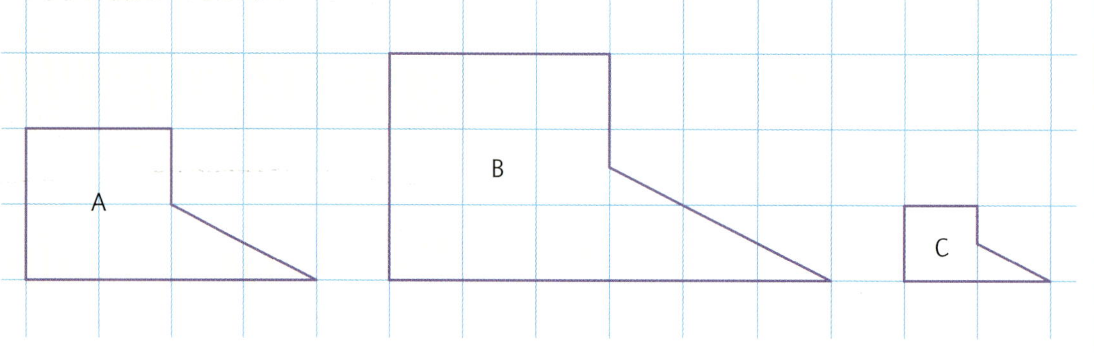

Pour passer de la **figure A à la figure C**, on divise la mesure de chaque côté par 2.

La figure C est la reproduction de la figure A à **l'échelle** $\frac{1}{2}$.

Pour passer de la **figure C à la figure B**, on multiplie la mesure de chaque côté par 3.

La figure B est la reproduction de la figure A à **l'échelle 3**.

1 **Reproduis ces figures pour qu'elles soient trois fois plus grandes.**

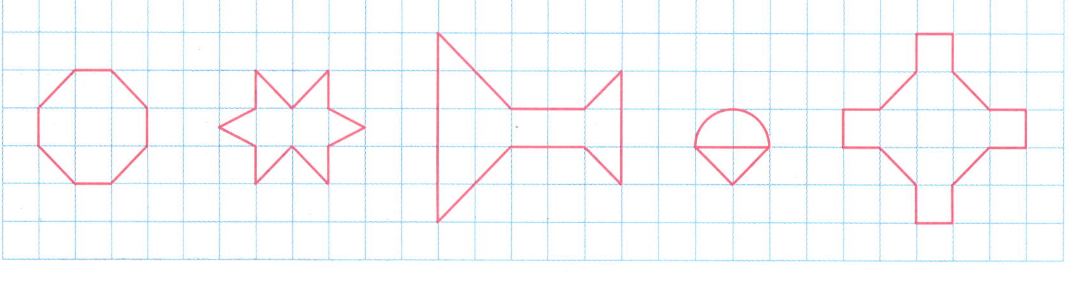

2 **La figure bleue est-elle une réduction de la figure rouge ? À quelle échelle ?** Comment procèdes-tu ? Justifie ta réponse.

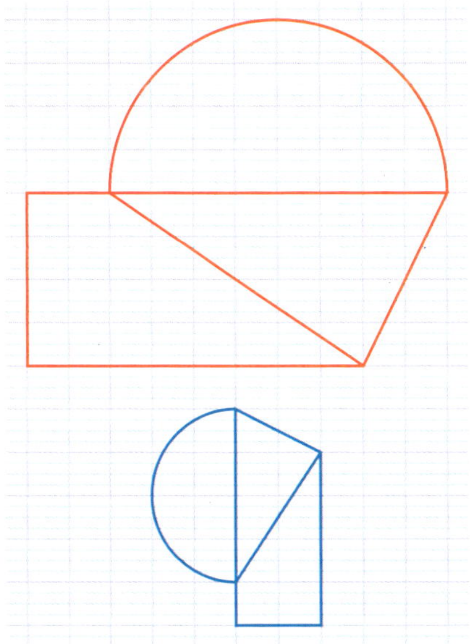

3 **La figure verte est-elle un agrandissement de la figure rouge ? À quelle échelle ?** Comment procèdes-tu ? Justifie ta réponse.

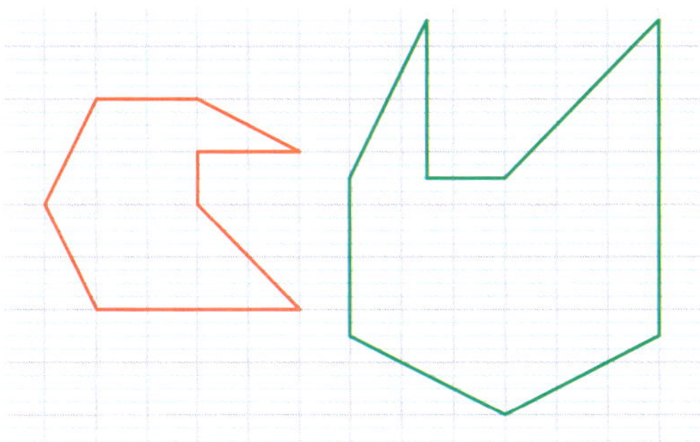

4 **Sur une feuille, construis un carré ABCD de 4 cm de côté. Trace les diagonales.**

a) Construis, maintenant, le carré EFGH qui sera l'agrandissement du carré ABCD à l'échelle 3. Trace les diagonales.

b) Compare les diagonales des deux carrés. Que constates-tu ?

c) Calcule l'aire des deux carrés. Que constates-tu ?

5 **Construis un rectangle ABCD de 6 cm sur 4 cm.**

a) Construis un rectangle EFGH qui sera l'agrandissement du rectangle ABCD à l'échelle 1,5.

b) Construis un rectangle IJKL qui sera la reproduction du rectangle EFGH à l'échelle $\frac{1}{3}$.

c) Indique l'échelle utilisée pour passer du rectangle ABCD au rectangle IJKL.

JE TRAVAILLE SEUL(E)

Reproduis à l'échelle 3 cette figure.

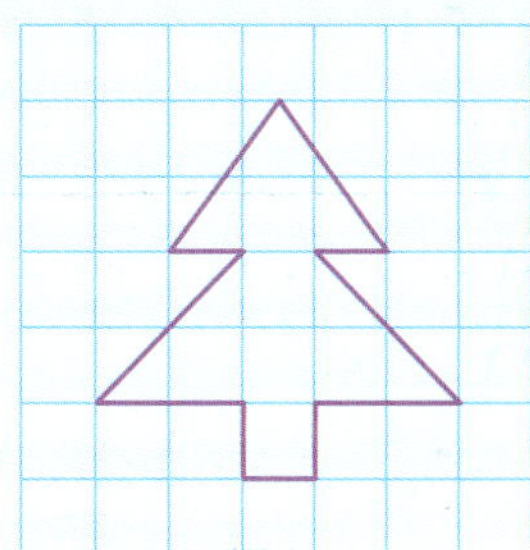

À TOI DE JOUER...

Reproduis cette frise pour qu'elle soit deux fois plus grande, puis pour qu'elle soit deux fois plus petite. Comment passe-t-on de la plus grande à la plus petite ?

ESPACE ET GÉOMÉTRIE

12 Programmes de construction

Pour tracer une figure géométrique, on peut suivre un programme de construction ou bien trouver une démarche d'après l'observation d'un modèle.

On doit utiliser des **instruments** pour que les tracés soient précis : la règle, l'équerre, le compas.

1 Reproduis la figure en suivant le programme de construction. Écris le nom des points.

a) Trace un cercle de centre O de 6 cm de diamètre.

b) Place un point A sur le cercle et reporte cinq fois la mesure du rayon sur le cercle en notant les points B, C, D, E, F.

c) Trace les triangles OAB, OBC, OCD, ODE, OEF, OFA.

d) Trace les triangles équilatéraux ABG, BCH, CDI, DEJ, EFK, FAL.

e) Relie les quatre points qui sont sur le petit cercle.

f) Relie les quatre points qui sont sur le grand cercle.

Figure réduite

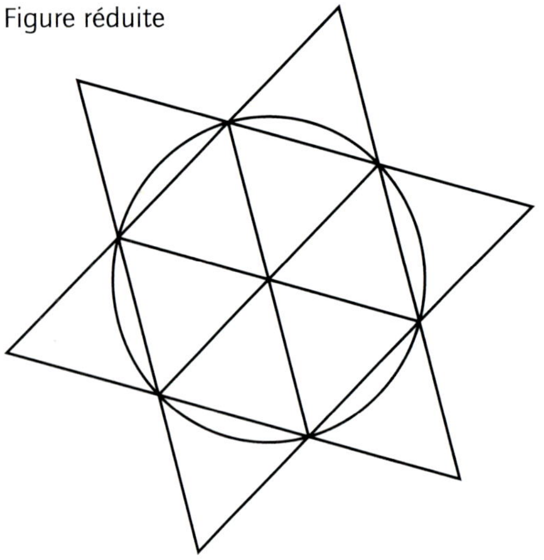

2 Trace la figure qui correspond à ce programme de construction.

a) Trace deux cercles de rayons 4 cm et 6 cm ayant le même centre O.

b) Trace deux droites d_1 et d_2 passant par le point O.

c) La droite d_1 coupe les cercles en quatre points : A, B, C et D.

d) La droite d_2 coupe les cercles en quatre points : E, F, G et H.

3 a) Observe cette figure, puis écris le programme de construction qui correspond.

b) Construis-la.

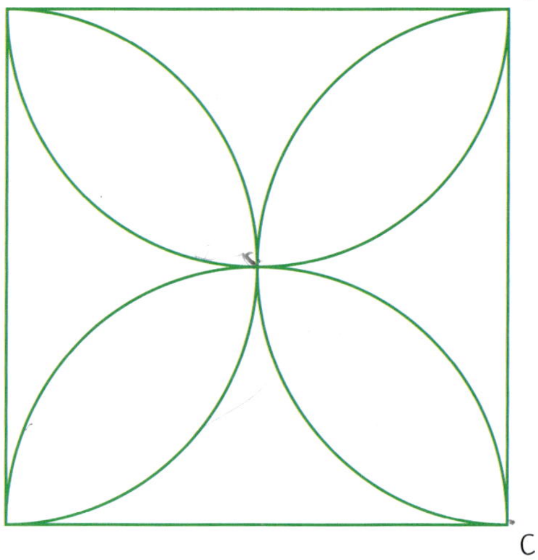

4 Trace la figure qui correspond à ce programme de construction.

a) Trace un rectangle ABCD de 6 cm de longueur sur 4 cm de largeur.

b) Trace les diagonales de ce rectangle.

c) Note le point O d'intersection des diagonales.

d) Trace le plus grand cercle de centre O inscriptible dans le rectangle.

e) Trace le cercle de centre O passant par les sommets du rectangle.

5 a) **Observe cette figure, puis écris le programme de construction qui correspond.**

b) **Construis-la.**

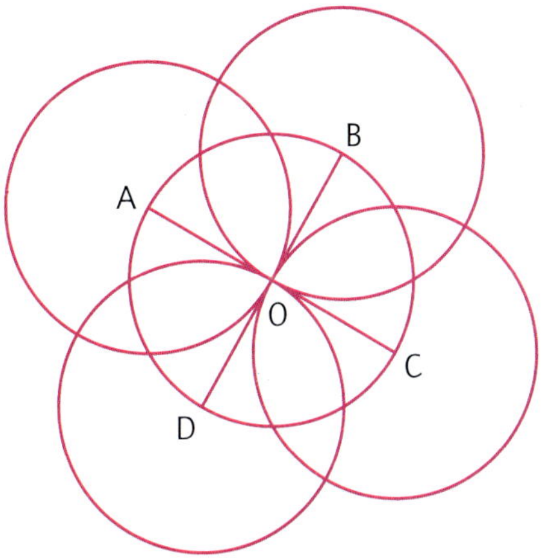

6 **À quelle figure chaque programme peut-il correspondre ?**

Programme 1

a) Trace un rectangle ABCD de longueur AB.

b) Indique le point E milieu de AB et le point F milieu de CD. Relie ces deux points.

c) Trace la diagonale BD.

d) Trace le carré AEGH.

e) Trace le triangle équilatéral BCI.

Programme 2

a) Trace un rectangle ABCD de longueur AB.

b) Indique le point E milieu de AD et le point F milieu de BC. Relie ces deux points.

c) Trace la diagonale AC.

d) Trace le carré AEGH.

e) Trace le triangle équilatéral BCI.

Programme 3

a) Trace un rectangle ABCD de longueur AB.

b) Indique le point E milieu de AB et le point F milieu de CD. Relie ces deux points.

c) Trace la diagonale BD.

d) Trace le carré ABGH.

e) Trace le triangle équilatéral BCI.

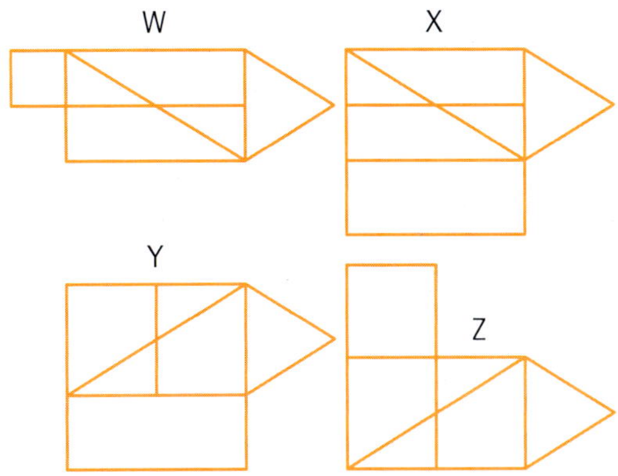

JE TRAVAILLE SEUL(E)

a) **Observe cette figure, puis écris le programme de construction qui correspond.**

b) **Construis-la.**

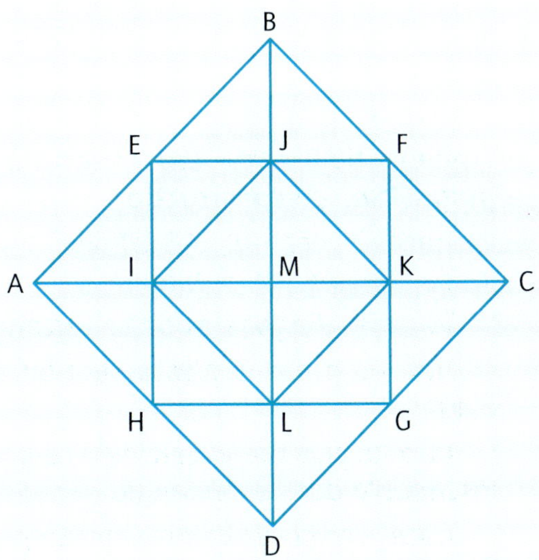

À TOI DE JOUER...

Reproduis cette frise.

ESPACE ET GÉOMÉTRIE

SYNTHÈSE

1 Observe ce tableau de Piet Mondrian (1872-1944), peintre néerlandais, reconnu comme un des pionniers de l'abstraction. Il participa au rayonnement européen du cubisme par ses liens avec des artistes établis à Paris, comme Picasso. Il travailla à la fin de sa vie essentiellement avec des couleurs primaires : le rouge, le jaune et le bleu qu'il associe au blanc qui lui sert de fond et au noir qui délimite les couleurs entre elles. Il a structuré ses œuvres de manière géométrique en utilisant essentiellement des formes rectangulaires.

Tableau n° IV. Losangique Pyramidal, 1925, avec Rouge, Bleu, Jaune et Noir
Huile sur toile, 142,8 × 142,5 cm

a) De quelles figures se compose ce tableau de Mondrian ?

b) Reproduis ce tableau à l'aide de papier calque. Repasse d'une même couleur les droites parallèles et marque les angles droits.

c) Reproduis de nouveau ce tableau à l'aide de papier calque. Prolonge les lignes noires, puis colorie comme l'artiste.

2 **Reproduis, complète puis colorie cette frise en tenant compte des indications.**

a) Les segments verts sont parallèles entre eux.

b) Les segments rouges sont parallèles entre eux.

c) Les segments rouges sont perpendiculaires aux segments verts.

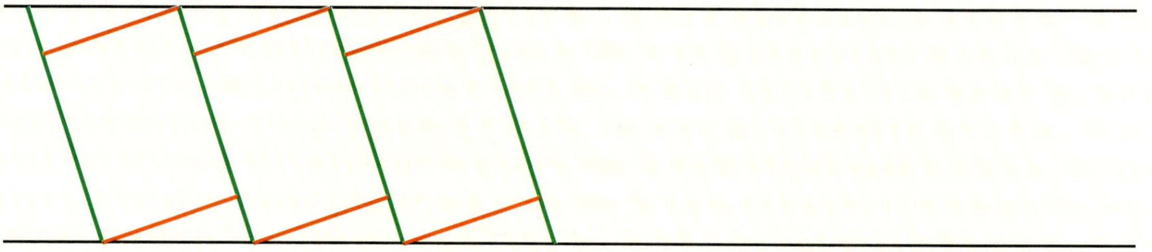

3 **Observe ces drapeaux.**

Congo

Laos

Canada

Thaïlande

Sainte-Lucie

Suède

a) Pour chaque drapeau, indique de quelles figures géométriques il se compose.

b) Reproduis ces drapeaux à l'aide de papier calque et indique par une droite rouge l'axe ou les axes de symétrie quand il en existe.

4 **Reproduis, sur une feuille blanche, cette figure à l'échelle 2.**
Colorie-la comme tu veux.

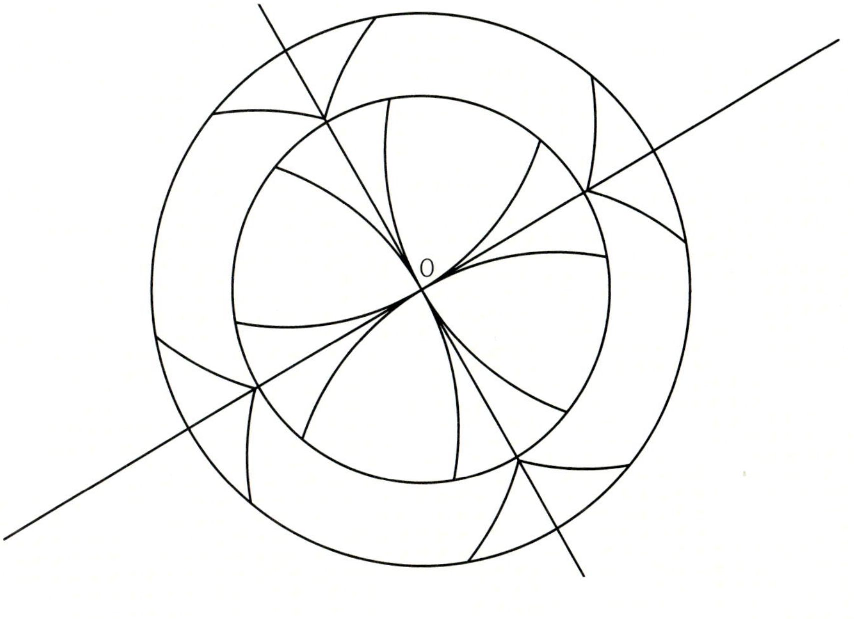

JE TRAVAILLE SEUL(E) - CORRIGÉS

Page 151

La nouvelle figure ACBD est un carré.

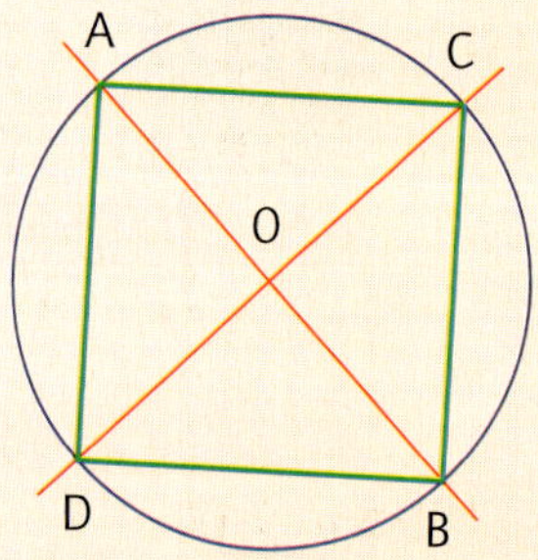

Page 153

a) D'un point A sur le cercle, avec le compas, reporter la mesure du rayon 5 fois de suite.

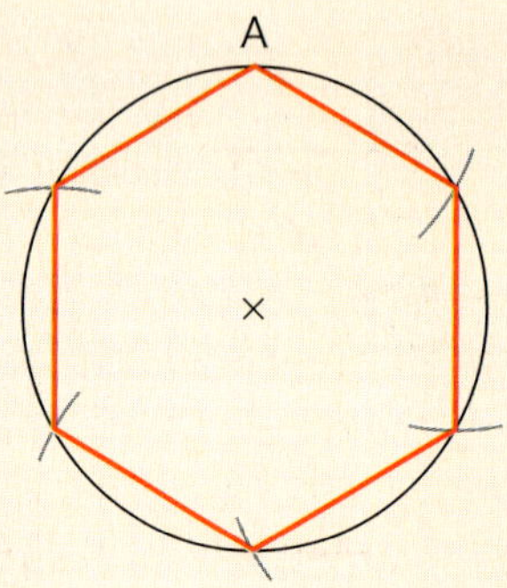

b) On obtient : 8 grands triangles ; 10 petits triangles ; 10 triangles qui associent 2 petits, donc 28 en tout.

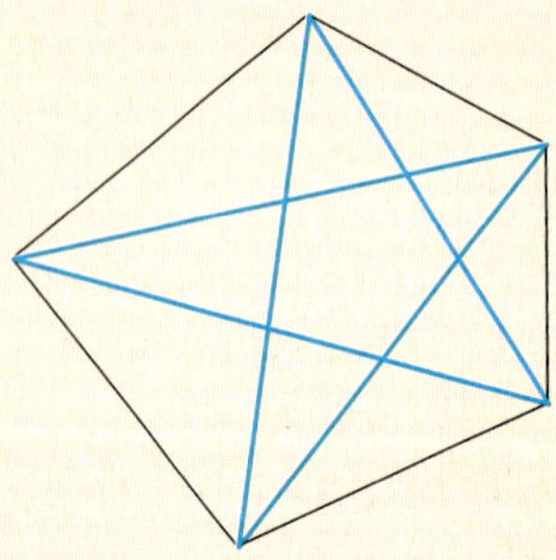

Page 155

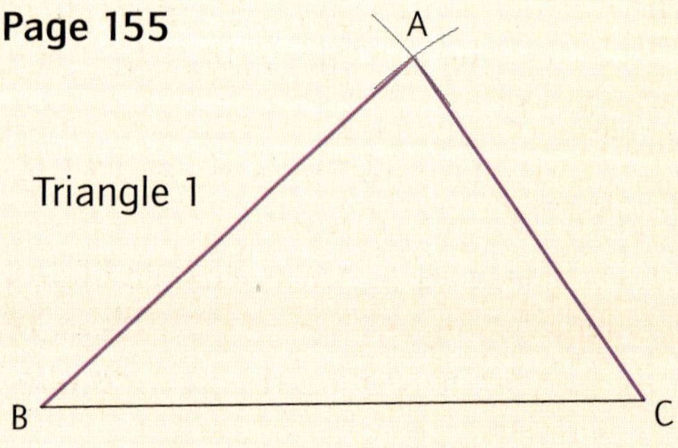

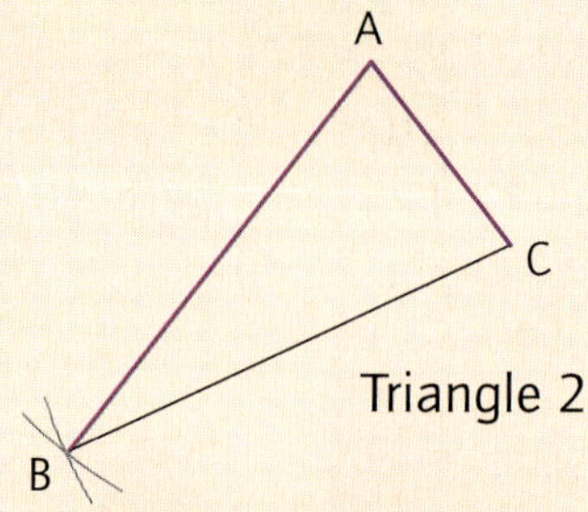

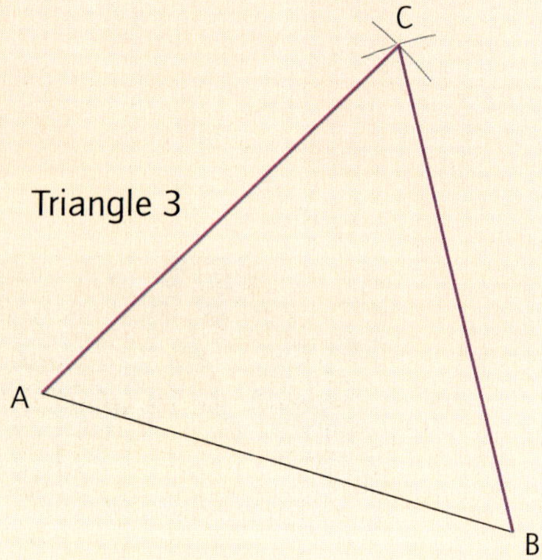

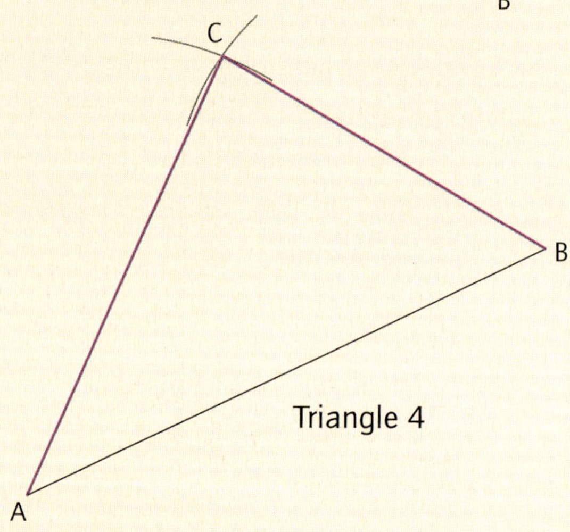

Page 157

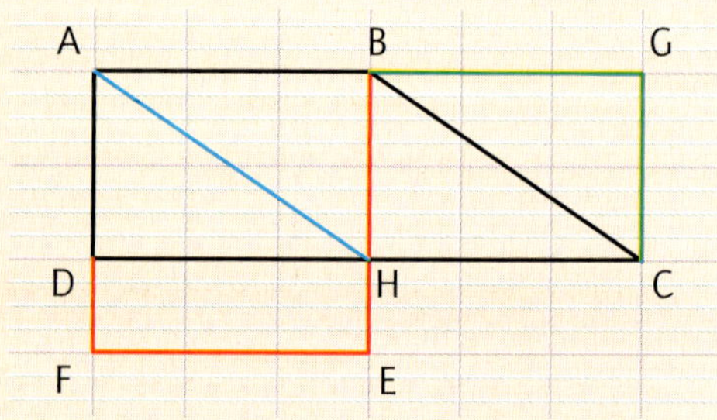

Page 159

a) On peut tracer une infinité de diamètres et de rayons dans un cercle.

b) 11 cm (5,5 × 2).

c) 45 mm (90 : 2).

Page 161

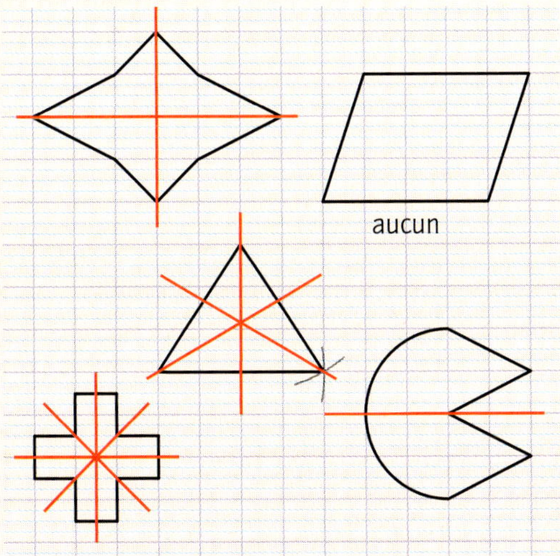

Page 163

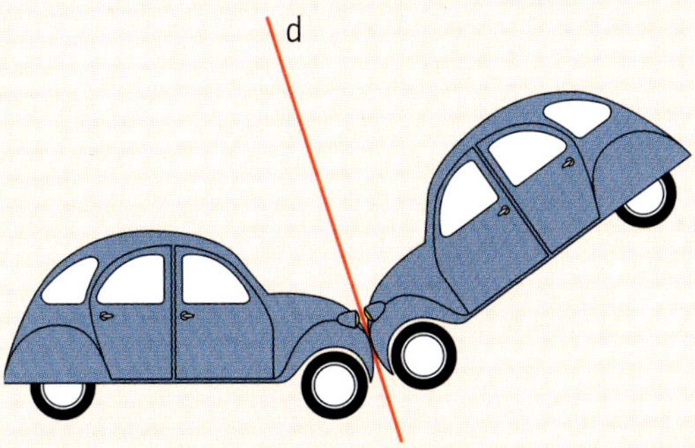

Page 165

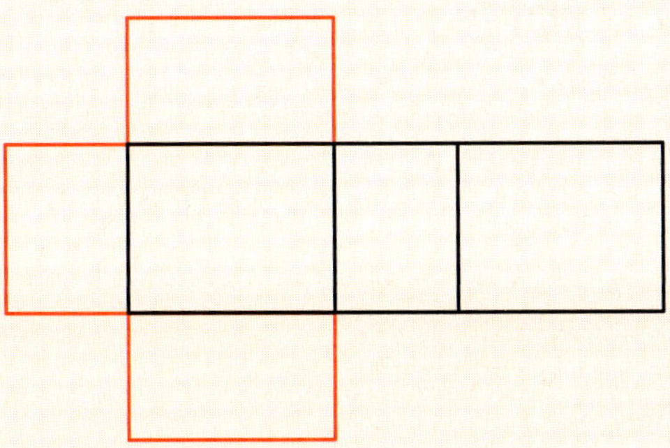

Page 167

a) Réponse 2.

b) La longueur du rectangle correspond au périmètre du cercle.

Page 169

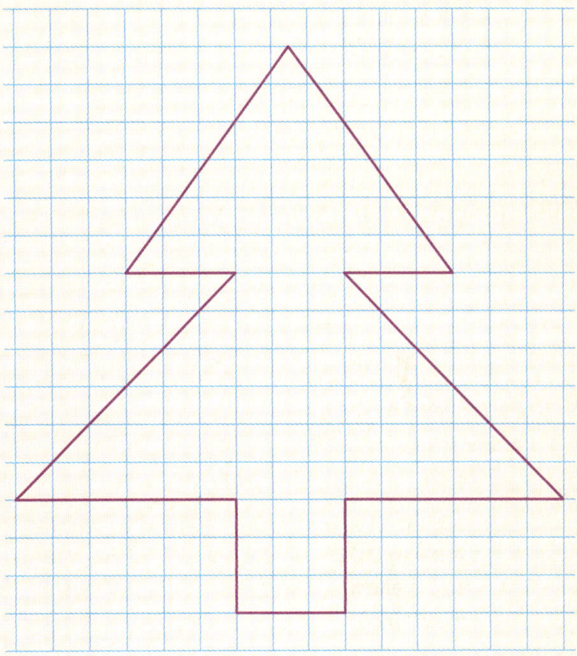

Page 171

a) Trace un segment horizontal AC et un segment BD perpendiculaire à AC.
[AC] = [BD] = 6 cm.

b) Relie les points ABCD (ou trace le carré ABCD).

c) Trace les points E milieu de AB, F milieu de BC, G milieu de CD et H milieu de AD.

d) Relie les points EFGH (ou trace le carré EFGH).

e) Trace les points J milieu de EF, K milieu de FG, L milieu de GH et I milieu de EH.

f) Relie les points IJKL (ou trace le carré IJKL).

CRÉDITS PHOTOGRAPHIQUES

P. 13 : © Chromazone/Photononstop.
P. 14 : © Russel Kord/Photononstop.
P. 22 : © Jacques Kerebel/photononstop
P. 26 : de haut en bas, © Photo RMN/Les Frères Chuzeville ; © Akg-Images.
P. 27 : © Akg-Images/Jean-Louis Nou.
P. 61 : © Flip Nicklin/Minden Pictures/J.H.Editorial.
P. 63 : © A. Guerrier/Colibri.
P. 65 : téléviseur Philips.
PP. 74-75 : © « Photographies Monnaie de Paris ».
P. 83 : © Photothèque Hachette.
P. 89 : © Akg-Images.
P. 98 : © Fabrice Coffrini/EPA/Keystone/AFP.
P. 108 : Aut. N° 0612408, © Michelin, 2006.
P. 114 : altimètre à aiguille, Barostar ; appareil skymaster, Vion Météo concept.
P. 115 : télémètre électronique, Leica ; odomètre électronique, Dela.
P. 123 : © AFP Photo/DDP/Bernd Otten.
P. 111 : Aut. N° 0612408, © Michelin, 2006
P. 141 : © Musée de la Tapisserie, Bayeux, France/With special authorisation of the city of Bayeux/Giraudon/The Bridgeman Art Library.
P. 143 : © Ho/Nasa/AFP.
P. 149 : Aut. N° 0612408, © Michelin, 2006.
P. 172 : © Akg-Images.

Imprimé en Italie par Stige
Dépôt légal : Octobre 2007 - Collection n° 23 - Édition 03
11/7356/6